AF408528

Este texto foi publicado originalmente na Índia no ano de 2023.
As edições e o layout desta versão são protegidos por Copyright © 2023
por IJN

Esta publicação não tem afiliação com o autor original ou com a editora.

Elaboração de pensamento claro

Eu JN

Índia
2023

CONTEÚDO

INTRODUÇÃO

Em Outubro de 2004, um magnata europeu dos meios de comunicação social convidou-me para ir a Munique para o que descreveram como um intercâmbio informal de intelectuais. Embora eu não me considerasse um intelectual – tendo estudado administração em vez de literatura – meus dois romances literários devem ter me qualificado para tal convite.

Nassim Nicholas Taleb estava sentado à mesa. Naquela época, ele era um obscuro comerciante de Wall Street, apaixonado pela filosofia, que conheci como especialista em filosofia do Iluminismo inglês e escocês, especialmente a de David Hume. Evidentemente eu tinha sido confundido com outra pessoa. Chocado com meu erro, mas ainda tentando manter a compostura, lancei um sorriso hesitante pela sala, na esperança de que o silêncio servisse como prova de minhas habilidades filosóficas. Naquele momento, Taleb puxou uma cadeira disponível e deu um tapinha no assento; me convidando para sentar. Eu fiz. Depois de discutir brevemente Hume, nossa conversa rapidamente passou para Wall Street. Ficamos maravilhados com os erros sistemáticos na tomada de decisões por parte de CEOs e líderes empresariais – inclusive nós mesmos! Discutimos a razão pela qual acontecimentos inesperados parecem mais prováveis em retrospectiva, ao mesmo tempo que discutimos a razão pela qual os investidores se recusam a vender ações quando o seu valor cai abaixo do custo de aquisição.

Após o evento, Taleb me enviou páginas de seu manuscrito; uma joia incrível que revi e comentei em parte; isso se tornou parte de The Black Swan, seu best-seller internacional que o catapultou ao status de estrela intelectual. Enquanto isso, meu apetite foi aguçado; Comecei a devorar livros escritos por cientistas cognitivos e sociais sobre tópicos como heurística e preconceitos, bem como a aumentar as conversas por email com investigadores, bem como a visitar os seus laboratórios - em 2009, percebi que, além de ser um romancista, tinha me tornado um estudante de estudos sociais cognitivos. psicologia também.

Os especialistas definem os erros cognitivos como desvios sistemáticos da lógica - pensamento e comportamento racional e ideal que se desvia de um estado ideal. Por “sistemático”, quero dizer que esses desvios do pensamento ideal não são apenas julgamentos errôneos ou erros de julgamento ocasionais, mas são erros repetidos, obstáculos à lógica que enfrentamos repetidas vezes ao longo de gerações e séculos. Superestimar nosso conhecimento é mais prevalente do que subestimá-lo! Por exemplo.
Subestimar é o que acontece com mais frequência. Além disso, o medo de perder algo motiva-nos muito mais do que a perspectiva de obter ganhos semelhantes; quando estamos na presença de outras pessoas, muitas vezes ajustamos o nosso comportamento para corresponder ao deles; anedotas tendem a obscurecer a distribuição estatística (taxa básica) por trás de um evento, fazendo com que os erros se acumulem como roupa suja em um

canto, enquanto deixam outros cantos relativamente limpos (ou seja, no que passou a ser conhecido como o "canto do excesso de confiança").

Comecei a fazer uma lista de erros cognitivos para evitar apostar na riqueza que acumulei ao longo da minha carreira literária e para me proteger contra riscos desnecessários com essa riqueza, sem intenção de publicar a lista em publicações futuras. Originalmente, pretendia que esta lista fosse usada apenas por mim. Alguns dos erros de pensamento existem há séculos, enquanto outros só recentemente foram reconhecidos. Alguns também vêm com dois ou três nomes anexados; Eu escolhi aqueles mais amplamente utilizados. Logo descobri que criar tal lista poderia não apenas ajudar em minhas decisões de investimento, mas também em assuntos comerciais e pessoais. Depois de concluída, criar esta lista me ajudou a me sentir mais calmo e lúcido. Comecei a reconhecer meus erros mais cedo, o que me permitiu corrigir o rumo antes que qualquer dano permanente fosse causado. Além disso, pela primeira vez na minha vida pude identificar quando outras pessoas também podem estar sendo vítimas desses erros sistemáticos. Com a minha lista, eu poderia agora resistir à sua influência - e até mesmo ganhar vantagem nas minhas negociações. Agora eu tinha categorias, termos e explicações para afastar a ameaça da irracionalidade - como Benjamin Franklin empinando sua pipa durante tempestades; trovões e relâmpagos não se tornaram menos frequentes, poderosos ou barulhentos – mas estão se tornando menos preocupantes; algo que ressoou profundamente dentro de mim quando confrontado com minha própria irracionalidade agora.

Os amigos rapidamente tomaram nota do meu compêndio, demonstrando interesse e suscitando uma coluna semanal em jornais da Alemanha, Holanda e Suíça, bem como inúmeras apresentações (principalmente para médicos, investidores, membros do conselho, CEOs e funcionários do governo) até que este livro fosse publicado.

Tenha estes três pontos em mente ao explorar estas páginas: primeiro, esta lista está incompleta - novos erros podem ser descobertos. Em segundo lugar, a maioria dos erros parece estar ligada e não deveria ser surpresa; afinal, todas as regiões do cérebro estão conectadas por meio de projeções neurais que viajam por todo o nosso corpo.
Em terceiro lugar, a minha experiência reside principalmente como romancista e empreendedor, e não como cientista social; como tal, não possuo meu próprio laboratório para conduzir experimentos de erros cognitivos ou empregar pesquisadores para monitorar erros comportamentais. Assim, ao escrever este livro, considerei-me mais como um tradutor cujo papel é interpretar e sintetizar o que li e aprendi para que outros possam compreender mais facilmente. Por isso tenho imensa gratidão para com os investigadores que, ao longo de décadas, revelaram erros comportamentais e cognitivos; a pesquisa deles é que o endividamento paga os dividendos que tornam este livro possível, pelo que eles merecem minha gratidão, assim como eu lhes agradeço imensamente.

Este livro não é um livro de instruções; não haverá sete passos para uma vida livre de erros aqui. Os erros cognitivos tornaram-se demasiado arraigados para que possamos algum dia nos livrar completamente deles, nem deveria ser esse o nosso objetivo; alguns erros cognitivos podem até ser essenciais para levar uma vida feliz e, portanto, devem permanecer assim; embora este livro possa não conter a chave para a felicidade, pelo menos atua como proteção contra a infelicidade excessiva auto-induzida.

O meu objectivo é simples: se pudéssemos aprender a reconhecer e evitar grandes erros de pensamento nas nossas vidas pessoais, profissionais e políticas, talvez a prosperidade aumentasse dramaticamente. Tudo o que é necessário é menos irracionalidade – nada desta astúcia extra ou novos dispositivos necessários aqui.

Rick pode encontrar estrelas do rock em todos os lugares que olha: telas de televisão, páginas de revistas, programas de shows e sites de fãs online são inundados com imagens e músicas deles; a presença deles não pode ser evitada no shopping ou na academia - são centenas deles! Rick acredita que deve haver algo errado com ele, já que essas estrelas aparecem com tanta frequência e confiabilidade em sua vida. Rick se inspirou nas histórias de muitos heróis da guitarra para começar sua própria banda e começar a tocar música ao vivo, mas é provável que ele não faça sucesso como eles; como tantos antes dele, ele provavelmente se juntará a milhares de músicos fracassados que residem em um cemitério de músicos fracassados que abriga 10.000 vezes mais músicos do que o palco, mas nenhum jornalista se preocupa em cobrir outros fracassos além de superestrelas caídas - tornando este cemitério invisível para estranhos. .

No trabalho e na vida cotidiana, o sucesso muitas vezes parece mais visível do que o fracasso, fazendo com que superestimemos a probabilidade de sucesso. Assim como Rick, quem está de fora muitas vezes cai nessa ilusão e avalia mal sua probabilidade. Rick é apenas mais uma vítima do "Viés de Sobrevivência".

Atrás de cada autor de sucesso pode haver outros 100 escritores cujos livros nunca serão vendidos; outros 100 não encontraram editoras; e ainda outros 100 cujos manuscritos inacabados permanecem sem serem lidos nas gavetas. Por trás de cada um desses livros estão 100 pessoas que sonham em um dia publicar um livro - mas você só ouve falar de escritores de sucesso (muitos dos quais publicam por conta própria), deixando de apreciar suas incríveis chances de sucesso literário. Fotógrafos, empresários, artistas, atletas, arquitectos, vencedores do Prémio Nobel, apresentadores de televisão e rainhas da beleza também devem sair do preconceito de sobrevivência, a fim de combater os seus efeitos. Ninguém mais fará isso por você! Para superar você mesmo o preconceito do sobrevivente.

O viés de sobrevivência também surge nas decisões financeiras: considere que seu amigo abre uma start-up. Como um de seus potenciais investidores, você vê aqui uma oportunidade incrível: ela poderia se tornar o próximo Google ou Amazon. Contudo, verifique a realidade: na maioria dos casos, esses empreendimentos falham completamente ou fecham meses ou anos após o início; os segundos resultados prováveis incluem a falência ou simplesmente a sobrevivência – sendo ambas as opções igualmente prováveis.
Resultado: é provável que qualquer empresa formada vá à falência dentro de três anos; daqueles que sobrevivem tanto tempo, a maioria nunca ultrapassa dez funcionários. Portanto, você nunca deve arriscar seu suado dinheiro em qualquer empreendimento? Não necessariamente; basta lembrar que o preconceito de sobrevivência distorce a probabilidade de sucesso como o vidro cortado.

Tomemos, por exemplo, o índice Dow Jones Industrial Average: ele compreende apenas empresas de sucesso; faliram e as pequenas empresas não entram no mercado de ações, apesar de representarem a maioria dos empreendimentos comerciais. Assim, um índice de ações não representa com precisão uma economia e, da mesma forma, a imprensa não informa sobre todos os músicos de forma igual; da mesma forma, a abundância de livros e treinadores que tratam do sucesso deve deixá-lo cauteloso, pois esses indivíduos malsucedidos não escrevem livros nem dão palestras sobre seus fracassos.

O viés de sobrevivência pode ser particularmente perigoso quando alguém se torna parte de uma equipe vencedora. Mesmo quando o sucesso surge do acaso, as semelhanças com outros vencedores podem tentar-nos a identificar essas semelhanças como factores-chave de sucesso; no entanto, uma visita aos cemitérios de indivíduos e empresas falidas revelará muitas características semelhantes entre os seus inquilinos que contribuíram para a sua!

Se um número suficiente de cientistas investigar um fenómeno, alguns estudos produzirão resultados estatisticamente significativos por mera coincidência – por exemplo, a correlação entre o consumo de vinho tinto e a elevada esperança de vida. Tais estudos "falsos" rapidamente ganham popularidade e atenção – ao contrário de estudos com descobertas menos emocionantes, mas corretas, que permanecem escondidos nas últimas páginas da academia.

O viés de sobrevivência refere-se a pessoas que superestimam suas chances de sucesso. Uma forma de combatê-lo é visitar regularmente os túmulos de projetos, investimentos e carreiras outrora promissores; embora isso possa ser desconfortável às vezes, deve ajudar a clarear sua mente e fornecer um encerramento muito necessário.
Veja também Preconceito egoísta (cap. 45); Sorte de Iniciante (cap. 49); Negligência da Taxa Básica (cap. 28); Indução (cap. 31); Negligência da Probabilidade (cap. 26); Ilusão de habilidade (cap. 94) e erros de intenção de tratar (cap. 98).

HARVARD TORNA VOCÊ MAIS INTELIGENTE?

Nassim Taleb decidiu fazer algo a respeito de seus teimosos quilos extras praticando vários esportes, mas logo ficou desencantado com todos eles - desde corredores e jogadores de tênis até fisiculturistas e fisiculturistas. A natação atraiu mais devido aos seus corpos bem construídos e aerodinâmicos - então ele se inscreveu na piscina local e começou a treinar duas vezes por semana naquela piscina.

Pouco depois, ele percebeu que caiu na ilusão: nadadores profissionais não alcançam corpos perfeitos treinando incessantemente; em vez disso, seus físicos determinam se eles se tornarão grandes nadadores – e não vice-versa. Modelos femininas anunciando cosméticos também criam a impressão de que usá-los deixa a pessoa bonita; mas esta crença decorre do facto de os consumidores pensarem erradamente que os produtos tornam as mulheres semelhantes a modelos; pelo contrário, é simplesmente a sua atratividade natural que atrai compradores; assim como os corpos dos nadadores profissionais são escolhidos por causa disso e não vice-versa.

Quando confundimos fatores de seleção com resultados, ficamos vulneráveis ao que Taleb chama de "ilusão corporal do nadador". Sem ele, metade das campanhas publicitárias fracassaria sem que funcionasse – mas esse preconceito é muito mais profundo do que apenas uma obsessão por ter maçãs do rosto e peito definidos. Harvard é amplamente considerada uma das principais universidades, com muitas pessoas de sucesso estudando lá. Isso indica que Harvard é um estabelecimento educacional excepcional? Não. Talvez Harvard apenas atraia estudantes brilhantes. Experimentei este fenómeno em primeira mão na Universidade de St Gallen, na Suíça, uma das dez melhores escolas de negócios da Europa; ainda assim, achei as lições (há 25 anos!) decepcionantes e, apesar disso, muitos graduados foram bem-sucedidos; possivelmente devido ao clima ou à comida do refeitório - embora mais provavelmente devido a processos de seleção rigorosos.

As escolas de MBA atraem candidatos com estatísticas impressionantes sobre o potencial de ganhos futuros.
Muitos futuros estudantes caem nesta abordagem para demonstrar que as propinas se pagam ao longo do tempo, mas muitos são eles próprios vítimas dela. Não estou sugerindo que as escolas manipulem as estatísticas; ainda assim, as suas declarações não devem ser tomadas pelo seu valor nominal, porque os indivíduos que frequentam um MBA diferem significativamente daqueles que não o fazem, com diferenças nos rendimentos resultantes de muitas outras fontes para além do próprio MBA - outro exemplo da "ilusão do corpo do nadador". Portanto, se um estudo mais aprofundado estiver em sua agenda, faça-o por outras razões que não apenas ganhar mais dinheiro mais tarde.

Quando pergunto a pessoas felizes sobre a chave para o seu contentamento, frequentemente ouço respostas como "Você precisa ver as coisas como meio cheias em vez de meio vazias" – sugerindo que elas não reconhecem que nasceram felizes e, em vez disso, veem oportunidades em tudo. Ao redor deles. Estudos conduzidos em Harvard por Dan Gilbert revelam que a alegria é em grande parte um traço de personalidade duradouro que permanece inalterado ao longo da vida. Os cientistas sociais Lykken e Tellegen deixaram este ponto claro; tentar ser mais feliz é tão fútil quanto tentar crescer mais alto. Conseqüentemente, a ilusão corporal do nadador também é autoilusão; quando os otimistas escrevem livros de autoajuda propagando ainda mais essa ilusão. Neste ponto, é crucial evitarmos dar muita atenção aos conselhos de autores de autoajuda. Infelizmente, as suas sugestões não tendem a ajudar milhares de milhões de pessoas - no entanto, como a maioria das pessoas infelizes não publica livros sobre os seus fracassos, esta realidade permanece oculta.

Conclusão: é melhor ter cautela ao ser encorajado a lutar por certas coisas - sejam elas abdominais de aço, aparência imaculada, renda mais alta, vida longa ou felicidade - pois isso pode levar à ilusão corporal do nadador. Antes de dar um salto de fé e mergulhar de cabeça, olhe primeiro no espelho - seja honesto com o que você vê lá!

Veja também Efeito Halo (Cap. 38); Viés de resultado (cap. 20); Viés de autosseleção (cap. 47) e cegueira alternativa (cap. 71) para obter mais informações.

POR QUE VOCÊ VÊ FORMAS NAS NUVENS

Ilusão de agrupamento
Em 1957, o cantor de ópera sueco Friedrich Jorgensen comprou um toca-fitas para gravar seus vocais. Enquanto ouvia, ruídos estranhos e sussurros que pareciam sobrenaturais apareceram. Alguns anos depois ele gravou o canto dos pássaros; durante uma sessão de gravação, a voz de sua falecida mãe pôde ser ouvida sussurrando ao fundo: 'Fried, meu pequeno Fried... Você pode me ouvir... Mamãe está ligando.' Após este encontro, Jorgensen dedicou-se à comunicação com os falecidos através de gravações em fita.

Diane Duyser, da Flórida, passou por algo semelhante quando, ao morder uma torrada e devolvê-la ao prato, percebeu uma imagem de Mary dentro dela. Naquele instante ela parou de comer e guardou a mensagem divina em segurança (menos uma mordida). Mais tarde, em novembro de 2004, Diane leiloou este lanche ainda bastante bem conservado no eBay e foi recompensada com US$ 28.000!

Em 1978, uma mulher no Novo México passou por algo semelhante; as manchas enegrecidas de sua tortilha lembravam o rosto de Jesus. A mídia percebeu essa história, atraindo milhares de pessoas ao Novo México para ver Jesus em forma de burrito. Dois anos antes - 1976 - a nave espacial Viking fotografou formações rochosas que pareciam semelhantes. Chegou às manchetes em todo o mundo; conhecido como 'Rosto em Marte'.

Você já viu rostos nas nuvens, contornos de animais nas rochas ou mensagens ocultas em sinais difusos? Provavelmente. Isto é perfeitamente normal: o nosso cérebro procura padrões e regras e, quando não existem, ele próprio simplesmente os cria! Sinais difusos, como ruído de fundo na fita, facilitam a identificação de "mensagens ocultas". Vinte e cinco anos depois de descobrir a "Face de Marte", a Mars Global Surveyor retornou imagens nítidas mostrando formações rochosas com rostos humanos se dissolvendo em meros fragmentos rochosos.

Esses exemplos extravagantes podem fazer com que a ilusão do agrupamento pareça inofensiva; mas está longe de ser inofensivo.

Consideremos os mercados financeiros, que produzem enormes volumes de informação a cada segundo.
Sem que ele soubesse, o meu amigo adorou explicar como tinha descoberto uma anomalia entre todos os dados: multiplicar a variação percentual do Dow Jones pela variação percentual do preço do petróleo produziria a variação do preço do ouro dentro de dois dias - ou seja, se os preços das acções e o petróleo subir ou cair simultaneamente, o ouro seguirá o exemplo e subirá no dia seguinte. A sua teoria funcionou bem durante várias semanas, até

que ele começou a investir com somas cada vez maiores e acabou por perder todas as suas poupanças - sentindo um padrão artificial onde não existia!

O professor de psicologia Thomas Gilovich entrevistou centenas de pessoas para saber se essa sequência era aleatória ou planejada, com a maioria rejeitando uma explicação arbitrária, pois acreditavam que alguma lei governava sua ordem. De acordo com o modelo físico de dados de Gilovich, é bem possível que quatro lançamentos consecutivos revelem um número; no entanto, muitos têm dificuldade em aceitar que tais acontecimentos ocorrem apenas por acaso.

Durante a Segunda Guerra Mundial, os bombardeiros alemães atacaram Londres usando foguetes V1 – um tipo de drone auto-navegador – como forma de munição. Cada ataque envolveu a plotagem cuidadosa dos locais de impacto em mapas para aterrorizar os londrinos; muitos pensaram ter identificado padrões e desenvolvido teorias sobre quais partes de Londres eram mais seguras; no entanto, as análises estatísticas do pós-guerra demonstraram que a distribuição era completamente aleatória devido à imprecisão do foguete V1, já que seu sistema de navegação era muito impreciso.

Conclusão: quando se trata de reconhecimento de padrões, tendemos a reagir de forma exagerada. Recupere seu ceticismo; se você acha que descobriu um padrão, primeiro presuma que ele poderia ter acontecido por acaso e considere a análise estatística antes de tomar uma decisão. Da mesma forma, se as partes crocantes da sua panqueca se assemelham de alguma forma ao rosto de Jesus, pergunte-se por que Ele não apareceu aqui na Times Square ou na CNN!
Veja também Ilusão de Controle (cap. 17); Coincidência (cap. 24); Falsa causalidade (cap. 37).

Prova Social Imagine o seguinte: você está a caminho de um show quando, em um cruzamento, vê um grupo de pessoas olhando para cima. Sem pensar duas vezes, você também olha para cima - sem nem perceber o porquê - inconscientemente seguindo o exemplo. Por que? Prova Social. Durante a apresentação de um solista excepcional em uma sala de concertos, alguém começa a bater palmas, fazendo com que outras pessoas na sala também batam palmas; você também participa por nenhum outro motivo além da prova social. Depois que a apresentação termina, você sai para pegar seu casaco, onde as pessoas fazem fila antes de você deixar moedas, mesmo que o serviço esteja incluído no preço do ingresso, mas mesmo assim... depois disso, ao ir até o casaco para recuperá-lo você mesmo, você observa as pessoas saindo em vez disso, moedas em pratos, apesar de estarem oficialmente incluídas no preço do ingresso, já que a gorjeta é incentivada na prática por muitos outros espectadores, deixando uma gorjeta também para prova social!

A prova social ou o "instinto de rebanho" determina que os indivíduos se sintam validados quando seus comportamentos estão em conformidade com os de outros indivíduos. Simplificando, quanto mais pessoas apoiam ou adotam uma ideia ou comportamento, mais percebemos que ele é verdadeiro; da mesma forma, quando mais indivíduos mostram isso do que não. Embora obviamente ridícula, esta lógica é válida.

A prova social é a força motriz por trás das bolhas financeiras e do pânico no mercado de ações. Manifesta-se na moda, nas técnicas de gestão, nos hobbies, na religião e nas dietas; às vezes levando a consequências tão dramáticas como quando seitas cometem suicídio em massa.

Solomon Asch conduziu um experimento intrigante durante a década de 1950 que demonstrou como a pressão dos colegas pode mudar a realidade. Foi mostrada aos participantes uma linha desenhada no papel e três linhas idênticas, curtas, médias e longas que correspondiam a ela em diferentes partes de seus corpos - todas marcadas com "1, 2", para abreviação; maior que o comprimento da linha original e igual ao original, respectivamente. Ele ou ela deve escolher qual das três linhas corresponde à original, o que não é surpreendente, dada a simplicidade da tarefa. Depois que cinco pessoas entram, todos os atores que não lhe são familiares dão respostas incorretas, respondendo com o "número 1", embora esteja claro que o número três deveria ser indicado. Quando lhe é respondido novamente, ele muitas vezes responde incorretamente para corresponder ao que outras pessoas responderam - em cerca de um terço dos casos, dando também respostas erradas. Por que agimos dessa maneira? No passado, seguir os outros era muitas vezes visto como a melhor estratégia para a sobrevivência. Imagine viajar pelo Serengeti junto com alguns caçadores-coletores há 50 mil anos, quando de repente todos eles se espalharam e fugiram sem aviso? Como você responderia então? Você teria ficado ali, confuso e questionando se o que viu era realmente um leão ou simplesmente algo inofensivo que poderia servir para ótimas refeições ricas em proteínas? Não! Em vez disso, você provavelmente teria saído em busca de seus amigos. Mais tarde, quando você estivesse a salvo do ataque, você poderia ter parado para considerar quem realmente era o seu "leão". Qualquer pessoa que agisse de forma diferente dos seus pares - o que tenho a certeza que acontecia - provavelmente foi eliminada do nosso património genético; somos descendentes daqueles que copiaram o que seus pares fizeram. Nós, humanos, estamos programados com esse padrão de prova social; portanto, nós o usamos mesmo quando não há nenhuma vantagem de sobrevivência nele; o que é na maioria das vezes. Há, no entanto, casos em que a prova social pode ser vantajosa: por exemplo, quando jantar fora numa cidade estrangeira sem conhecer bons restaurantes nas proximidades e com fome - selecionar um onde os habitantes locais frequentam pode fazer mais sentido e copiar o comportamento deles em vez do seu.

Os programas de comédia e talk shows utilizam a prova social, inserindo risadas enlatadas em locais estratégicos para incentivar os espectadores a rirem junto. Talvez um dos exemplos mais notáveis e inquietantes seja o discurso de Joseph Goebbels perante um enorme público em 1943 (assista você mesmo no YouTube). Quando a guerra piorou para a Alemanha, Goebbels exigiu dos participantes: 'Vocês querem uma guerra total? Se necessário, você apoia a guerra radical em oposição a qualquer coisa que possamos imaginar hoje?" Sua exigência causou aplausos estrondosos; se os participantes individuais tivessem sido questionados individualmente, eles provavelmente não teriam aceitado esta proposta insana!

A publicidade aproveita ao máximo nossa propensão à prova social; esta abordagem funciona bem quando enfrentamos incertezas (como escolher entre várias marcas de automóveis, produtos de limpeza e produtos de beleza sem vantagens ou desvantagens claras) e quando aparecem pessoas que parecem "como nós".

Seja cético sempre que uma empresa afirma que seu produto é superior porque é popular – esse argumento faz pouco sentido se vender mais unidades não indicar superioridade! E lembrem-se das palavras sábias de W. Somerset Maugham: 'Mesmo que 50 milhões de pessoas digam algo tolo, continua a ser tolo.'
Veja também: Groupthink (cap. 25); Loafing Social (cap. 33); Viés dentro do grupo fora do grupo (cap. 79) e efeito de falso consenso (cap. 77) para referência futura.

POR QUE VOCÊ DEVE ESQUECER O PASSADO

Falácia do custo irrecuperável
Depois de uma hora e meia assistindo a um filme horrível, perguntei baixinho à minha esposa: 'Vamos, vamos para casa.' Ao que ela respondeu: 'De jeito nenhum; não vamos jogar fora US$ 30.' Nessa altura protestei: 'Isso não é razão para ficar - é simplesmente deformação profissional em acção aqui - que não deveria desempenhar qualquer papel na nossa decisão de ficar ou partir!' Naturalmente, acabei por ceder e afundei-me novamente no meu lugar.

No dia seguinte, me vi sentado em uma reunião de marketing, onde estava em discussão uma campanha publicitária que estava em andamento há quatro meses, mas não atingia sequer um objetivo. Embora eu defendesse o seu abandono, o nosso gestor de publicidade objectou: 'Mas já investimos muito dinheiro nisso; parar agora significaria que todo o nosso dinheiro teria sido em vão'- outra vítima da falácia dos custos irrecuperáveis.

Um de meus amigos sofreu durante anos em um relacionamento difícil. Sua namorada o traía repetidamente, sempre pedindo perdão arrependido. Mesmo assim, meu amigo continuou investindo energia no romance deles porque parecia errado jogar fora o que já havia sido investido; um exemplo da "falácia dos custos irrecuperáveis".

A falácia dos custos irrecuperáveis é particularmente perigosa quando investimos uma grande quantidade de tempo, dinheiro, energia ou emoção em algo. O nosso investimento pode tornar-se a base para continuar, apesar das razões óbvias para parar; quanto mais tempo e recursos investidos, maiores serão os nossos custos irrecuperáveis; daí a nossa necessidade de continuar mesmo que algo pareça impossível ou sem esperança. Quanto mais investimos em algo, mais forte é o nosso desejo de continuar;

Os investidores frequentemente são vítimas da falácia dos custos irrecuperáveis. As decisões de negociação podem ser orientadas exclusivamente pelos preços de aquisição; invocar este argumento como justificação simplesmente não é racional; o que importa mais do que o preço deve ser o desempenho futuro (e outras alternativas disponíveis para investir) de cada ação ou carteira de investimentos - ironicamente, quanto mais dinheiro for perdido, mais tempo os investidores tenderão a mantê-lo!
A consistência é a nossa razão de ser; quando algo rompe com esse padrão de pensamento e ação, consideramos as contradições abomináveis e optamos por cancelar no meio do caminho, em vez de admitir que mudamos de ideia em algum momento da vida do projeto. Atrasar a realização dolorosa continuando com projetos sem sentido mantém as aparências por mais tempo.

O Concorde foi um exemplo icônico de gastos deficitários do governo. Tanto a Grã-Bretanha como a França sabiam muito bem que o negócio dos aviões supersónicos não funcionaria, mas ainda assim investiram enormes somas para salvar a face. Abandonar isso significaria admitir a derrota; daí seu nome, "efeito Concorde". Conduz a erros de avaliação dispendiosos e até desastrosos; Os americanos ampliaram o envolvimento na Guerra do Vietname por causa deste fenómeno: pensaram: 'Sacrificámos tanto; desistir agora seria errado.'

Você está pensando "Chegamos até aqui?" "Já li muito deste livro..." Se alguma dessas afirmações se aplicar a você, elas indicam que a falácia dos custos irrecuperáveis está em ação em sua mente.

É claro que investir para finalizar algo pode ter suas próprias vantagens; apenas tenha cuidado ao fazê-lo apenas para justificar investimentos não recuperáveis. A tomada de decisão racional exige que você esqueça os custos passados; em última análise, apenas os custos e benefícios futuros importam quando se fazem escolhas racionais.

Veja também: Falácia Vai-Piorar-Antes-Melhorar (cap. 12); Incapacidade de fechar portas (cap. 68); Efeito Dotação (cap. 23); Justificativa do Esforço (cap. 60); Aversão à perda (cap. 32) e preconceito de resultado (cap. 20) como outros preconceitos cognitivos que levam a decisões inadequadas.

Reciprocidade

Recentemente, você pode ter encontrado seguidores da seita Hare Krishna flutuando em suas vestes cor de açafrão brilhante enquanto você corria por aeroportos ou estações de trem em sua jornada para chegar ao seu destino. Talvez um membro lhe tenha dado uma pequena flor e sorriu calorosamente ao entregá-la. Como a maioria das pessoas, é provável que você tenha pegado a flor apenas para evitar ser rude. A recusa poderia resultar em uma explicação como: 'Aceite; este é o nosso presente para você. Ao tentar descartar a flor em uma lixeira próxima, já havia vários arranjos ali; ao procurar outro local para descarte, descobriu que já havia várias pilhas. À medida que sua consciência pesada começava a incomodar você com mais força, outro discípulo de Krishna se aproximava pedindo doações; muitos aeroportos eventualmente baniram esta seita devido ao seu sucesso;

Robert Cialdini pode explicar o sucesso destas campanhas com a sua investigação sobre reciprocidade. Ele descobriu que as pessoas acham muito difícil estar em dívida com outro indivíduo.

Muitas organizações não governamentais e organizações filantrópicas empregam estratégias semelhantes: primeiro dar, depois receber. Recentemente, recebi um envelope contendo cartões postais com paisagens idílicas de uma organização conservacionista; a carta que os acompanhava me garantia que eles deveriam ser mantidos como presentes, independentemente da minha decisão de doar dinheiro. Embora eu entendesse bem suas táticas, foi necessária considerável força de vontade e disciplina de minha parte para eliminá-las sem tirar vantagem delas!

Infelizmente, esta forma de chantagem suave – por vezes também referida como corrupção – é comum. Um fornecedor de parafusos pode convidar clientes em potencial para se juntarem a ele em um emocionante jogo esportivo; Quando chega a hora do pedido, um mês depois, o desejo de não ficar endividado é tão forte que o comprador concorda e faz o pedido por meio desse novo conhecido.

A reciprocidade é um princípio antigo encontrado entre todas as espécies com suprimentos alimentares flutuantes. Imagine que você é um caçador-coletor que, um dia, consegue matar um cervo e precisa dividi-lo entre os membros do seu grupo; fazer isso garante que você se beneficiará dos despojos de outros se seu resultado for menos impressionante; eles servem como refrigeradores.
A reciprocidade é uma estratégia de sobrevivência inestimável e uma forma de gestão de riscos, sem a qual os seres humanos - assim como muitas espécies de vida animal - pereceriam em breve. A reciprocidade está no cerne da cooperação entre pessoas não

relacionadas entre si e é essencial para o crescimento económico e a criação de riqueza - sem ela não haveria economia global! Esse é o benefício da reciprocidade.

No entanto, a reciprocidade também traz consigo o seu lado negro: a retaliação. A vingança gera contra-vingança até que ocorra uma guerra em grande escala. Jesus pregou que deveríamos quebrar este ciclo dando a outra face - embora isto se revele difícil, uma vez que a reciprocidade funciona mesmo quando os riscos são muito menos elevados.

Anos atrás, fomos convidados por um casal que conhecíamos apenas casualmente; eles eram bons o suficiente, mas longe de serem divertidos. Infelizmente, tudo aconteceu exatamente como imaginado: o jantar deles foi além de chato; no entanto, sentimo-nos obrigados a convidá-los novamente vários meses depois, por reciprocidade; apenas algumas semanas depois chegou outro convite deles... Muitas vezes me pergunto quantos outros jantares foram suportados para manter a reciprocidade?

Semelhante a quando me aproximo no supermercado, meu melhor conselho seria recusar a oferta de vinho, queijo ou azeitonas, a menos que você queira que sua geladeira fique cheia de coisas que você nem gosta.

Veja também Enquadramento (cap. 42); Tendência de Super-Resposta de Incentivo (cap. 18); Gosto de preconceito (cap. 22) e aglomeração de motivação (cap. 56) para saber mais.

CUIDADO COM "O CASO ESPECIAL"

QUANDO A CONFIRMAÇÃO PASSAR, CUIDADO! (Parte 1).

Gil está de dieta para perder peso. Todas as manhãs ele sobe na balança, verificando o progresso em relação ao plano selecionado e comemorando cada perda ou ganho como evidência de que está funcionando ou descartando-os como flutuações normais. Durante meses a fio, no entanto, o seu peso permanece estável enquanto Gil vive sob a ilusão de que a dieta funciona apesar de não fazer nada - um exemplo de viés de confirmação em jogo na sua forma inofensiva.

O viés de confirmação está no centro da maioria dos equívocos. Refere-se à nossa tendência de interpretar novas informações para que se ajustem às teorias, crenças e convicções existentes - filtrando efetivamente qualquer evidência que contradiga as opiniões existentes (conhecidas como evidências negacionistas) que possam desafiá-las (sobre o que Aldous Huxley escreveu famosamente como "Os fatos não não deixará de existir se for ignorado"), mas esta tendência perigosa persiste entre os humanos - o superinvestidor Warren Buffett afirma-o melhor: 'Os humanos são excelentes na interpretação de todas as novas informações para que as suas conclusões anteriores permaneçam intactas'

O viés de confirmação está vivo e bem nos negócios hoje. Por exemplo, considere o seguinte: uma equipa executiva decide uma nova estratégia, celebrando qualquer sinal de que poderá funcionar bem - enquanto quaisquer indicações que indiquem o contrário permanecem invisíveis ou são rapidamente descartadas como excepções ou casos especiais - até que provas contrárias se tornem completamente invisíveis para eles.

O que você pode fazer? Tenha cuidado quando a palavra 'exceção' surgir; muitas vezes isso indica que há evidências contrárias. Siga o exemplo de Charles Darwin: desde o início da sua juventude, ele começou a combater sistematicamente o preconceito de confirmação, levando muito a sério quaisquer observações que entrassem em conflito com a sua teoria, registando-as imediatamente assim que apareciam - sabendo muito bem quão facilmente os nossos cérebros "esquecem" "desconfirmando as evidências depois de algum tempo - tomando nota de cada contradição assim que a viu aparecer e procurando ativamente as contradições com base em sua avaliação de sua correção - tanto mais quanto mais ele olhava ativamente, ele olhava.

Este experimento destaca como pode ser desafiador questionar nossas próprias teorias. Um professor apresentou a seus alunos a sequência numérica 2-4-6.

Os alunos foram desafiados por seu professor a determinar a regra subjacente escrita em uma folha de papel, fornecendo números em sequência que se enquadrassem na regra ou não, com respostas como 'se enquadra na regra' ou 'não se enquadra na regra' dele . Embora os alunos pudessem adivinhar vários números aleatoriamente de 8 a 14, por exemplo (a maioria sugeriu 8 e recebeu a resposta: 'Se encaixa na regra'. Para ter certeza, eles tentaram 10, 12 e 14 e foram informados sempre pelo professor que eles se encaixavam). Muitos concluíram: 'A regra é somar dois a cada número;' apenas para ver o professor discordar deles dizendo que esta não é de fato a regra;

Um estudante experiente tentou uma abordagem não convencional. Ele testou o número -2, ao que seu professor respondeu dizendo que não se enquadrava na regra, antes de sugerir que sete se ajustava melhor do que seu antecessor -2. Quando isto se revelou infrutífero, o estudante continuou a experimentar, tentando -24, 9, 43.... Quando não foi possível encontrar mais contra-exemplos, ele declarou: 'A regra é: cada número sucessivo deve exceder o seu antecessor.' Virar a folha de papel revelou exatamente essa regra!

O que distinguiu o aluno engenhoso de seus colegas? Embora a maioria dos estudantes procurasse apenas confirmar suas teorias, ele procurava ativamente evidências que as refutassem. Você pode pensar: 'Bom para ele, mas não é grande coisa para os outros.' No entanto, ser vítima do preconceito de confirmação não é uma ofensa intelectual mesquinha – como revelado nos capítulos subsequentes, pode afetar drasticamente a nossa vida quotidiana.

Veja também: mes disponibilite Bias (cap. 11); O efeito positivo do recurso (cap. 95); Coincidência (cap. 24); Efeito Forer (cap. 64) e Ilusão de Atenção (cap. 88).

ASSASSINE SEUS QUERIDOS

Viés de confirmação, parte 2

No capítulo anterior, exploramos uma das principais falácias: o viés de confirmação. Os seres humanos devem formar crenças sobre a vida, a economia, os investimentos, as carreiras e muito mais - desde a nossa visão do mundo à política, à economia e à arte - que devem então ser apoiadas com evidências que apoiem estes pressupostos. Quer alguém passe a vida acreditando que as pessoas são intrinsecamente boas ou más, encontrará evidências que apoiam qualquer um dos pontos de vista. Tanto os filantropos como os misantropos filtram as evidências que negam a confirmação, ao mesmo tempo que favorecem aqueles que defendem a sua respetiva visão do mundo, dando prioridade àqueles que reforçam as suas opiniões com benfeitores ou ditadores que os promovem.

Astrólogos e economistas operam com estratégias semelhantes: fazer previsões tão vagas que qualquer evento poderia substanciá-las: "nas próximas semanas você sentirá tristeza" ou "a pressão sobre o dólar no médio prazo aumentará" são ambos vagos o suficiente para que qualquer evento possa ser suportado. essas previsões; medidas de depreciação em relação ao ouro, iene, pesos, trigo, preços de imóveis residenciais em Manhattan, Manhattan, Manhattan, preços de cachorro-quente

A religião e as crenças filosóficas servem como terreno fértil para o florescimento do preconceito de confirmação. Aqui, na sua suavidade esponjosa, ela prospera selvagem e livre - por exemplo, os adoradores encontram sempre provas da existência de Deus, embora Ele raramente se mostre abertamente - excepto para os analfabetos que vivem em aldeias remotas nas montanhas; nunca se mostrando para públicos de massa como Frankfurt ou Nova York. Os contra-argumentos contra a sua existência são rejeitados completamente pelos crentes, mostrando quão forte é realmente esta força.

Os jornalistas de negócios podem ser particularmente suscetíveis ao viés de confirmação. Ao criar teorias, os jornalistas de negócios frequentemente apresentam explicações fáceis com poucas "evidências" que as apoiam e depois avançam rapidamente na escrita da sua história – por exemplo: o Google é tão bem sucedido porque a sua cultura promove a criatividade. Uma vez escrita esta ideia, os jornalistas geralmente corroboram esta afirmação com exemplos de outras empresas prósperas que cultivam a criatividade, embora raramente procurem provas contrárias, tais como empresas em dificuldades com ênfase na criatividade ou empresas florescentes que carecem de qualquer tipo de criatividade - ambos os grupos fariam grandes progressos. histórias!
Os jornalistas tendem a ignorar vários membros de um clã; qualquer tentativa deles de destacar apenas um poderia inviabilizar todo o enredo de seu artigo.

Livros de autoajuda e para enriquecimento rápido são outro exemplo de narrativa unilateral. Seus autores experientes acumulam evidências que apoiam teorias aparentemente ridículas, como "a meditação é a chave para a felicidade". Qualquer leitor que procure evidências contrárias não encontrará tais evidências aqui: em nenhum lugar há exemplos de pessoas levando vidas plenas sem meditação ou de pessoas que, apesar de praticá-la, ainda sentem tristeza.

Os sites da Internet fornecem um terreno especialmente fértil para o viés de confirmação. Ao navegar em sites de notícias e blogs para nos mantermos informados, muitas vezes acabamos selecionando páginas que reforçam nossos valores existentes – sejam liberais, conservadores ou algo entre os dois. Além disso, muitos websites adaptam agora o conteúdo especificamente aos interesses individuais ou ao histórico de navegação, tornando as opiniões novas ou divergentes totalmente indesejáveis e conduzindo-nos por caminhos que reafirmam as convicções existentes, rodeando-nos de comunidades com ideias semelhantes que reforçam essas mesmas convicções - reforçando ainda mais os preconceitos de confirmação. e reforçar as nossas convicções, reforçá-las ainda mais, reforçá-las ainda mais e fortalecer ainda mais as convicções, o que reforça o viés de confirmação.

Arthur Quiller-Couch tinha um mantra duradouro: 'Mate seus queridos'. Este conselho para escritores que lutam para cortar frases queridas, mas redundantes, ressoou muito além dos críticos literários e hackers; seu conselho ressoa em todos nós que sofremos de viés de confirmação. Para combatê-lo, tente anotar todas as suas crenças - visão de mundo, investimentos, casamento, cuidados de saúde, dieta ou estratégias de carreira - e comece a procurar evidências contrárias a cada uma delas. Cortar crenças que parecem velhos amigos é um trabalho difícil, mas vitalmente necessário!

Veja também: Ilusão de introspecção (cap. 67); Efeito de Saliência (cap. 83); Dissonância Cognitiva (cap. 50); Efeito Forer (cap. 64) e News Illusion (cap. 99) para mais detalhes.

ATENÇÃO ÀS PALAVRAS DAS AUTORIDADES

Em Gênesis 1, Deus nos diz o que acontece se desobedecermos a uma de suas figuras de autoridade: a expulsão do paraíso. Infelizmente, figuras menos divinas (especialistas políticos, cientistas, médicos, CEOs, economistas, chefes de governo, comentadores desportivos e gurus do mercado de ações) gostariam que também acreditássemos nisto.

O psicólogo Stanley Milgram conduziu um experimento que ilustrou vividamente o preconceito de autoridade. Seus sujeitos foram instruídos a administrar choques elétricos crescentes em um indivíduo sentado atrás de um painel de vidro. Começando com 15 volts, eles foram instruídos a aumentar gradualmente para 30V, 45V e finalmente a dose máxima de 450V - embora nenhuma corrente elétrica realmente fluísse - Milgram usou um ator como vítima; infelizmente, aqueles que administraram os choques não sabiam. Os resultados foram chocantes: enquanto a pessoa na outra sala chorava de dor e o sujeito que administrava o choque queria parar, o professor os encorajava a continuar porque 'este experimento depende disso'. A maior parte da eletrocussão continuou; mais da metade atingiu a tensão máxima por pura obediência.

Ao longo da última década, as companhias aéreas também tomaram consciência dos perigos associados ao preconceito de autoridade. Antigamente, os capitães governavam supremos; seus comandos nunca poderiam ser desafiados e qualquer co-piloto que suspeitasse de um descuido talvez nunca ousasse falar sobre isso.
Desde que esse comportamento foi descoberto, quase todas as companhias aéreas implementaram o Crew Resource Management (CRM). O CRM orienta os pilotos e suas tripulações para discutir quaisquer reservas de forma aberta e rápida; em outras palavras: desprogramação do viés de autoridade. O CRM contribuiu mais para a segurança de voo nas últimas décadas do que o avanço técnico.

Muitas empresas carecem de previsão. As empresas com CEOs dominantes estão particularmente em risco, pois os funcionários podem guardar para si as suas opiniões menos favoráveis - provavelmente em detrimento da empresa como um todo.

As autoridades procuram reconhecimento e estão sempre a encontrar novas formas de consolidar o seu estatuto. Médicos e pesquisadores costumam usar jalecos brancos. Os diretores dos bancos usam terno e gravata; os diretores de bancos usam gravatas, enquanto os reis que usam coroas usam distintivos militares; os membros das forças armadas também costumam ostentar distintivos de classificação! Hoje, mais símbolos e adereços são usados como marcadores de experiência, como aparições em talk shows ou capas de revistas, tours de livros ou entradas da Wikipédia; com a autoridade evoluindo da mesma forma que a moda e a sociedade percebendo isso.

Conclusão: Antes de tomar qualquer decisão importante, pense sempre cuidadosamente sobre quais autoridades podem estar exercendo uma influência impactante sobre o seu processo de raciocínio e tente ao máximo desafiar aqueles que estão no poder, se necessário.

Veja também: Twaddle Tendency (cap. 57); Conhecimento do motorista (cap. 16); Ilusão de previsão (cap. 40); Ilusão de Habilidade (cap. 94)

Robert Cialdini conta em seu livro Influence a história de dois irmãos chamados Sid e Harry que administravam uma loja de roupas na América dos anos 1930; Sid era responsável pelas vendas enquanto Harry chefiava os serviços de alfaiataria. Sid ficava com deficiência auditiva sempre que os clientes que estavam diante de seu espelho ficavam extremamente satisfeitos com seus ternos, o que o levou a perguntar a Harry: 'Harry, quanto custa este terno?' Harry então erguia os olhos de sua mesa de corte e respondia rapidamente, gritando que este lindo terno de algodão custava US$ 42. Sid ficava confuso e fingia que não tinha entendido. Harry exclamava: 'Quarenta e dois dólares!' Sid então se virou e respondeu: 'Ele diz $ 22.' A essa altura, seu cliente teria rapidamente colocado dinheiro na mesa antes de sair rapidamente com o terno, antes que o pobre Sid percebesse seu erro.

Conhece essa experiência dos seus tempos de escola? : Encha dois baldes - um com água morna e outro com água gelada - e mergulhe a mão direita em cada um por um minuto. Troque as mãos de volta, colocando ambas de volta na água morna simultaneamente - o que você notou? A mão direita acha que está quente, enquanto a mão esquerda acha que esfria muito bem!

Estas histórias ilustram o efeito de contraste: quando nos deparamos com algo feio, barato ou pequeno, tendemos a julgá-lo como mais bonito ou caro; por outro lado, achamos difícil o julgamento absoluto.

O efeito de contraste é uma ilusão generalizada: ao comprar bancos de couro para o seu carro novo, em comparação com o preço de US$ 60.000, US$ 3.000 parecem irrelevantes em comparação com seu custo total. Todos os setores que oferecem opções de atualização aproveitam essa percepção enganosa para atrair os consumidores e vender atualizações.

O efeito de contraste também pode desempenhar um papel vital em outros lugares: experimentos mostram que as pessoas caminharão mais dez minutos se economizarem US$ 10 em comida, mas nunca considerariam voltar atrás por economizar US$ 10 em um terno caro; um movimento irracional, já que 10 minutos equivalem a 10 dólares de qualquer maneira. Portanto, a caminhada de volta deve ser sempre realizada ou simplesmente não acontecerá.

Sem o efeito de contraste, os negócios de desconto deixariam de existir inteiramente. Existe uma posição insustentável quando os preços dos produtos caem de US$ 100 para US$ 70 num instante; o preço inicial não deve desempenhar qualquer papel aqui. Certa vez, um investidor me disse que uma ação tinha grande valor porque havia caído 50% abaixo do preço máximo; Respondi na mesma moeda balançando a cabeça: os preços das ações nunca têm pontos baixos ou altos - tudo o que importa é se eles sobem ou descem a partir daí.

Se encontrarmos contrastes, nossos cérebros respondem como pássaros a um tiro: esvoaçamos e nos movemos rapidamente. Infelizmente, porém, nossa tendência é não reconhecer mudanças graduais à medida que elas ocorrem: um ilusionista poderia fazer seu relógio desaparecer sem você perceber, porque quando pressionado contra uma parte do seu corpo, pressionando contra outra parte, você não percebe quando seu toque mais leve no pulso remove o relógio Rolex; da mesma forma, não conseguimos observar como o nosso dinheiro desaparece através da inflação, que lentamente lhe rouba valor, ao passo que, imposto como impostos (o que em essência realmente é), reagiríamos muito mais fortemente contra esses impostos (o que na realidade basicamente equivale).

O contraste é uma força perigosa: uma mulher bonita se casa com um homem mais comum; mas, como seus pais eram pessoas de má reputação, ele parece uma figura extraordinária para ela.

Um pensamento final: com todos os anúncios de supermodelos, agora vemos as pessoas bonitas como apenas moderadamente desejáveis. Ao procurar o amor, nunca saia com amigas supermodelos, pois as pessoas vão considerá-lo menos atraente do que realmente é se você for sozinho ou trouxer dois amigos feios.

Veja também: Viés de Disponibilidade (cap. 11); Efeito Dotação (cap. 23); Efeito Halo (cap. 38); Viés de comparação social (cap. 72); Regressão à média (cap. 19); Erro de escassez (cap. 27); Enquadramento (cap. 42)

Dizer algo como: 'Fumar não é tão prejudicial se meu avô conseguiu sobreviver fumando três maços por dia e vivendo até os 100 anos' ou: "Manhattan é realmente seguro; meu amigo mora bem no Village sem trancar a porta mesmo durante as férias - o apartamento dele nunca foi arrombado!" podem ser usados para tentar provar um ponto, mas na verdade não provam nada; ao fazê-lo, sucumbimos ao viés de disponibilidade.

Há mais palavras em inglês que começam com K ou mais com ele como terceira letra? Resposta: Mais de duas vezes mais palavras em inglês apresentam K na terceira posição do que começam com ele; embora muitos acreditem que estes últimos sejam mais numerosos. As pessoas acreditam erroneamente o contrário devido ao fato de serem mais propensas a lembrar palavras que começam com K mais rapidamente; portanto, são mais fáceis para nossas memórias.

O viés de disponibilidade afirma: nossas mentes tendem a criar uma imagem da realidade com base em exemplos que encontramos mais facilmente em nossas memórias, mesmo que esses eventos não ocorram com mais frequência porque podem ser facilmente imaginados.

Devido ao viés de disponibilidade, muitas vezes navegamos pela vida com um mapa de risco impreciso em mente. Devido a este preconceito, tendemos a sobrestimar os nossos riscos de acidentes de avião, acidentes de carro ou homicídio, ao mesmo tempo que subestimamos os riscos de causas menos espectaculares, como a diabetes ou o cancro do estômago. Os ataques bombistas são menos frequentes do que acreditamos, enquanto as taxas de depressão podem ser muito mais elevadas – este preconceito leva-nos a dar demasiado peso a resultados espectaculares, ao mesmo tempo que desvalorizamos os silenciosos ou invisíveis mais prontamente do que deveríamos; nossos cérebros favorecem resultados vistosos mais prontamente do que resultados mundanos - isso nos leva a pensar de maneira dramática em vez de quantitativa!

Os médicos sucumbem frequentemente ao preconceito de disponibilidade: utilizam os seus tratamentos habituais em todos os casos possíveis, embora possam existir tratamentos mais adequados, mas que permanecem escondidos nos seus bancos de memória. Os consultores também são frequentemente vítimas deste fenómeno - em vez de rejeitarem um caso completamente desconhecido dizendo: "Realmente não sei", eles fazem o seu melhor para não agir com base na intuição, mas em vez disso agir.
Em vez de descobrir exatamente o que deveriam lhe dizer, as pessoas muitas vezes recorrem a uma de suas abordagens testadas e comprovadas, não importa se é ideal ou não.

A repetição pode criar uma marca duradoura em nossas mentes; algo repetido com bastante frequência torna-se parte da consciência coletiva, mesmo que o seu conteúdo seja falso; basta perguntar aos líderes nazistas quantas vezes eles repetiram "A Questão Judaica", antes que as pessoas começassem a acreditar que era uma questão importante! Para começar a acreditar nesses conceitos, basta dizer as palavras OVNI, energia vital ou carma várias vezes antes que as pessoas percebam e acreditem nelas!

O preconceito de disponibilidade tornou-se uma característica bem estabelecida nos conselhos de administração de empresas em todo o mundo. Os membros do conselho tendem a concentrar as suas discussões no que a administração apresentou - geralmente números trimestrais - em vez de abordar assuntos mais importantes, tais como movimentos da concorrência, questões de motivação dos funcionários ou mudanças no comportamento dos clientes que possam afetá-los diretamente. Eles não tendem a discutir coisas fora da agenda. As pessoas tendem a preferir informações facilmente acessíveis – sejam elas dados económicos ou receitas – quando tomam decisões; fazer as suas escolhas nesta base, em vez de dados mais pertinentes, mas de mais difícil acesso, pode revelar-se desastroso para as suas decisões. Exemplo: sabemos há 10 anos que a chamada fórmula Black-Scholes para precificar produtos financeiros derivados não funciona, mas devido à falta de soluções viáveis, continuamos a utilizar uma ferramenta inadequada. Seria como estar numa cidade desconhecida sem um mapa, mas depois encontrar um para casa a partir de algum lugar e utilizá-lo - preferindo informação incorrecta a nenhuma informação - levando assim os bancos a incorrerem em perdas de milhares de milhões devido ao enviesamento da disponibilidade.

Frank Sinatra cantou a famosa canção: 'Oh, meu coração está batendo descontroladamente/Tudo por sua causa/Quando não estou perto de quem eu amo/Eu ainda a amo." Este é um exemplo de preconceito de disponibilidade - para combatê-lo de forma eficaz, precisamos do contribuições de outras pessoas com experiências e conhecimentos diferentes dos nossos, a fim de superar seus efeitos.
Veja também Aversão à Ambiguidade (cap. 80); Ilusão de Atenção (cap. 88); Viés de associação (cap. 48); Efeito positivo de recurso (cap. 95); Viés de confirmação (cap. 7-8); Efeito de contraste (cap. 10); Negligência da Probabilidade (cap. 26) para saber mais sobre este assunto.

POR QUE "SEM DOR, SEM GANHO" DEVE SOAR SINOS DE ALARME

A FALÁCIA "VAI PIORAR ANTES DE MELHORAR"

Certa vez, durante as férias na Córsega, fiquei doente. Os sintomas não eram familiares e a dor aumentava a cada dia. Então procurei assistência médica em uma clínica próxima. Um jovem médico começou a me inspecionar cuidadosamente - cutucando minha barriga, segurando ombros e joelhos com força e cutucando cada vértebra em busca de sinais de problemas. Seu exame me pareceu estranho, mas perseverei até que seu caderno saiu com antibióticos escritos: 'Tome um comprimido três vezes ao dia até que os sintomas desapareçam. Tome seus antibióticos até que os sintomas melhorem antes de considerar a medicação como tratamento!' Quando terminei, voltei para o meu quarto de hotel com a receita.

A dor piorou nos três dias seguintes – exatamente como previsto pelo meu médico. Embora ele devesse saber o que havia de errado comigo, quando a dor não diminuiu depois de três dias, liguei para ele novamente para perguntar o que fazer a respeito e fui aconselhado por ele a aumentar a dosagem para cinco vezes ao dia, pois "pode doer por muito tempo". mais algum tempo". Depois de mais dois dias agonizantes, decidi chamar uma ambulância aérea internacional, onde o médico suíço diagnosticou apendicite imediatamente antes de me operar imediatamente, perguntando depois: "por que você esperou tanto?".

"Tudo correu exatamente de acordo com o que o médico previu, então confiei em seu conselho."

"Ah, não! Você caiu na falácia de que as coisas só vão piorar antes de melhorar." O seu médico corso provavelmente não sabia disso; provavelmente apenas mais uma armadilha para turistas durante a alta temporada.

Tomemos outro exemplo: um CEO encontra-se frustrado, com as vendas no banheiro, os vendedores desmotivados e as campanhas de marketing fracassando completamente. Em desespero, ele contrata um consultor por US$ 5.000 por dia, cuja avaliação inclui descobertas que incluem falta de visão do seu departamento de vendas e sua marca não estar claramente posicionada - posso consertar ambos para você, mas pode levar mais tempo até que as melhorias aconteçam - provavelmente as vendas diminuirão ainda mais antes que as coisas melhorem' O CEO contrata este consultor; um ano depois, as vendas caem mais uma vez antes de ocorrer progresso, conforme enfatizado por este consultor; repetidamente durante estas consultas eles sublinham quão estreitamente o progresso está ligado ao progresso da

empresa, conforme medido em relação às suas conclusões nas análises disponibilizadas pelas suas conclusões neste dia por este homem cuja análise.
À medida que as vendas continuam a cair no terceiro ano, o CEO decide demitir o consultor.

A falácia de que vai piorar antes de melhorar é simplesmente uma desculpa, um exemplo de viés de confirmação. Se o problema continuar a piorar conforme previsto, o viés de confirmação confirma-se, ao passo que se ocorrer uma melhoria inesperada, o cliente ficará satisfeito e o especialista poderá receber o crédito pelo seu conjunto de competências; de qualquer forma ele vence.

Imagine-se como presidente de um país, sem o conhecimento necessário para geri-lo de forma eficaz. Qual seria o seu primeiro movimento? Talvez prevendo "anos difíceis", pedindo aos cidadãos que apertem o cinto e prometendo melhorias após esta delicada fase de "limpeza", "purificação" e "reestruturação", deixando em aberto quanto tempo e severidade este período poderá durar?

O Cristianismo é o testemunho final da eficácia desta estratégia: os seus crentes acreditam que antes de experimentar o céu na Terra, o mundo deve primeiro ser destruído através de desastres como inundações, incêndios e mortes - tudo isto faz parte do plano maior de Deus - qualquer agravamento das condições como uma indicação de que a profecia deles foi cumprida; quaisquer melhorias vistas como bênção de Deus.

Conclusão: Quando alguém diz: "Vai piorar antes de melhorar", isso deveria soar o alarme. No entanto, tenha cuidado: existem situações em que as coisas primeiro se deterioram antes de melhorarem com o tempo; por exemplo, uma mudança de carreira muitas vezes inclui perda de remuneração, enquanto a reestruturação de uma empresa também pode levar tempo. Mas em todos estes casos podemos ver com relativa rapidez se as medidas tomadas estão a funcionar; os marcos fornecem indicadores claros. Em vez disso, concentre-se neles, em vez de buscar alívio por meio de soluções mágicas.

Veja também Action Bias (cap. 43); Falácia do custo irrecuperável (cap. 5); Regressão à Média (cap. 19) para maiores explicações.

A vida pode ser confusa. Considere um marciano invisível seguindo você com um caderno igualmente invisível para documentar tudo o que você faz, pensa e sonha. Sua vida seria assim: 'Tomei café com dois açúcares'; "Pisei numa tachinha e praguejei como um marinheiro", 'sonhei que beijei meu vizinho', 'reservei férias nas Maldivas, mas agora estou quase sem dinheiro', ou 'encontrei cabelo saindo debaixo da orelha - arranquei-o imediatamente'. Todas essas seriam entradas em seu diário que narram o que está acontecendo a cada dia - as entradas continuariam chegando. As pessoas gostam de tecer os pedaços de suas vidas em um conto coerente, formando histórias a partir de detalhes dispersos que chamamos de significado e identidade, respectivamente. Max Frisch, um respeitado romancista suíço, observou certa vez: "Experimentamos histórias como roupas.

Como humanos, usamos a narrativa para dar sentido à história global, condensando eventos díspares num enredo coerente. Através desta lente chegamos a compreender certas questões; tais como a razão pela qual o Tratado de Versalhes contribuiu para a Segunda Guerra Mundial ou por que a política monetária frouxa de Alan Greenspan causou o colapso do Lehman Brothers. Os entendimentos podem variar; aqui nos referimos à compreensão como compreensão, mas essas coisas não podem ser compreendidas em seu estado original - criamos significado a partir delas mais tarde. As histórias são entidades altamente subjetivas. Muitas vezes distorcem a realidade e filtram tudo o que não se enquadra, mas somos impotentes sem eles. Por que isso ainda não está claro. O que sabemos com certeza é que os humanos primeiro usaram as histórias como formas de explicar o mundo antes de se tornarem científicos; tornando assim a mitologia mais antiga que a filosofia e dando origem a preconceitos na história.

O preconceito nas histórias é galopante nas reportagens da mídia. Para dar um exemplo: quando um carro passa por uma ponte e de repente desaba, o que lemos no dia seguinte? Uma história sobre seu infeliz motorista; de onde vieram e para onde iam; lemos sua biografia (nascido em algum lugar, criado em outro lugar, ganhando a vida em outro lugar); se ele sobreviver e puder dar entrevistas, obteremos detalhes sobre o que exatamente ele sentiu quando a ponte desabou - mas nenhuma dessas histórias explica sua causa - apenas pule todas elas
Deve-se também considerar a própria ponte: onde estava o seu ponto fraco, se a fadiga o causou e se houve danos; foi utilizado um projeto apropriado e existiam pontes semelhantes a esta. Embora todas essas perguntas sejam válidas, suas respostas não geram histórias envolventes; gostamos de histórias em vez de detalhes abstratos. Portanto, histórias paralelas divertidas são priorizadas em detrimento de fatos relevantes (o que, por outro lado, significaria que só leríamos livros de não-ficção!)

Aqui estão dois contos do romancista inglês E. M. Forster para você considerar; qual você se lembraria melhor? A) "O Rei Morreu e a Rainha Morreu de Dor." B) 'O rei morreu e a rainha morreu de tristeza.' A maioria provavelmente se lembrará da história B com mais facilidade, pois suas duas mortes não ocorrem apenas sucessivamente, mas estão ligadas emocionalmente; A é mais factual, enquanto B tem um significado mais profundo - a teoria da informação sugere que devemos lembrar de A mais facilmente por ser mais curto, mas nossos cérebros não funcionam dessa maneira!

Os anunciantes também aprenderam a explorar este facto, criando narrativas convincentes em torno dos produtos e não apenas dos seus benefícios. O Google ilustrou essa técnica perfeitamente em seu comercial do Super Bowl de 2010 chamado 'Google Parisian Love' no YouTube - dê uma olhada aqui.

Reduzir a realidade em histórias significativas distorce a realidade e afecta as nossas decisões; para corrigir esta distorção existe um remédio. Separe essas narrativas. Pergunte a si mesmo: o que eles estão tentando esconder? Visite uma biblioteca e passe meio dia lendo jornais antigos; você verá que os eventos que agora parecem conectados não estavam naquele momento; Além disso, tente ver a história de sua vida fora de contexto: vasculhe diários e anotações antigas para descobrir que a vida não seguiu um caminho reto que leva diretamente aos dias de hoje; em vez disso, tem sido uma série de experiências e acontecimentos não planeados e imprevisíveis – algo que exploraremos mais detalhadamente no capítulo 5.

Assim que você ouvir uma história, considere de onde ela veio e suas intenções; o que não foi dito; quais detalhes podem ter sido omitidos e que podem ser ainda mais pertinentes do que os apresentados, por exemplo, ao discutir crises financeiras ou guerras. Um problema com as histórias: elas nos dão uma falsa sensação de segurança.
A compreensão leva-nos inevitavelmente a assumir riscos maiores e a caminhar com cautela em águas desconhecidas.

Veja Falsa Causalidade (cap.37); Justificação 'Porque' (cap.52); Personificação (cap.87); Viés retrospectivo (cap. 14); Erro Fundamental de Atribuição (cap. 36); Falácia da Conjunção (cap. 41); Falsificação da História (cap.78); Cherry Picking (cap. 96) e News Illusion (cap. 99) como questões adicionais a serem consideradas.

Viés retrospectivo Recentemente, me deparei com os diários do meu tio-avô. Em 1932, mudou-se de uma aldeia suíça para Paris em busca de oportunidades cinematográficas e fez esta entrada apenas dois meses depois de a França ter sido invadida: "Todos acreditam que as forças alemãs partirão em Dezembro, com a Inglaterra caindo rapidamente depois; então as nossas vidas em Paris poderão finalmente ser retomadas sob a Alemanha.' Infelizmente esta ocupação durou quatro anos.

Os livros de história actuais apresentam a ocupação alemã de França como parte de uma estratégia militar organizada; portanto, parece provável em retrospecto. Infelizmente, fomos vítimas de preconceitos retrospectivos.

Consideremos agora este exemplo de 2007: os peritos económicos projectavam perspectivas brilhantes para os anos seguintes, mas no espaço de um ano os mercados financeiros implodiram. Quando solicitados pelos repórteres a explicar esta crise, os especialistas listaram as suas causas: a expansão monetária de Greenspan; padrões frouxos de validação de hipotecas; agências de classificação corruptas; baixos requisitos de capital e assim por diante - em retrospectiva, estas explicações parecem cada vez mais óbvias.

O preconceito retrospectivo é uma das falácias mais difundidas. Poderíamos nos referir a isso como o fenômeno do "eu avisei": quando olhamos para trás tudo se torna evidente e previsível. Se um CEO obtém sucesso através de muito trabalho árduo e pura sorte, a sua percepção da probabilidade é muitas vezes muito maior do que realmente era. Após a vitória eleitoral triunfante de Ronald Reagan sobre Jimmy Carter em 1980, os comentaristas previram sua nomeação, apesar da proximidade, até dias antes do dia da votação final. Os jornalistas empresariais de hoje parecem convencidos do eventual domínio do Google, embora tais previsões tivessem causado risos se tivessem sido feitas em 1998. Um facto surpreendente: hoje parece dolorosamente plausível que um tiro disparado em Sarajevo em 1914 levasse a 30 anos de conflito e custou 50 milhões de vidas - algo que todas as crianças em idade escolar aprendem na escola - mas naquela altura ninguém teria sonhado.
A escalada teria parecido absurda demais.

O que torna o preconceito retrospectivo tão perigoso? Simplesmente, leva-nos a acreditar que somos melhores preditores do que realmente somos e provoca um excesso de confiança arrogante no nosso conhecimento, levando-nos a assumir demasiados riscos tanto com questões globais como com questões locais: "Já ouviu falar? Sylvia e Chris separaram-se. Sempre dava errado, já que eles têm personalidades tão diferentes - ou tão parecidas - ou talvez eles passassem muito tempo juntos ou mal se vissem".

Superar o preconceito retrospectivo pode ser difícil. Estudos demonstraram que mesmo as pessoas conscientes disso muitas vezes caem nessa, por isso lamento sinceramente ter desperdiçado seu tempo lendo este capítulo.

Se você chegou até aqui, ofereço uma dica final baseada na experiência pessoal e não profissional: mantenha um diário. Registre quaisquer previsões relacionadas a mudanças políticas, desenvolvimento de carreira, questões de peso ou mercados de ações. Depois de algum tempo, analise essas previsões com os desenvolvimentos reais para avaliar quaisquer discrepâncias. Fique surpreso com o quão ruins são suas habilidades de previsão! Não leia apenas livros de história - não confie apenas em teorias retrospectivas! Diários, histórias orais e documentos históricos desse período oferecem informações valiosas que escapam até mesmo aos especialistas! Aqueles que não conseguem viver sem notícias deveriam ler jornais de cinco, dez ou vinte anos atrás - isto proporcionará uma noção ainda mais profunda de quão imprevisível o nosso mundo pode ser. Olhar para trás pode proporcionar conforto temporário; mas para obter revelações mais profundas sobre como tudo funciona, nos beneficiaremos mais se olharmos para frente.

Veja também: Falácia da Causa Única (cap. 97); Falsificação da História (cap. 78); Viés de história (cap. 13); Ilusão de previsão (cap. 40); Viés de resultado (cap. 20) e preconceito de autoatendimento (cap. 45) como perspectivas adicionais a serem consideradas ao superestimar conhecimento e habilidade.

POR QUE SUPERESTIMAMOS CONSTANTEMENTE NOSSOS CONHECIMENTOS E HABILIDADES?

Johann Sebastian Bach não foi apenas uma maravilha de um só sucesso; seu trabalho é numeroso e será discutido mais detalhadamente no final deste capítulo. Por enquanto, aqui vai uma tarefa simples para você tentar estimar quantos concertos ele compôs; escolha um intervalo de 100 a 500, de preferência com estimativas precisas de 98% e variações de apenas 2 a 2% entre as estimativas.

Quão confiantes devemos estar em nosso próprio conhecimento? Os psicólogos Howard Raiffa e Marc Alpert colocaram a mesma questão a centenas de indivíduos que entrevistaram através de entrevistas e grupos focais. Eles pediram aos participantes que estimassem a produção total de ovos nos EUA ou estimassem o número de médicos e cirurgiões listados no diretório das Páginas Amarelas de Boston ou estimassem as importações de automóveis estrangeiros nos EUA ou mesmo estimassem a arrecadação de pedágios do Canal do Panamá em milhões de dólares. Os participantes foram solicitados a selecionar qualquer faixa que desejassem com o objetivo de não errar mais de 2% das vezes, mas na realidade erraram em 40%! Os pesquisadores rotularam esse fenômeno surpreendente de excesso de confiança.

O excesso de confiança aplica-se à previsão em termos de desempenho do mercado de ações ao longo de um ano ou lucros ao longo de três anos, bem como às previsões do nosso conhecimento e capacidade de prever. As pessoas muitas vezes subestimam tanto o nosso conhecimento e capacidade de previsão, como também a nossa confiança de que as estimativas individuais estão corretas ou incorretas; em vez disso, mede o que as pessoas sabem versus o quão confiantes elas se sentem ao fazer previsões. Pode surpreender alguns que os especialistas sofram ainda mais do que os leigos devido ao excesso de confiança; quando solicitado a prever os preços do petróleo daqui a cinco anos, um professor de economia pode fazer a sua previsão com maior convicção do que o seu homólogo faria; no entanto, quando solicitados a prever os preços do petróleo daqui a cinco anos, com ainda mais confiança do que o seu homólogo daria a sua previsão!

O excesso de confiança vai além da economia: pesquisas revelam que 84% dos franceses se estimam como amantes acima da média; sem efeitos de excesso de confiança, esse número deveria ter sido exactamente 50%; mediana estatística significa que 50% devem ter classificação superior e 50% inferior, respectivamente. Outra pesquisa mostra que 93% acreditam que são amantes acima da média, apesar do efeito do excesso de confiança. Os estudantes norte-americanos entrevistados estimaram-se como condutores "acima da média", e 68% dos professores da Universidade de Nebraska classificaram-se entre os 25% melhores em capacidade de ensino. Os empresários e aqueles que queriam casar também se consideravam superiores: acreditavam que podiam vencer as adversidades. Sem a existência de excesso de confiança, a actividade empresarial provavelmente diminuiria drasticamente; por exemplo, todos os donos de restaurantes esperam que o seu restaurante se torne o próximo estabelecimento com estrela Michelin, mas muitos fracassam no espaço de três anos devido aos fracos retornos dos investimentos que permanecem consistentemente abaixo de zero.

Quase nenhum grande projeto é concluído no prazo e com custo menor do que o previsto. Exemplos notáveis incluem o Airbus A400M, a Sydney Opera House e o Big Dig de Boston. Para compreender porquê, duas forças entram em jogo simultaneamente: o excesso de confiança é um factor; em segundo lugar, aqueles que estão directamente interessados no projecto têm frequentemente incentivos para subestimar os custos: consultores, empreiteiros e fornecedores procuram todos mais negócios. Os construtores sentem-se encorajados por números optimistas enquanto os políticos ganham mais apoio através destas actividades - discutiremos a deturpação estratégica (Capítulo 89).

O que torna o excesso de confiança tão difundido e o seu efeito tão preocupante é a sua inexorabilidade: não responde a incentivos, sendo uma característica instintiva e não motivada por incentivos; nem a sua contraparte, a "falta de confiança", está presente. Não é surpreendente para alguns leitores: o excesso de confiança masculino tende a ser mais proeminente, enquanto as mulheres não tendem a exagerar tanto os seus conhecimentos e capacidades; além disso, os otimistas não estão sozinhos quando se trata de superestimar-se - mesmo os autoproclamados pessimistas ainda se superestimam, embora de forma menos extrema.

Conclusão: Lembre-se de estar ciente de que é fácil superestimar nosso conhecimento. Desconfie de previsões de especialistas; em todos os planos, favoreça o cenário pessimista, pois isso lhe dá a chance de julgar as situações com precisão e de forma mais realista.

Voltando à nossa questão: Johann Sebastian Bach deixou 1.127 obras que sobreviveram até hoje, embora muitas possam ter se perdido ao longo do tempo. Para leitura adicional, consulte: Ilusão de Habilidade (cap. 94); Ilusão de previsão (cap. 40) e deturpação estratégica. (cap. 89); Tendência de Super-Resposta de Incentivo (Cap. 18); Preconceito egoísta (cap. 45).

NÃO LEVE A SÉRIO AS ÂNCORAS DE NOTÍCIAS

Depois de receber o Prêmio Nobel de Física em 1918, Max Planck fez uma turnê nacional de palestras pela Alemanha para apresentar novas teorias da mecânica quântica. Onde quer que fosse, ele proferia a mesma palestra. Com o tempo, seu motorista se familiarizou com seu discurso: "O professor Planck deve achar monótono repetir-se; deixe-me fazer isso por você em Munique? Sente-se na primeira fila com meu boné de motorista e use meu boné, pois isso nos daria alguma variedade! Planck ficou encantado com a ideia, então o motorista deu uma palestra noturna sobre mecânica quântica para um público de elite. Quando um dos professores de física de Munique lhe fez uma pergunta, o seu motorista ficou surpreso: 'Nunca teria esperado que alguém de uma cidade tão avançada como Munique fizesse uma pergunta tão simples! Meu motorista terá prazer em responder.

Charlie Munger, um dos principais investidores do mundo (de quem tirei esta história), identificou dois tipos de conhecimento. O verdadeiro conhecimento pode ser visto entre aqueles que gastaram muito tempo e esforço na compreensão de um tópico; conhecimento de motorista refere-se ao conhecimento de pessoas que sabem como fazer um show com vozes impressionantes ou estilos de cabelo deslumbrantes; no entanto, suas palavras saem como se estivessem lendo um roteiro.

Infelizmente, tornou-se mais desafiador do que nunca distinguir o conhecimento verdadeiro do conhecimento do motorista. Os âncoras de notícias são um bom exemplo dessa dicotomia; todo mundo sabe que esses atores estão simplesmente desempenhando papéis - mas continuo surpreso com o respeito que esses leitores polidos de roteiros conquistam, além de moderar painéis sobre tópicos que eles mal compreendem.

Os jornalistas apresentam mais desafios. Alguns jornalistas possuem verdadeiro conhecimento; esses repórteres veteranos geralmente se especializam em uma área há anos. Esses repórteres se esforçam para compreender as complexidades de um assunto e depois explicá-lo de forma eficaz por meio de longos artigos que detalham casos e exceções. A maioria dos jornalistas, no entanto, assemelha-se a motoristas: escrevem textos unilaterais rapidamente usando pesquisas no Google, sem fazer muita pesquisa para obter compensação; seus textos tendem a ser unilaterais, curtos e unidimensionais em conteúdo. Esses indivíduos tendem a demonstrar pouco conhecimento, ao mesmo tempo que exalam um ar de superioridade no tom.

As empresas muitas vezes podem exibir superficialidade. À medida que as empresas crescem, espera-se que os CEOs possuam "qualidade de estrela". Infelizmente, a dedicação, a solenidade e a confiabilidade costumam ser subvalorizadas no topo. Por vezes, os accionistas e os jornalistas acreditam erradamente que o carisma produzirá melhores resultados, o que certamente não é verdade.

Warren Buffett, parceiro de negócios de Munger, encontrou uma excelente solução: o seu "círculo de competência". O que está dentro deste círculo pode ser entendido intuitivamente, enquanto o que está fora dele pode fazer sentido apenas parcialmente. Munger aconselha as pessoas a permanecerem dentro do que ele chama de círculo de competência: entender o que você entende e o que não entende. O tamanho não importa, desde que eles saibam onde ficam seus perímetros. Munger enfatiza esse ponto. Para ter sucesso em qualquer empreendimento, é preciso compreender suas próprias aptidões. Se jogar contra pessoas com aptidões maiores do que elas é prejudicial para você, e você não o faz, provavelmente terminará em perda - isso pode ser garantido. Portanto, encontrar uma vantagem e permanecer dentro do seu círculo de competência é de extrema importância.'

Conclusão: Esteja atento ao conhecimento do motorista. Não confunda porta-vozes da empresa, mestres de cerimônias, apresentadores de notícias, conversadores ou vendedores de palavreado como especialistas com conhecimento verdadeiro. Um indicador claro: os verdadeiros especialistas sabem quando a sua experiência termina e quando começa novamente; os verdadeiros especialistas também reconhecem quando algo está fora do seu círculo de especialização e ficam calados ou falam livremente para indicar tais lacunas de conhecimento; os motoristas raramente fazem isso consigo mesmos!

Veja também Viés de autoridade (cap. 9); Dependência de Domínio (cap. 76); Twaddle Tendency (cap. 57) para futuras explorações.

Todas as noites, por volta das nove horas, aproximadamente às nove e meia, um indivíduo de chapéu vermelho fica em pé em uma praça e começa a agitar o boné descontroladamente. Depois de cinco minutos ele desaparece e um dia depois, quando abordado por um policial, esse indivíduo respondeu que estava afastando girafas, mas nenhuma podia ser vista aqui, então deve estar fazendo um trabalho eficaz nisso!' A isso o policial respondeu: "Bem, então devo estar bem!"

Um dia, quando meu amigo com a perna quebrada estava preso em casa e me pediu para comprar bilhetes de loteria para ele, fui à cidade, marquei algumas caixas, escrevi o nome dele e paguei. Contudo, assim que lhe entreguei, ele objetou: 'Por que você fez isso? Eu queria preencher sozinho; esses números não vão me render nada!"

"Você realmente acha que a escolha dos números terá alguma influência no sorteio?" Eu perguntei. Seu rosto encontrou meu olhar inexpressivo.
Os jogadores de casino muitas vezes lançam os dados o mais forte possível se precisarem de um número elevado, e com mais cautela quando esperam números baixos - uma prática absurda, tal como os adeptos de futebol que esperam poder influenciar um jogo gesticulando em frente a um aparelho de televisão. Infelizmente, eles compartilham esta ilusão com outros que também procuram influenciar os assuntos mundiais, enviando vibrações positivas ou "carma".

Jenkins e Ward descobriram em 1965 a ilusão de controle, a tendência de acreditar que podemos afetar algo sobre o qual não temos influência, por meio de um experimento que utilizou dois interruptores e uma luz. Ao apertar interruptores, eles conseguiram influenciar quando e se a luz acendia aleatoriamente; os sujeitos ainda acreditavam que poderiam influenciar seu brilho apertando interruptores.

Considere este exemplo: um pesquisador americano realizou testes para investigar a sensibilidade acústica à dor, colocando pessoas em cabines de som e aumentando gradualmente o volume até que os sujeitos lhe dessem um sinal para parar. Seus dois quartos (A e B) eram idênticos, exceto que B apresentava um botão vermelho de pânico na parede. O botão era apenas uma ilusão de controle; no entanto, a sua presença deu aos participantes a sensação de que poderiam moldar a sua situação e, assim, capacitá-los a tolerar níveis de ruído significativamente maiores. Se você já leu Aleksandr Solzhenitsyn, Primo Levi ou Viktor Frankl, essa descoberta não deveria surpreender; seus livros descrevem como até mesmo pequenas influências no destino encorajaram os presidiários a não perderem a esperança.

Atravessar as ruas de Los Angeles pode ser complicado, mas com o toque de um botão podemos parar o trânsito – ou será que podemos? O objetivo do botão é nos fazer acreditar que temos algum controle sobre os semáforos, para que possamos aguentar a espera por mais tempo sem ficar impacientes ou perder a paciência em esperar que ele mude com mais paciência. Truques semelhantes são empregados quando se trata de botões de abertura/fechamento de portas de elevadores: muitos nem sequer estão conectados a um painel elétrico! Medidas semelhantes também foram implementadas em escritórios de plano aberto: para alguns pode estar sempre demasiado quente, enquanto para outros pode ser sempre demasiado frio. Técnicos inteligentes criam a ilusão de controle instalando mostradores de temperatura falsos; isto reduz as contas de energia – e as reclamações. Essas estratégias passaram a ser conhecidas como botões placebo e estão sendo empregadas em todos os lugares, desde elevadores e escritórios até lojas com caixas.

Os banqueiros centrais e os funcionários do governo utilizam habilmente botões placebo. Um exemplo seria a taxa de fundos federais – uma taxa de juro overnight extremamente de curto prazo. Embora esta taxa não afecte as taxas de juro de longo prazo (que dependem da oferta e da procura e são, portanto, cruciais nas decisões de investimento), todas as suas alterações provocam fortes reacções no mercado bolsista. Ninguém compreende por que é que as taxas de juro overnight têm um tal efeito nos mercados, mas todos pensam que sim e assim acontece. As declarações do Presidente da Reserva Federal podem ter o mesmo impacto: os mercados movem-se embora as suas palavras proporcionem poucos benefícios reais e tangíveis para a economia real; eles apenas criam ondas sonoras. No entanto, permitimos que os chefes económicos continuem a brincar com mostradores ilusórios. Um verdadeiro alerta viria se todas as partes envolvidas compreendessem que a economia global está, em última análise, fora das nossas mãos e não pode ser gerida de forma eficaz.

Você está confiante de que tudo está sob controle? Provavelmente menos do que você pensa Veja também Coincidência (cap. 24); Negligência da Probabilidade (cap. 26); Ilusão de previsão (cap. 40); Ilusão de Habilidade (cap. 94); Ilusão de agrupamento (cap. 3); Ilusão de introspecção (cap. 67) neste capítulo.

Nunca pague incentivos por hora ao seu advogado

Tendência de Super-Resposta

Os governantes coloniais franceses em Hanói, no século XIX, promulgaram uma lei para controlar uma infestação de ratos: por cada rato morto levado às autoridades, os seus caçadores receberiam uma recompensa. Muitos ratos foram destruídos através desta iniciativa, mas também muitos outros criados especificamente para ela.

Os arqueólogos que descobriram os pergaminhos do Mar Morto em 1947 estabeleceram uma taxa de descoberta por pergaminho; em vez de descobrir muito mais pergaminhos, os arqueólogos simplesmente rasgaram os pergaminhos existentes para aumentar o preço do descobridor. Incentivos semelhantes foram oferecidos na China durante o século XIX: os agricultores encontraram vários ossos de dinossauros nas suas terras e depois partiram-nos para trocá-los como recompensa. Os conselhos de administração das empresas modernas oferecem bónus quando os objectivos são alcançados e os gestores gastam a sua energia a tentar reduzir os objectivos em vez de expandirem os seus negócios.

Estes exemplos ilustram a famosa observação de Charlie Munger sobre os incentivos que causam tendências de super-resposta. As pessoas respondem aos incentivos fazendo o que é do seu interesse. O que é notável, contudo, é a rapidez e a importância com que o comportamento das pessoas muda quando entram novos incentivos ou quando os existentes são alterados; além disso, parece que as próprias pessoas respondem diretamente aos incentivos, em vez de quaisquer intenções maiores por trás deles.

Bons sistemas de incentivos combinam intenção e recompensa; por exemplo, na Roma Antiga, os engenheiros eram convidados a ficar sob a construção da ponte durante as cerimônias de abertura. Por outro lado, sistemas de incentivos deficientes muitas vezes obscurecem ou até pervertem o objectivo pretendido; censurar um livro só pode tornar o seu conteúdo mais notório, recompensar os funcionários do banco por cada empréstimo vendido pode danificar ainda mais as carteiras de crédito e tornar públicos os salários dos CEO apenas os aumentou; ninguém queria ser visto como um "CEO perdedor".

Você deseja mudar o comportamento de indivíduos ou organizações? Pregar sobre valores e visões ou apelar à razão pode funcionar, mas os incentivos muitas vezes funcionam melhor - nem precisam de ser financeiros!
Tudo o que aprendemos pode ser bem aproveitado - desde boas notas e prêmios Nobel até tratamento especial na vida após a morte.

Muito antes de entender por que os nobres medievais instruídos abriram mão de suas vidas luxuosas para participar das Cruzadas, lutei para compreender o que poderia fazer com que os nobres instruídos desse período deixassem para trás seus estilos de vida confortáveis e montassem cavalos, sabendo muito bem o A viagem durou pelo menos seis meses e passou diretamente pelo território inimigo - mas eles correram o risco. Após alguma reflexão e reflexão, percebi: os sistemas de incentivos desempenharam um papel essencial. Se sobrevivessem, poderiam ficar com todos os seus despojos de guerra enquanto se tornavam homens ricos, enquanto aqueles que morriam tornavam-se automaticamente mártires, com todos os benefícios para eles, ou então iam directamente para o céu como mártires - tornando esta solução vantajosa para todos possível para todos os participantes envolvidos - tornando este empreendimento lucrativo desde o primeiro dia para ambas as partes envolvidas, se ambas pudessem voltar para casa vivas; de qualquer forma, era uma situação ganha/ganha

Imagine por um segundo se guerreiros e soldados cobrassem dos inimigos por hora pelos serviços prestados - estaríamos efetivamente encorajando-os a demorar o máximo possível, certo? Então, por que pagamos taxas por hora ao contratar advogados, arquitetos, consultores, contadores ou instrutores de direção? Meu conselho: em vez disso, negocie acordos de preços fixos antes de contratar seus serviços.

Tenha cuidado com consultores de investimentos que endossam produtos financeiros específicos; o foco deles pode não ser o seu bem-estar financeiro, mas sim o ganho de comissão. Os planos de negócios dos empresários e banqueiros de investimento muitas vezes revelam-se inúteis porque os fornecedores só pensam nos seus próprios interesses; como diz o velho ditado 'Nunca pergunte a um barbeiro se você precisa cortar o cabelo'.

Fique atento às tendências de super-resposta de incentivo; quando o comportamento de alguém ou de uma organização o deixa perplexo, pergunte quais os incentivos que podem estar por trás disso e você provavelmente será capaz de explicar 90% dos casos com facilidade; quaisquer 10% restantes poderiam ser paixão, idiotice, psicose ou malícia.

Veja também Motivation Crowding (cap. 56); Reciprocidade (cap. 6); Efeito de Excesso de Confiança (cap. 15) para material adicional sobre aglomeração de motivação.

Médicos, consultores e psicoterapeutas podem ser fontes não confiáveis de alívio

Regressão à Média

Sua dor nas costas oscilava entre melhorar e piorar. Alguns dias foram melhores que outros; haveria dias em que ele sentiria vontade de mover montanhas, outros em que até mesmo o mínimo movimento seria impossível. Quando isso se tornava problemático - o que felizmente acontecia apenas raramente - sua esposa o levava a um quiroprático; uma vez lá, no dia seguinte o encontraria com mais mobilidade e o recomendaria fortemente a todos os seus contatos.

Outro homem mais jovem, com um handicap de golfe de 12, elogiou com entusiasmo o seu instrutor, com quem reservava uma hora sempre que o seu jogo falhava e pouco depois o seu desempenho melhorava significativamente.

Um consultor de investimentos de um grande banco criou uma bizarra "dança da chuva", realizando-a sempre que suas ações apresentavam mau desempenho no banheiro. Embora parecesse absurdo na época, ele se sentiu compelido a fazê-lo; e as coisas sempre melhoraram depois.

O que une os três homens é um erro conhecido como ilusão de regressão à média.

Digamos que sua região tenha passado por um período excepcionalmente frio; é provável que as temperaturas retornem gradualmente à média mensal nos próximos dias. É provável que o mesmo aconteça com calor extremo, seca ou chuva: o clima flutua em torno de uma média. O clima é apenas um indicador; o mesmo acontece com a dor crônica, as desvantagens no golfe, o desempenho do mercado de ações, a sorte no amor, os níveis subjetivos de felicidade e os resultados dos testes - todos eles flutuam em torno de algum tipo de média. E da mesma forma para o alívio da dor crônica nas costas sem consultas de Quiropraxia; handicaps voltando para 12 sem acréscimo de aulas; desempenho do consultor de investimentos retornando a um desempenho médio de mercado - independentemente de qualquer dança no banheiro!

Performances extremas são intercaladas com outras menos extremas. Mesmo as escolhas de ações mais bem-sucedidas de três anos atrás provavelmente não permanecerão assim daqui a três anos. Você pode entender por que alguns atletas preferem evitar as manchetes.
Os jornais muitas vezes reportam resultados de topo, mas inconscientemente sabem que da próxima vez poderão não alcançar resultados de topo semelhantes - algo que não tem nada a

ver com a atenção dos meios de comunicação social; mas é devido a variações naturais no desempenho.

Ou consideremos o caso de um gestor de divisão que procura aumentar o moral dos funcionários, enviando os 3% menos motivados da sua força de trabalho para um curso, apenas para que os níveis de motivação não voltem a ser como antes (aqueles que participaram já não representam esta percentagem - haverá provavelmente serão outros em vez de si mesmos na parte inferior). O curso valeu a pena? É difícil dizer, uma vez que os níveis de motivação provavelmente voltariam ao normal, mesmo sem treinamento; semelhante aos pacientes hospitalizados por depressão que muitas vezes saem sentindo-se um pouco melhor, mas isso pode muito bem não ter contribuído em nada!

Exemplo 2: Em Boston, escolas com baixo desempenho foram colocadas num programa de apoio intensivo. No espaço de um ano, o seu desempenho melhorou - algo que as autoridades atribuíram directamente a este esforço, em vez de uma regressão natural em direcção à média.

Regressar à média pode ter consequências destrutivas, levando os professores (ou gestores) a acreditar que a disciplina é melhor do que o elogio, por exemplo, recompensando os alunos com alto desempenho e punindo os com baixo desempenho após os testes. Como resultado, os professores podem concluir que a reprovação ajuda e o elogio atrapalha - criando um ciclo repetitivo onde a punição ajuda e o elogio atrapalha o desempenho - de modo que a sua crença se torna "a reprovação ajuda e o elogio atrapalha", dando origem a outra falácia que não pode ser evitada.

Conclusão: Ao ouvir histórias como 'Fiquei doente, fui ao médico e melhorei gradativamente' ou 'Nossa empresa passou por dificuldades ao longo do ano; portanto, contratamos um consultor e agora os resultados voltaram ao normal', isso pode ser um indicativo de erro de regressão à média.

Veja também Problema com Médias (cap. 55); Efeito de contraste (cap. 10); Vai piorar antes de melhorar Falácia (cap. 12); Coincidência (cap. 24); Falácia do Jogador (cap. 29)

Viés de resultado

Imagine um milhão de macacos investindo na bolsa de valores; comprar e vender ações aparentemente aleatoriamente – o que acontece? Depois de uma semana, aproximadamente metade terá lucro e metade terá sofrido perdas. Somente os macacos que obtiveram lucro poderão ficar; qualquer pessoa que tenha sofrido perdas deve ser mandada para casa. Depois de uma semana, metade ainda estará em alta, enquanto a outra metade sofreu perdas e deve ser mandada embora; este ciclo continua o tempo todo. Após 10 semanas, restarão aproximadamente 1.000 macacos que investiram consistentemente seus fundos com sabedoria. Após 20 semanas, restará apenas um e este macaco - que chamaremos de Macaco do Sucesso - escolheu consistentemente ações com as quais poderia lucrar e agora é um bilionário! Vamos ligar para ele.

Como a mídia reagirá? Eles atacarão este animal em busca dos seus "princípios de sucesso", e sem dúvida encontrarão alguns: talvez o macaco coma mais bananas do que os seus colegas primatas; talvez ele esteja sentado em outro canto da jaula; talvez ele se balance de cabeça nos galhos, fazendo pausas longas e pensativas ao se arrumar; certamente deve existir algum ingrediente secreto que permita que esse artista brilhante passe vinte semanas inabalável? Impossível!

A história do macaco ilustra o enviesamento dos resultados: tendemos a julgar as decisões pelos seus resultados e não pelos processos, muitas vezes conhecido como erro do historiador. Um exemplo clássico desta falácia seria o ataque do Japão a Pearl Harbor; sua base militar deveria ter sido evacuada antes de ser atacada? Hoje: Sim. As evidências eram esmagadoras de um ataque iminente; no entanto, apenas em retrospecto os sinais são aparentes. Na época, 1941 forneceu muitos sinais contraditórios apontando para um ataque; alguns indicaram isso, enquanto outros não. Para avaliar a qualidade desta decisão no seu início (ou seja, antes da sua ocorrência), apenas a informação disponível naquele momento deve ser considerada; tudo o que aprendemos após o ataque também deve ser levado em consideração.

Outro experimento exige que você avalie três cirurgiões cardíacos. Para fazer isso, cada um é solicitado a realizar cinco operações difíceis em si mesmo, sucessivamente.
Com o tempo, a probabilidade de morte por esses procedimentos se estabilizou em 20%. O cirurgião A não perde ninguém durante a cirurgia, enquanto o cirurgião B perde um paciente, enquanto o cirurgião C dois perdem. Como esses três cirurgiões deveriam ser julgados uns contra os outros? Se você for como a maioria das pessoas, classificar A como o melhor, B como o segundo melhor e C como o pior é simplesmente ser vítima de um viés de

resultados - possivelmente devido ao número insuficiente de amostras examinadas - tornando os resultados sem sentido. Uma avaliação precisa de um cirurgião requer primeiro uma compreensão de sua área, seguida de uma observação cuidadosa durante a preparação e execução das operações - em outras palavras, é necessário avaliar tanto o processo quanto o resultado ao fazer tais avaliações. Alternativamente, se houver pacientes suficientes que necessitem desta cirurgia específica - 100 ou 1000 operações - então você poderá usar um tamanho de amostra maior. Actualmente, basta compreender que, para um cirurgião médio, há 33% de probabilidade de ninguém morrer, 41% de probabilidade de uma pessoa morrer e 20% de probabilidade de duas pessoas morrerem; este é um cálculo de probabilidade simples e não mostra nenhuma grande variação entre zero mortos e dois mortos; julgar esses três cirurgiões apenas com base nesses resultados seria negligente e antiético.

Conclusão: é sensato não julgar as decisões apenas com base no resultado, especialmente quando a aleatoriedade ou as influências externas desempenham um papel. Um resultado ruim não significa automaticamente uma má decisão, vice-versa. Portanto, em vez de lamentar as escolhas erradas feitas ou aplaudir-se por aquelas que só resultaram em sucesso acidentalmente ou apenas por coincidência, lembre-se por que você escolheu o que fez; suas razões foram racionais e compreensíveis? Se esse método funcionou antes, mas não produziu resultados desta vez - persista e veja aonde mais ele pode levar!

Veja também Falácia do Custo Afundado (Cap. 5); Ilusão Corporal do Nadador (Cap. 2), Viés Retrospectivo (Cap. 14) e Ilusão de Habilidade (Cap. 94) como conceitos relacionados.

POR QUE MENOS É MAIS

Como minha irmã e seu marido compraram recentemente uma casa inacabada, só podemos falar sobre azulejos de banheiro: cerâmica, granito, mármore, metal, pedra, laminado de madeira e vidro. Minha irmã muitas vezes exclama "Há muitos para escolher", levantando as mãos exasperada antes de voltar ao catálogo como sua fonte de conhecimento.

Minha pesquisa mostra que meu supermercado local armazena 48 variedades de iogurte, 134 tipos de vinho tinto e 64 produtos de limpeza, totalizando 30.000 itens; A Amazon atualmente possui dois milhões de títulos disponíveis para sua livraria online. As pessoas hoje enfrentam muitas opções, desde transtornos mentais até carreiras, destinos de férias e escolhas de estilo de vida - nunca houve tanta escolha disponível para elas!

Na casa da minha infância, na Suíça, havia apenas três tipos de iogurte, três canais de televisão, duas igrejas, dois tipos de queijo (leve ou forte), truta como único peixe disponível e um telefone fornecido pelo Swiss Post - com discagem única servindo apenas para fazer ligações - tornando a nossa vida mais simples do que as atuais vitrines abarrotadas de marcas, modelos e opções de contratos!

Mas a seleção é a medida do progresso; isso nos diferencia das economias planejadas e da Idade da Pedra. Embora a abundância possa fazer você feliz, quando excedida pode arruinar a qualidade de vida – esse fenômeno é conhecido como paradoxo da escolha.

O psicoterapeuta Barry Schwartz detalha em seu livro de mesmo título por que isso é verdade. Uma grande seleção pode levar à paralisia interna; para demonstrar esse efeito, um supermercado montou um estande onde os clientes podiam provar 24 tipos de geleia, que podiam experimentar antes de comprar com desconto. No segundo dia do experimento, usando seis sabores, as vendas dispararam dez vezes. Por que? Talvez ter tanta variedade torne o processo de tomada de decisão esmagador?
Os clientes não conseguiam se decidir e saíram sem comprar nada. Esta experiência foi repetida diversas vezes com vários produtos; cada vez, no entanto, produziu resultados semelhantes.

Em segundo lugar, uma seleção ampla pode levar a decisões erradas. Quando questionados pelos jovens sobre quais qualidades tornam um parceiro de vida ideal, muitos citam como prioridades a inteligência, as boas maneiras, a cordialidade, a capacidade de ouvir, o humor e a atratividade física. Mas será que esses critérios são realmente levados em consideração na hora de escolher alguém? No passado, os jovens de aldeias de tamanho médio podiam escolher entre talvez vinte raparigas na sua faixa etária escolar que poderiam considerar para casamento. Ele conhecia suas famílias, o que o levou a tomar uma decisão com base em uma série de características comuns. Agora, na era do namoro online, existem milhões de parceiros potenciais disponíveis para todos nós. Estudos provaram que os cérebros masculinos ficam sobrecarregados com a seleção esmagadora de potenciais parceiros que o seu processo de seleção restringe a apenas um critério: atratividade física. Você provavelmente conhece bem esse processo de seleção por meio de suas experiências pessoais ou de reportagens na mídia.

Uma grande seleção pode levar ao descontentamento. Como você pode ter certeza de que está fazendo a escolha apropriada quando 200 opções o bombardeiam e deixam você perplexo? Você simplesmente não pode. Com mais opções ao seu alcance, surge mais incerteza e, em última análise, insatisfação.

Então o que você deveria fazer? Pense cuidadosamente sobre os critérios desejados antes de pesquisar as ofertas disponíveis e, em seguida, siga-os firmemente. Tenha também em mente que não podem existir decisões perfeitas, dada a vastidão de escolhas que existem; busque o bom o suficiente em vez do perfeccionismo! Em vez disso, aprecie as escolhas "boas o suficiente" – que podem incluir parceiros para a vida (mas só você e eu podemos escolher exatamente aqueles que queremos!).

Veja Fadiga de Decisão (cap. 53); Cegueira Alternativa (cap. 71) e Efeito Padrão (cap. 81) para leitura adicional.

VOCÊ GOSTA MUITO DE MIM; VOCÊ NÃO GOSTARIA DE ME DIZER ISSO??!

Kevin recentemente fez uma compra por impulso de duas caixas do fino vinho Margaux. Embora ele normalmente não beba vinhos de Bordeaux, ele ficou muito encantado com o vendedor; não falso ou agressivo, mas verdadeiramente acessível, que decidiu comprar duas caixas como presente para alguém especial.

Joe Girard é amplamente considerado o maior vendedor de automóveis do mundo. Seu mantra para o sucesso: 'Não há nada mais eficaz para vender qualquer coisa do que convencer os clientes de que eles são importantes e que você realmente os aprecia como pessoas'. Em vez de simplesmente falar o que falar, Girard usa cartões com uma frase lida em voz alta todos os meses para mostrar seu carinho: eu gosto de você'

O fenômeno do preconceito de gostar é surpreendentemente simples de entender, mas frequentemente somos vítimas dele. Simplificando, significa o seguinte: quanto mais gostamos de alguém, maior a probabilidade de comprarmos ou ajudarmos esse indivíduo. No entanto, pode-se perguntar o que exatamente constitui "agradável". De acordo com pesquisas, consideramos as pessoas agradáveis se A) possuírem características atraentes, B) possuírem origens ou interesses semelhantes aos nossos e C) compartilharem nossos interesses. A publicidade geralmente apresenta pessoas atraentes. Pessoas feias parecem hostis e nem sequer passam (ver A). A publicidade também emprega "pessoas como nós", nomeadamente aquelas semelhantes em aparência, sotaque ou origem – quanto mais semelhantes, melhor! O espelhamento é uma técnica de vendas eficaz usada para obter exatamente esse efeito. Aqui, o vendedor tenta espelhar os gestos, a linguagem e as expressões faciais do seu potencial cliente para obter o efeito máximo. Se um comprador fala devagar e baixinho, enquanto muitas vezes coça a cabeça, faria sentido que o vendedor fizesse o mesmo, aumentando assim suas chances de fechar um negócio. Os anunciantes frequentemente empregam elogios como parte de seu discurso de vendas: quantas vezes você já ouviu anúncios dizerem algo como: 'você merece isso!'? Novamente, o fator C entra em jogo aqui – as pessoas nos acham mais atraentes se gostarem de nós; elogios funcionam como mágica, mesmo que pareçam falsos.

O marketing multinível (venda através de redes pessoais) depende unicamente da sua capacidade de atrair o gosto. Embora existam embalagens plásticas de qualidade superior no mercado, o marketing multinível ainda funciona aproveitando o gosto.
A Tupperware possui um faturamento anual de dois bilhões de dólares, devido aos seus preços de varejo acessíveis e festas amigáveis organizadas por amigos que atendem perfeitamente a ambos os padrões de simpatia.

As agências humanitárias usam o preconceito de simpatia a seu favor. As campanhas apresentam quase exclusivamente crianças ou mulheres sorridentes; você nunca verá um guerrilheiro ferido e com cara de pedra olhando para trás em outdoors, embora ele também precise do seu apoio. As organizações conservacionistas empregam técnicas semelhantes; basta olhar para qualquer folheto do World Wildlife Fund apresentando aranhas, vermes, algas ou bactérias como estrelas - mesmo que essas criaturas ameaçadas possam ser tão cruciais para o ecossistema quanto pandas, gorilas, coalas ou focas! Mas não sentimos nada por essas criaturas - em vez disso, nos conectamos mais fortemente com criaturas que agem de maneira semelhante e agem de maneira semelhante a nós do que algo extinto como a mosca-capitão dos ossos está extinta... isso é uma pena!

Os políticos são mestres em criar uma atmosfera de simpatia entre o seu público. Com base em análises demográficas e de interesses, adaptam as mensagens de acordo com a área residencial, a origem social ou as questões económicas - e lisonjeiam-nos: cada potencial eleitor sente-se indispensável, ouvindo palavras como: 'O seu voto conta!' e mesmo assim apenas por uma fração ínfima - às vezes quase irrelevante!

Um dos meus amigos que lida com bombas de petróleo relacionadas com oleodutos contou-me como conseguiu fechar um negócio de oito dígitos para um oleoduto na Rússia, sem recorrer a qualquer suborno para o fechar. "Suborno?" Perguntei, ao que meu amigo respondeu que não: eles começaram a conversar sobre velejar e de repente descobriram que nós dois gostávamos de velejar em um bote 470! A partir daí, o acordo foi concluído, com a amizade sendo muito superior ao suborno."

Portanto, se você é um vendedor, faça seus compradores pensarem que você gosta deles por meio de bajulação ou outros meios. Do lado do consumidor, sempre julgue os produtos de forma objetiva, independentemente de quem os vendeu - banindo os vendedores de sua mente, fingindo não gostar deles!
Veja Reciprocidade (cap. 6); Personificação (cap. 87) para leitura adicional sobre esses assuntos.

Efeito de Dotação Fiquei surpreso quando vi o BMW orgulhoso no estacionamento de uma concessionária de carros usados, brilhando como novo, com apenas alguns quilômetros no hodômetro e parecendo novo. Para mim, parecia valer cerca de US $ 40.000. Infelizmente, porém, seu vendedor queria US$ 50 mil e não cedeu um centímetro no preço. Decidi ir em frente quando ele ligou de volta na semana seguinte e disse que aceitaria US$ 40 mil, sacando-o na primeira rodada daquele dia e parando em um posto de gasolina onde o dono saiu admirando meu carro - só para ele então ofereça-me $53.000 em dinheiro agora mesmo! Escusado será dizer que recusei educadamente. No caminho para casa, ficou claro para mim o quão ridícula havia sido minha decisão: um item no valor de US$ 40 mil havia chegado à minha posse e instantaneamente passou a valer mais de US$ 53 mil! No entanto, se o meu pensamento tivesse sido puramente racional, o carro teria sido vendido imediatamente - mas, infelizmente para mim, devido a algo conhecido como efeito dotação (onde os objectos se tornam mais valiosos uma vez adquiridos) e, portanto, tendemos a cobrar mais. ao vender um item do que faríamos se comprássemos diretamente.

O psicoterapeuta Dan Ariely conduziu um experimento para testar essa teoria: em uma de suas aulas, ele sorteou ingressos para um grande jogo de basquete e entrevistou os alunos para avaliar a avaliação deles; estudantes de mãos vazias estimaram cerca de US$ 170; no entanto, os alunos vencedores nunca venderiam os seus bilhetes abaixo do preço médio de venda de 2.400 dólares - a propriedade estava associada a preços de venda mais elevados do que o esperado.

O setor imobiliário há muito demonstra o efeito dotação. Os vendedores tornam-se emocionalmente ligados às suas casas, o que muitas vezes faz com que sobrestimem o seu valor e esperem que os compradores paguem mais do que o preço de mercado permite - algo que simplesmente não pode acontecer, uma vez que este excesso representa apenas valor sentimental.

Richard Thaler conduziu um experimento revelador em sala de aula na Universidade Cornell para medir o efeito de dotação. Ele distribuiu canecas de café aleatoriamente para metade de seus alunos, dizendo-lhes que eles poderiam comprá-las ou vendê-las pelo preço desejado; aqueles que não tinham um foram então questionados sobre quanto estariam dispostos a pagar por um; em suma, Thaler mediu o que é conhecido como efeito dotação.
Crie um mercado para canecas de café. Seria de supor que cerca de 50% dos estudantes negociariam, seja vendendo ou comprando. Mas o resultado foi muito inferior; apenas 1 em cada 4 proprietários vendeu abaixo de US$ 5,25, enquanto os compradores normalmente não pagariam mais de US$ 2,25 por caneca.

Pode-se dizer com segurança que os humanos são melhores a colecionar coisas do que a deitá-las fora, o que explica por que razão acumulamos tanta desordem nas nossas casas e por que os colecionadores de selos, relógios e arte raramente se desfazem dos seus bens valiosos.

Surpreendentemente, o efeito de dotação estende-se não apenas à posse, mas também à quase-propriedade. Casas de leilões como a Christie's e a Sotheby's prosperam graças a este fenómeno: as pessoas que licitam até ao último minuto sentem que um objecto é praticamente seu e estão dispostas a pagar muito mais do que o planeado; qualquer desistência da licitação é vista como uma perda, apesar de toda a lógica. Grandes leilões, como os de direitos mineiros ou de frequências de rádio móveis, apresentam frequentemente a "maldição do vencedor", em que o vencedor inicial acaba por perder economicamente quando é apanhado pelo fervor das licitações e pelos lances excessivos. Para obter mais informações sobre este tópico, consulte o capítulo 35!

Há um fenômeno análogo no mercado de trabalho. Se você se candidatar a um emprego e não receber nenhum feedback ou for rejeitado na fase de entrevista, sua decepção poderá ser intensificada ainda mais ao se envolver emocionalmente no que poderia ter sido um processo de seleção rotineiro. Ou você consegue o emprego ou não; nada mais deveria importar.

Conclusão: Não se apegue a objetos físicos; veja-os como presentes temporários do universo que podem desaparecer rapidamente sem aviso prévio. Tenha isso em mente e aproveite o pouco tempo que resta.
Veja também Efeito House-Money (cap. 84); Falácia dos custos irrecuperáveis (cap. 5); Maldição do Vencedor (cap. 35); Efeito de contraste (cap. 10); Aversão à Perda (cap. 32); Dissonância Cognitiva (cap. 50); Síndrome do Não-Inventado-Aqui (cap. 74) e Medo do Arrependimento (cap. 82)

COINCIDÊNCIA

Em 1º de março de 1950 às 19h15. em Beatrice, Nebraska, os 15 membros de um coro de igreja foram escalados para o ensaio. Por vários motivos, todos atrasaram; especialmente porque a família do ministro demorou a passar o vestido da filha. Às 19h25, a igreja explodiu, enviando ondas de choque pela aldeia e destruindo paredes e telhados. Milagrosamente, ninguém morreu na explosão atribuída pelo chefe dos bombeiros ao vazamento de gás, mesmo que os membros do coro acreditassem que fosse uma intervenção divina ou apenas mera coincidência.

Algo na semana passada me lembrou de Andy, um antigo amigo de escola com quem eu não falava há algum tempo. Para meu espanto e surpresa, meu telefone tocou naquele momento, sem nenhum outro chamador além de Andy! 'Você deve ser telepático!' foi minha exclamação de excitação quando o peguei para atender... Mas isso foi coincidência ou telepatia?

Em 5 de outubro de 1990, o San Francisco Examiner relatou que a Intel iria processar sua rival AMD no tribunal depois de descobrir que planejavam lançar um chip de computador com uma sigla conhecida como AM386, aludindo claramente ao chip 386 da Intel. A Intel só estava ciente das intenções da AMD por mero acaso: ambas as empresas empregavam alguém chamado Mike Webb; os dois homens fizeram check-out no mesmo hotel no mesmo dia depois de ficarem juntos; A recepção recebeu um pacote destinado a Mike Webb, mas o enviou para a Intel, onde foi encaminhado imediatamente para análise jurídica e ação imediata contra a AMD pelos advogados do departamento jurídico de ambas as empresas.

Quão prováveis são histórias como essas? O psiquiatra suíço C.G. Jung viu neles a evidência de uma força invisível que chamou de sincronicidade; como os pensadores racionais deveriam abordar essas histórias? De preferência com papel e lápis; por exemplo, no caso da explosão da igreja, considere desenhar quatro caixas para representar os resultados potenciais, sendo a primeira o que realmente aconteceu: o coro atrasou e a igreja explodiu (na realidade); essas quatro caixas podem então representar quatro eventos possíveis: (1) atraso do coro antes da explosão da igreja (2) possíveis atrasos do coro sem que a explosão acontecesse (3) possíveis eventos de cancelamento do coro ocorridos entre atrasos do coro antes da explosão da igreja (na realidade foi exatamente isso que levou lugar) antes de sua destruição (ensaio atrasado do coro, explosão da igreja). Existem quatro possibilidades possíveis ao abordar tais relatos com papel e lápis: 1) O coral atrasou o ensaio e depois aconteceu a explosão da igreja (ou seja,

Estime as frequências destes eventos e escreva-os nas caixas correspondentes, prestando especial atenção à frequência com que ocorreu "coro na hora e igreja não explodiu"; observe com que frequência milhões de coros se reúnem para ensaio e não encontram circunstâncias semelhantes às que ocorreram em Beatrice, Nebraska (o que poderia acontecer uma vez a cada século ou mais com base em probabilidades estatísticas), então não pode haver intervenção divina (além disso, é parece um tanto bobo que Deus queira explodir uma igreja!)

Aplique este pensamento às ligações: pense em todas as vezes que 'Andy' pensa em você, mas não liga; quando você pensa nele mas ele não liga; ou quando nenhum de vocês pensa neles, mas eles ainda ligam?... Pode haver vários casos em que nenhum dos dois pensa um no outro - mas um deles eventualmente atende e liga, especialmente com 100 amigos para escolher!

Estimar probabilidades pode ser complicado. Quando alguém diz "nunca", geralmente registro isso como uma estimativa superior a zero, pois "nunca" nunca pode ser compensado por probabilidades negativas.

Portanto, não nos deixemos levar: coincidências improváveis são, de fato, eventos improváveis, mas inteiramente possíveis; sua aparência não deve surpreender; o que seria surpreendente seria se eles nunca se materializassem.

Veja também: Falsa Causalidade (cap. 37); Viés de confirmação (caps 7-8); Regressão à média (cap. 19); Ilusão de Controle (cap. 17) e Ilusões Agrupadas (cap. 3).

Você já experimentou o pensamento de grupo em uma reunião? Certamente. Ficar sentado ali, balançando a cabeça silenciosamente, esperando não ser a voz perpétua do desacordo, é difícil quando todos ao redor estão concordando, então você decide não falar abertamente. Infelizmente, o pensamento de grupo está em jogo aqui: quando todos os membros agem desta forma, tomam decisões imprudentes porque todos alinham as suas opiniões com o que parece ser consenso, apesar de os membros individuais saberem melhor; por sua vez, isto resulta na aprovação de moções que de outra forma não teriam sido aprovadas sem a pressão dos pares envolvida - um efeito que discutimos extensivamente no Capítulo 4.

Em março de 1960, o Serviço Secreto dos EUA começou a recrutar exilados anticomunistas que viviam em Miami vindos de Cuba como armas contra o regime de Fidel Castro. Poucos dias depois de tomar posse, o Presidente Kennedy foi informado deste plano secreto para invadir Cuba. Três meses depois, numa reunião crucial na Casa Branca com a presença de Kennedy e dos seus conselheiros, todos votaram a favor de uma invasão. Em 17 de abril de 1961, 1.400 cubanos exilados desembarcaram na Baía dos Porcos, na costa sul de Cuba, com o apoio da Marinha dos EUA, da Força Aérea e das forças da CIA. No início, tudo correu como planejado na tentativa de derrubar o governo de Castro. No primeiro dia, porém, nenhum navio de abastecimento chegou a Cuba; dois foram afundados pelas forças aéreas cubanas antes que outros dois voltassem para casa - todos voltaram, dando meia-volta ou fugindo completamente para a América. No segundo dia, Castro cercou e destruiu totalmente a sua brigada. No terceiro dia, todos os 1.200 sobreviventes foram capturados e detidos em prisões militares. A invasão da Baía dos Porcos pelo Presidente Kennedy é amplamente considerada um dos piores erros da política externa americana; a sua concepção e implementação parecem absurdas mesmo agora. Todas as suposições a favor da invasão eram falsas; por exemplo, Kennedy e a sua equipa subestimaram a força aérea de Cuba por uma margem imensa. Como parte da sua estratégia de emergência, pretendia-se também que, caso surgisse um surto, a brigada pudesse escapar para as montanhas Escambray e travar uma guerra subterrânea contra Castro a partir daí. Uma rápida olhada em um mapa mostra que esse porto seguro em potencial ficava a 160 quilômetros da Baía dos Porcos – proporcionando bastante cobertura.
Mas Kennedy e os seus conselheiros possuíam uma inteligência notável para liderar um governo americano. Então, o que correu mal entre Janeiro e Abril de 1961?

O professor de psicologia Irving Janis conduziu extensos estudos sobre vários fiascos. Ele encontrou um tema comum: grupos unidos desenvolvem o espírito de equipe criando (involuntariamente) ilusões. Uma dessas ilusões é uma sensação de invencibilidade: se tanto o nosso líder [Kennedy] como o grupo estão confiantes no funcionamento do nosso plano, então a sorte deverá aparecer no nosso caminho. A unanimidade também ajuda a criar esta ilusão: quando todos concordam em alguma coisa, quaisquer pontos de vista divergentes devem ser inválidos. Ninguém gosta de ser a pessoa que perturba a união da equipe. Os indivíduos geralmente apreciam ser incluídos, por isso expressar objeções pode significar exclusão; tal banimento provavelmente significaria a morte da nossa espécie, daí o nosso forte instinto de permanecer parte de um grupo.

O pensamento de grupo nos negócios não é novidade, como evidenciado pela Swissair. Aqui, um grupo de consultores altamente remunerados apoiou o seu antigo CEO e desenvolveu uma estratégia de expansão de alto risco (que incluía a compra de várias companhias aéreas europeias). À medida que o seu zelo construiu um consenso esmagador dentro da sua equipa, até as reservas racionais foram suprimidas até ao seu colapso em 2001.

Se você alguma vez se encontrar em um ambiente em que todos concordam em tudo, falar abertamente não deve apenas ser tolerado, mas bem-vindo; questionar suposições tácitas, mesmo em risco de expulsão, também pode ajudar a quebrar o pensamento estagnado e a estabelecer um diálogo significativo. Como líder, considere designar alguém como advogado do diabo. Embora ela possa não ser o membro mais popular, pode ser a mais benéfica.

Veja também: Prova Social (cap. 4); Loafing Social (cap. 33); Viés dentro do grupo fora do grupo (cap. 79) e falácia do planejamento (cap. 91).

POR QUE EM BREVE VOCÊ ESTARÁ JOGANDO MEGATRILHÕES

NEGLIGÊNCIA DA PROBABILIDADE

Imagine dois jogos de azar em que cada um oferece chances iguais de ganhar US$ 10 milhões; qual você escolheria? Vencer o primeiro transformaria sua vida; você poderia pedir demissão, demitir seu chefe e viver dos seus ganhos; em contraste, ganhar US$ 10.000 lhe daria uma folga do trabalho enquanto você tiraria férias inesquecíveis no Caribe, sem medo de que logo depois seu cartão postal chegue de volta ao trabalho - as chances de ambos serem de uma em 100 milhões, respectivamente - então qual você escolheria? A probabilidade para cada um é 1/10000! Qual jogo você escolhe?

As emoções muitas vezes levam-nos a escolher um jogo em vez de outro, apesar da avaliação objectiva das suas probabilidades (probabilidade de vitória esperada vezes). Assim, a tendência tem sido para jackpots cada vez maiores, como Mega Milhões, Mega Bilhões ou Mega Trilhões, independentemente das pequenas probabilidades envolvidas.

Numa experiência realizada em 1972, os participantes foram divididos em dois grupos; os designados para um foram informados de que poderiam sofrer um choque elétrico, enquanto os do segundo foram informados de que havia apenas 50% de risco de que isso acontecesse. Os pesquisadores mediram a ansiedade física (frequência cardíaca, nervosismo e suor) pouco antes de começar. O que eles descobriram foi surpreendente: não houve absolutamente nenhuma diferença nos níveis de estresse entre os dois grupos – todos os participantes de ambos estavam igualmente sobrecarregados de preocupação. Posteriormente, os pesquisadores anunciaram uma série de reduções na probabilidade de choque para o segundo grupo: de 50% para 20% e depois para 10% e finalmente para 5%. No entanto, nenhuma diferença pôde ser notada! No entanto, quando ambos os grupos foram informados de que iriam aumentar a força da corrente esperada, os níveis de ansiedade aumentaram novamente – aproximadamente no mesmo grau. Isto mostra como reagimos aos eventos com base na magnitude esperada e não na sua probabilidade; falta-nos uma compreensão intuitiva da probabilidade.

A negligência da probabilidade leva a erros na tomada de decisões. Investimos em start-ups porque os seus lucros potenciais atraem o nosso interesse, mas negligenciamos (ou temos preguiça) de investigar se as novas empresas conseguem realmente atingir esse crescimento. Ou, após extensa cobertura mediática de um acidente de avião, cancelamos voos sem considerar plenamente as nossas opções.
Dado que é improvável que ocorra uma quebra (e, portanto, não altera os seus retornos), os investidores amadores comparam frequentemente os investimentos apenas com base no rendimento - por exemplo, as ações do Google com um retorno esperado de 20% são vistas

como duas vezes mais desejáveis do que propriedades com retornos de 10% em suas mentes. Infelizmente, essa abordagem ignora os riscos, algo que a nossa intuição natural não nos diz para considerarmos adequadamente.

Voltando ao experimento envolvendo choques elétricos: no Grupo B, a probabilidade de receber um choque elétrico foi diminuindo gradativamente de 5% para 4% para 3% até que sua probabilidade chegasse a zero; só então o grupo B reagiu de forma diferente do grupo A; isso parecia infinitamente preferível do que arriscar apenas 1%!

Vamos testar isso considerando duas abordagens para tratar água potável. Suponha que um rio tenha dois afluentes igualmente grandes, ambos tratados usando os métodos A e B que reduzem os riscos de morte devido à contaminação em 5 pontos percentuais a 2 pontos percentuais, respectivamente; e B que o reduz de 1 ponto percentual para zero, eliminando-o completamente, ou seja, eliminando completamente a ameaça. Pareceria sensato que a maioria das pessoas optasse por B; no entanto, isto seria uma tolice, dado que com a medida A morrem três vezes menos pessoas do que com a B; enquanto o método A é três vezes melhor! Esta falácia é conhecida como viés de risco zero

Um exemplo icónico é a Lei Alimentar dos EUA de 1958, que proibiu alimentos contendo agentes causadores de cancro para atingir zero riscos de cancro. Embora inicialmente eficaz, esta proibição levou à introdução de aditivos alimentares mais perigosos (mas não cancerígenos). Paracelso demonstrou no século XVI que o envenenamento é sempre uma questão de dosagem, tornando qualquer lei que proíba o envenenamento essencialmente ineficaz, uma vez que não haveria forma de eliminar todas as moléculas proibidas dos produtos alimentares. Cada fazenda precisaria funcionar como uma fábrica hiperestéril de chips de computador e o custo dos alimentos dispararia; economicamente falando, o risco zero raramente faz sentido; com exceções sendo vírus mortais que escapam de laboratórios de biotecnologia ou tempestades severas que destroem uma colheita agrícola.

Os seres humanos carecem de uma compreensão intuitiva do risco e, portanto, distinguem mal as ameaças. Percebemos um aumento no risco como menos tranquilizador quando se trata de um tema emocional como a radioatividade; dois pesquisadores da Universidade de Chicago demonstraram essa descoberta.
O medo da contaminação por produtos químicos tóxicos é muitas vezes uma resposta irracional; no entanto, continua a ser compreensível.

Consulte também Viés de disponibilidade (cap. 11); Negligência da taxa básica (cap. 28), Problema com médias (cap. 55), Viés de sobrevivência (cap. 1), Ilusão de controle (cap. 17) Crescimento exponencial (cap. 34) e Aversão à ambigüidade (cap. 80).

POR QUE O ÚLTIMO BISCOITO DO JARRO ESTÁ FAZENDO ÁGUA NA BOCA

Certa noite, na casa da minha amiga, tomando café, seus três filhos começaram a brigar no chão e nós tentamos ao máximo conversar com eles enquanto seus corpos brigavam para ver quem pegaria a última bolinha de gude do meu saco de bolinhas de vidro - lembrei que tinha trazido alguns e os espalharam na esperança de que brincassem pacificamente juntos; para minha descrença, uma discussão acalorada estourou! O que aconteceu foi completamente inesperado: entre todas as muitas bolinhas de gude azuis, havia apenas uma azul que as crianças procuravam; todos os outros mármores tinham tamanhos e brilho exatamente iguais, mas o mármore azul tinha uma vantagem por ser único; me fez rir alto de como as crianças podem ser infantis!

Assim que soube que o Google lançaria seu serviço de e-mail em agosto de 2005, soube que queria um (o que acabei querendo). Na época, porém, as novas contas eram extremamente limitadas e concedidas apenas mediante convite - isso tornou meu desejo ainda maior! Não que eu precisasse de outra conta de e-mail (já tinha quatro naquela época); não porque o Gmail fosse superior à concorrência; só que nem todo mundo teve acesso a ele e fez com que meu desejo por um fosse ainda maior! Olhando para trás, isso me faz sorrir; os adultos às vezes podem ser infantis!

Rara sunt cara, como diziam os romanos. Raro é valioso. Na verdade, os humanos há muito sofrem com esta percepção errada da escassez. Meu amigo com três filhos trabalha meio período como corretor de imóveis; sempre que tem potenciais compradores que não conseguem decidir entre duas opções de imóveis ela liga e diz que "um médico de Londres visitou ontem". "Ele gostou muito. E você, ainda está interessado?" O médico de Londres (às vezes também pode ser professor ou banqueiro) é obviamente fictício; no entanto, o seu efeito pode ser muito real: os potenciais clientes vêem uma oportunidade desaparecer diante deles e agem rapidamente para fechar um negócio, mais uma vez devido a uma potencial escassez de oferta; esta situação não pode ser explicada objectivamente porque ou querem o terreno ao preço estabelecido ou não; independentemente de quaisquer médicos fictícios de Londres que possam aparecer.

O professor Stephen Worchel dividiu os participantes em dois grupos para testar a qualidade dos biscoitos: um recebeu uma caixa inteira, enquanto o segundo recebeu apenas alguns. O subgrupo B incluiu apenas dois cookies; quando solicitados a avaliar sua qualidade, esses sujeitos superaram em muito os do Grupo 1. O experimento foi repetido várias vezes, com resultados semelhantes em todas as vezes.

Os anúncios costumam apregoar: "Somente enquanto durarem os estoques". Os cartazes alertam-nos frequentemente para agirmos rapidamente quando surgem erros de escassez. Os proprietários de galerias aproveitam esse erro colocando pontos vermelhos "vendidos" sob a maioria das pinturas, tornando as poucas peças raras e desejáveis restantes ainda mais desejáveis e, assim, criando erros de escassez que deveriam ser eliminados rapidamente antes de se tornarem itens mais escassos que devem ser abocanhados. rapidamente. Colecionadores de selos, entusiastas de moedas e entusiastas de carros antigos costumam colecionar selos, moedas e carros, mesmo que estes não tenham mais um uso prático - a atração decorre de erros de escassez e não de qualquer coisa prática! Tudo isso soma.

Os alunos foram instruídos a organizar 10 pôsteres de acordo com a atratividade - com a compreensão de que depois poderiam ficar com um como recompensa pela participação. Cinco minutos depois, foram informados de que um não estava disponível - e três estavam indisponíveis devido a terem sido retirados pelo pessoal de segurança. Depois disso, eles foram convidados a revisar todos os dez pôsteres do zero, com um pôster que não existia mais de repente se tornando o mais bonito. Os psicólogos referem-se a este fenómeno como reatância: quando confrontados com escolhas que não podemos ter, o nosso cérebro reage frequentemente atribuindo maior atractividade a alternativas que já não existem – um acto de desafio contra a perda de controlo sobre uma opção. O efeito Romeu e Julieta é bem conhecido: o romance proibido entre adolescentes shakespearianos os leva a um anseio irreprimível que não conhece fronteiras. Não necessariamente de natureza romântica - na América as festas de estudantes estão cheias de estudantes bêbados desesperados devido à proibição do consumo de álcool por menores de idade.

Conclusão: Em resposta à escassez, a maioria das pessoas tende a tomar decisões com pouca clareza de pensamento. Ao fazer compras e tomar decisões baseadas apenas na análise de custo-benefício, quaisquer sinais de que um item possa estar desaparecendo rapidamente não devem importar; nem os médicos de Londres deveriam se interessar.
Notas sobre o efeito de contraste (cap. 10); Medo do arrependimento (cap. 82) e efeito do dinheiro da casa (cap. 84) Para uma visão mais aprofundada, ao ouvir batidas de cascos, não espere uma zebra!

Negligência da taxa básica

Imagine que Mark é um homem magro da Alemanha que usa óculos e gosta de ouvir Mozart. É mais provável que ele seja: A) motorista de caminhão na Alemanha ou B) professor de literatura em Frankfurt? A maioria adivinhará B, o que seria incorreto, já que a Alemanha tem 10.000 vezes mais caminhoneiros do que professores de literatura - o que significa que é mais provável que ele seja um caminhoneiro! Nossas mentes foram enganadas por descrições detalhadas que nos afastavam da realidade estatística; os cientistas referem-se a este erro de lógica como negligência da taxa básica, o que nos afasta da consideração dos níveis de distribuição fundamentais - um dos nossos erros de raciocínio mais frequentes! Muitos jornalistas, economistas e políticos são regularmente vítimas dela, resultando na tomada de decisões erradas ao fazer suposições sobre qual resultado pode ocorrer, a partir de nossas suposições sobre os níveis de distribuição fundamentais serem ignoradas ao tomar decisões que podem nos levar por esse caminho!

Aqui está outro cenário em que um jovem é mortalmente esfaqueado: qual opção é mais provável? A) Um invasor pode ser um imigrante russo ilegal importando facas de combate ilegalmente, ou B) Um invasor é da classe média americana importando essas facas ilegalmente - a opção B é muito mais provável, dado que há milhões de americanos de classe média a mais do que facas russas importadores.

A negligência da taxa básica desempenha um papel fundamental na medicina. As enxaquecas, por exemplo, podem indicar qualquer coisa, desde infecção viral ou tumor cerebral até problemas cardíacos; os médicos geralmente avaliam a presença de infecções virais antes de testar tumores para garantir o bem-estar do paciente. Os residentes das faculdades de medicina gastam um tempo considerável eliminando a negligência das taxas básicas; um lema frequentemente repetido aos futuros médicos nos EUA é 'Quando você ouve cascos atrás de você, não espere ver uma zebra!' o que significa: investigue primeiro as doenças mais prováveis, antes de diagnosticar as exóticas, mesmo que essa especialidade exija você.

Os médicos são os únicos profissionais com acesso a uma formação tão extensa; infelizmente, poucas pessoas nos negócios recebem tal apresentação. Muitas vezes fico entusiasmado ao ler planos de negócios de empreendedores de alto nível que podem se tornar o próximo Google! No entanto, após uma análise mais detalhada, percebo que a probabilidade de a empresa sobreviver aos primeiros cinco anos é de apenas 20%; portanto, a sua probabilidade de sobrevivência também deve reflectir esta realidade.
Warren Buffett explicou uma vez por que não investe em empresas de biotecnologia: "Quantas destas empresas faturam várias centenas de milhões de dólares? Simplesmente não

acontece?...?O cenário mais provável para estas empresas provavelmente permanecerá em algum lugar no meio.' Este é um pensamento claro sobre a taxa básica. A negligência da maioria das pessoas com a taxa básica pode ser atribuída ao preconceito de sobrevivência (capítulo 1): elas tendem a ver apenas indivíduos e empresas bem-sucedidas, uma vez que os casos malsucedidos tendem a não ser notificados (ou subnotificados), levando-os assim a ignorar os casos mais "invisíveis" que existem dentro.

Imagine o seguinte: ao provar vinho num restaurante, o rótulo de cada garrafa foi removido, deixando apenas um indicador quanto às suas origens: a França tem normalmente três quartos dos vinhos em oferta, por isso, sem saber melhor, muito provavelmente escolheria a França em vez de Opções chilenas ou californianas.

Às vezes tenho o infeliz prazer de falar para estudantes de escolas de negócios de prestígio. Quando questionados sobre os seus objectivos profissionais, muitos respondem que a médio prazo se vêem em conselhos de empresas globais - respostas semelhantes foram dadas pelos meus colegas quando estivemos presentes. Quando recebem essas informações, os alunos geralmente respondem que, com um diploma desta escola, as chances de conseguir um lugar no conselho de uma empresa Fortune 500 são inferiores a 0,1% - que muito provavelmente acabarão em algum lugar dentro da gerência intermediária - o que sempre atrai olhares chocados mas penso que fiz uma pequena contribuição para mitigar as suas futuras crises de meia-idade!
Veja também:hesitez 1 26 Falácia do Jogador (cap. 29); Falácia da Conjunção (cap. 41); Problema com médias (cap. 55) Viés de informação (cap. 59); Aversão à Ambiguidade (cap. 8) (Teoria Baloney 29 - Um Fato Comprovado).

A falácia do jogador Algo notável ocorreu em Monte Carlo durante 1913: grandes multidões reunidas em torno de uma mesa de roleta ficaram surpresas ao testemunhar a bola caindo no preto vinte vezes consecutivas! Os jogadores aproveitaram ao máximo esse fenômeno, colocando rapidamente dinheiro no vermelho, mas em outra ocasião a bola parou no preto, apesar de mais pessoas apostarem no vermelho do que antes - até que finalmente na vigésima sétima rodada, quando a bola finalmente parou no vermelho - deixando milhões apostados e jogadores à falência em poucos minutos.

Imagine o seguinte: o QI médio dos alunos numa cidade grande é 100. Para investigar isto mais profundamente, pegue numa amostra aleatória de 50 alunos, com uma criança testada com um QI de 150 e observe o seu progresso ao longo de vários meses. A maioria das pessoas adivinha 100; talvez pensando que o aluno superinteligente será compensado por alguém com um QI médio de 50 ou por dois alunos abaixo da média com QI de 75, respectivamente - no entanto, este cenário é altamente improvável; em vez disso, devemos esperar que cada um dos nossos 49 restantes represente a sua população, tendo cada um um QI médio de 100, dando-nos uma pontuação média de 101 para os seus 50 alunos.

As experiências de Monte Carlo e de QI demonstram como as pessoas tendem a acreditar que existe uma "força de equilíbrio do universo" invisível; isso é conhecido como falácia do jogador. Porém, em eventos independentes, essa força não existe: as bolas não conseguem se lembrar com que frequência param no preto. No entanto, um dos meus amigos insere os seus números semanais da Mega Millions numa folha de cálculo Excel antes de jogar aqueles que aparecem com menos frequência - todo este trabalho por nada - ele também é vítima da falácia do jogador!

Uma piada ilustra esse fenômeno: um matemático que tem medo de voar devido ao risco de ataque terrorista faz todos os voos com uma bomba na bagagem de mão, caso algo aconteça a bordo; com esta medida em vigor, a probabilidade de ter um a bordo aumenta significativamente.
"As chances de duas bombas estarem no mesmo avião são extremamente remotas!" Ele afirma ainda.

Imagine ser forçado a gastar milhares de dólares do seu próprio dinheiro apostando no resultado do próximo lançamento de moeda, sempre dando cara. Dado este cenário, muitas pessoas provavelmente escolheriam coroa, embora cara fosse igualmente provável. A falácia do jogador faz-nos acreditar que algo tem de mudar!

Mais uma vez, alguém o obriga a fazer uma aposta. Você escolhe cara ou coroa desta vez? Agora que viu alguns exemplos, você está familiarizado com o jogo; sabendo que poderia acontecer de qualquer maneira. Infelizmente, acabamos de nos deparar com outra armadilha da deformação professionnelle (supervisão profissional) dos matemáticos; a lógica diz que cara é provavelmente a opção mais sábia, pois a moeda parece manipulada contra coroa.

Artigos recentes examinaram a regressão à média. A título de ilustração, considere este cenário: Se a sua área estiver com um frio recorde, é provável que a temperatura volte aos valores normais nos próximos dias - tal como num casino! Mecanismos complexos de feedback na atmosfera asseguram que os extremos se equilibram ao longo do tempo, enquanto os extremos por vezes se intensificam - por exemplo, quando os ricos ficam mais ricos e as ações que explodem criam procura adicional devido ao destaque - criando uma espécie de efeito de compensação inversa.

Esteja atento aos eventos independentes e interdependentes em seu ambiente. Eventos puramente independentes só existem em casinos, lotarias e ambientes teóricos - estes podem existir em casinos, lotarias ou níveis teóricos; a vida real apresenta-nos frequentemente eventos inter-relacionados que se influenciam mutuamente - pense nos mercados financeiros ou na saúde. Os eventos passados têm influência sobre os futuros. Por mais reconfortante que possa parecer uma ideia, simplesmente não existe uma força de equilíbrio que proteja acontecimentos independentes contra influências negativas; também não existe esse conceito de 'o que vai, volta'!
Veja também: Médias (cap. 55); Negligência da taxa básica (cap. 28); Deformação Professionnelle (cap. 92); Regressão à Média (cap. 19); Simple Logic (cap. 63) para discussão adicional desses assuntos. 29

POR QUE A RODA DA FORTUNA NOS FAZ ESPIRAL?

Onde Abraham Lincoln nasceu? Sem acesso imediato a uma resposta e com a bateria do seu smartphone acabando, como você responderia a essa pergunta? Talvez saber que ele serviu como presidente durante a Guerra Civil Americana na década de 1860 e que se tornou o primeiro presidente dos EUA assassinado seja suficiente para você? Ver o Lincoln Memorial em Washington não evoca imagens de um jovem enérgico, mas sim de um veterano idoso de 60 anos. Como ele foi assassinado em algum momento entre 1860-1864 (ele morreu em 1809), 1805 é o ano estimado para o nascimento (na verdade deveria ser 1809). Como descobrimos isso? Usando um ponto de ancoragem como 1865 como ponto de partida e trabalhando de trás para frente a partir daí para fazer uma estimativa fundamentada.

Quando precisamos adivinhar alguma coisa – por exemplo, a extensão do rio Mississipi, a densidade populacional na Rússia ou o número de centrais nucleares em França – usamos âncoras. Partindo de algo familiar, exploramos território desconhecido a partir daí. Que outra maneira poderia haver de fazer isso senão tirando números aleatórios de nossas cabeças? Isso seria completamente irracional!

Infelizmente, as âncoras também podem ser mal utilizadas. Por exemplo, numa aula teórica, um professor pediu aos seus alunos que anotassem os dois últimos dígitos dos seus números de segurança social antes de tomarem decisões sobre se deveriam licitar uma garrafa de vinho num leilão com base nesses números - levando-os a licitar quase duas vezes mais se o número deles era maior em comparação com os menores! Demonstrando assim como os números da segurança social funcionam como âncora; mesmo que de forma indireta ou enganosa.

O psicólogo Amos Tversky conduziu um experimento usando uma roda da fortuna. Os participantes giravam e depois eram questionados sobre quantos estados membros as Nações Unidas têm; suas suposições confirmaram o efeito âncora: os indivíduos que giraram números altos na roda deram estimativas mais altas do que as pessoas que não giraram números tão altos.

Russo e Shoemaker conduziram uma pesquisa com o objetivo de descobrir quando Átila, o Huno, foi derrotado na Europa - semelhante a perguntar aos estudantes em que ano a segurança social começou a ser implementada.
Os participantes receberam então pontos de ancoragem com base nos últimos dígitos do seu número de telefone, com aqueles com números mais altos escolhendo anos posteriores e vice-versa (Átila foi morto em 453)

As âncoras são abundantes e todos nós nos apegamos a elas. Por exemplo, muitos produtos contêm um "preço de varejo recomendado" anunciado, funcionando como um ponto de ancoragem. Os profissionais de vendas sabem que devem estabelecer os preços antecipadamente - muito antes de uma oferta ser apresentada - para garantir o sucesso das vendas. Além disso, a investigação demonstrou que conhecer as notas anteriores dos alunos influencia a forma como os professores avaliam os novos trabalhos - as últimas notas funcionam como ponto de partida.

Passei meus primeiros anos em uma empresa de consultoria. Meu chefe era especialista em usar âncoras. Em sua conversa inicial com qualquer cliente, ele definia um preço de abertura que, por lei, superava em muito nossos custos internos: "Só para não se surpreender ao receber sua cotação, Sr. Fulano: concluiu recentemente um projeto semelhante para um de seus concorrentes estava na faixa de cinco milhões de dólares". Essa âncora foi então abandonada – as negociações de preços começaram exatamente neste valor.

Veja também Enquadramento (cap. 42).

A princípio, o tímido animal parece cético; eventualmente, porém, sua resistência diminui e eles começam a comer regularmente um do outro. Eventualmente, porém, suas suspeitas cederam e, eventualmente, sua confiança ficou mais forte do que antes. Depois de vários meses, o ganso passa a acreditar que o seu agricultor pensa nos seus melhores interesses, pois cada dia adicional de alimentação confirma esta suposição. Ela ficou pasma quando, no dia de Natal, ele a tirou do recinto - apenas para matá-la! David Hume usou uma alegoria envolvendo gansos de Natal como uma advertência contra o pensamento indutivo – a tendência de inferir verdades universais a partir de observações individuais. Embora sua história possa parecer relevante apenas durante a época do Natal, suas lições vão muito além desse pássaro simbólico do feriado. Mas o raciocínio indutivo não afeta apenas os gansos.

Um investidor compra a ação X e inicialmente fica desconfiado à medida que o preço das ações dispara, suspeitando da existência de uma bolha. Mas à medida que o tempo passa e continua a sua trajetória ascendente, a sua suspeita dá lugar à excitação: esta ação poderá nunca descer! Em apenas meio ano, ele compromete todas as suas poupanças com pouca consideração pelo risco de agrupamento associado ao investimento das suas poupanças de uma vida inteira - para apenas mais tarde pagar caro por tais decisões tolas tomadas por ganância e ignorância.

O pensamento indutivo não precisa levá-lo ao caminho do desastre; na verdade, você poderia transformar o pensamento indutivo em uma fonte de lucro, enviando e-mails com previsões tanto para o aumento dos preços no próximo mês quanto para os preços em declínio - prevendo que eles podem cair. Envie o primeiro e-mail para 50.000 pessoas e depois para um grupo separado de 50.000 pessoas após um mês, quando os índices caíram significativamente. Agora envie outro e-mail, mas desta vez apenas para as 50.000 pessoas que receberam previsões precisas no primeiro e-mail. Após 10 meses, cerca de 100 de seus clientes permanecerão. Da perspectiva deles, você provou seus poderes proféticos. Alguns confiarão seu dinheiro a você - pegue-o e comece a viver novamente no Brasil.
Contudo, não somos enganados apenas por estranhos ingênuos; até nós mesmos podemos ser enganados; aqueles que raramente adoecem acreditam que são imortais. Os CEO que registam trimestres consecutivos de aumento dos lucros tendem a considerar-se imbatíveis – tal como os seus empregados e accionistas. Certa vez, tive um amigo que gostava de base jumping. Ele se lançaria de penhascos, antenas, edifícios, etc., apenas puxando sua corda no último momento antes de pousar em segurança na terra. Um dia, perguntei sobre o nível de risco que o esporte escolhido representava e sua resposta foi bastante casual: 'Já fiz mais de 1.000 saltos e nada nunca acontece comigo.' Dois meses depois, ele morreu ao saltar de um penhasco especialmente perigoso na África do Sul - este trágico acontecimento refutou todas as teorias repetidamente comprovadas.

O pensamento indutivo pode ter repercussões desastrosas, mas dependemos dele todos os dias para sobreviver. Quando embarcamos numa aeronave, as leis aerodinâmicas permanecem válidas; confiamos que ataques aleatórios não acontecerão nas ruas; os nossos corações ainda deverão bater amanhã - estas são garantias essenciais sem as quais a vida não continuaria - mas devemos sempre lembrar que apenas certezas como a morte e os impostos são permanentes; Benjamin Franklin disse isso melhor: 'Nada é certo, exceto a morte e os impostos.'

A indução pode levar-nos a acreditar em coisas como: 'A humanidade sempre sobreviveu, por isso também seremos capazes de enfrentar quaisquer desafios futuros.' Embora isto pareça lógico em teoria, o que muitos não conseguem reconhecer é que tais afirmações só podem vir de espécies que sobreviveram até este ponto; fazer suposições de que a nossa sobrevivência hoje indica a sobrevivência futura seria um erro épico e possivelmente o erro de raciocínio mais grave de todos os tempos.

Falsa causalidade (cap.37); O preconceito de sobrevivência (cap. 1) também é abordado aqui.

POR QUE O MAL ATINGE MAIS DO QUE O BEM?

Aversão à perda Como você está se sentindo atualmente em uma escala de 1 a 10? Agora imagine o que o levaria até 10, como aquela viagem ao Caribe que você sempre desejou ou um aumento na progressão na carreira? Continuando este exercício: o que pode diminuir sua pontuação no mesmo número? Paralisia, Alzheimer, câncer, depressão, fome de guerra, tortura, ruína financeira, danos à reputação, amigo, ser sequestrado, cegueira, morte são apenas algumas opções disponíveis que trariam grande desagrado; simplesmente pensar em todas essas possibilidades nos torna conscientes de quantos obstáculos existem em termos de manter o espectro da felicidade em comparação com todas essas influências positivas; toda esta lista destaca quantos obstáculos existem e os seus efeitos muito mais graves do que os benefícios; não é de admirar que não busquemos a felicidade como jamais pensamos que buscávamos antes.

Em determinado momento do nosso passado evolutivo, isso era ainda mais verdadeiro – um pequeno erro poderia levar à morte instantaneamente. Uma série de coisas podem causar o seu rápido abandono da vida: práticas de caça descuidadas, inflamação dos tendões ou exclusão do grupo. Pessoas que eram descuidadas ou imprudentes muitas vezes morriam antes de transmitirem os seus genes às gerações futuras; apenas os cautelosos sobreviveram e são nossos descendentes hoje.

Portanto, é compreensível que tenhamos mais medo da perda do que do ganho; perder US$ 100 nos custa uma felicidade muito maior do que qualquer alegria que isso poderia nos trazer se eu nos desse isso. Na verdade, estudos provaram que uma resposta emocional pesa o dobro de qualquer ganho semelhante – os cientistas sociais referem-se a este fenómeno como aversão à perda.

Por isso, ao tentar convencer alguém de algo, não foque nos seus benefícios; em vez disso, enfatize como isso os ajuda a evitar desvantagens. Uma campanha de promoção do autoexame das mamas (EEB) utilizou dois folhetos diferentes distribuídos entre as mulheres para divulgar informações sobre o EEB. O Panfleto A afirmava: "A investigação indica que as mulheres que participam na BSE têm uma maior probabilidade de descobrir tumores numa fase precoce e mais tratável". O panfleto B afirmou: 'A pesquisa revelou que as mulheres que se abstêm de realizar BSE têm uma chance maior de encontrar tumores cancerígenos em estágios iniciais e mais tratáveis'. O estudo indicou que a narrativa do panfleto B (escrita a partir de um "quadro de perda") criou uma consciência significativamente maior e mudança de comportamento do que o panfleto A (escrito em um "quadro de ganho").
O medo da perda motiva as pessoas mais do que a perspectiva de ganhar algo de igual valor, por isso, se a sua empresa oferece produtos de isolamento residencial, uma forma eficaz de

incentivar os clientes a comprar é mostrar-lhes quanto dinheiro poderiam perder sem isolamento, em vez de quanto eles poderiam perder. poderia economizar com isso - mesmo que ambos os valores permanecessem os mesmos.

No mercado de ações, os investidores muitas vezes ignoram as perdas no papel, pois uma perda não realizada é menos dolorosa do que uma perda real; portanto, continuam a ser investidores, embora as possibilidades de recuperação ou de declínio adicional possam ser escassas. Certa vez, conheci um multimilionário que estava muito chateado por ter perdido US\$ 100 em um instante; no entanto, seu portfólio oscilava pelo menos nesse valor a cada segundo! Tentei explicar a ele que essa emoção é injustificada, já que seu portfólio flutua a cada segundo em pelo menos esse valor!

Os gestores das grandes empresas normalmente incentivam os funcionários a serem mais ousados e empreendedores, mas, na realidade, muitos funcionários tendem a ser avessos ao risco. Do ponto de vista deles, isso faz sentido: por que arriscar algo que poderia trazer um bônus maior ou pior – um deslize cor-de-rosa? Na maioria dos casos e situações, a proteção de carreira supera qualquer recompensa potencial - por isso, se você ficou perplexo sobre por que parece faltar a assunção de riscos entre seus funcionários, agora você sabe por quê (embora quando os funcionários assumem riscos significativos, isso muitas vezes vem sob o pretexto de decisões de grupo - saiba mais no capítulo 33 sobre vadiagem social).

O mal é mais poderoso e prevalecente que o bem; tendemos a reagir mais fortemente quando coisas negativas surgem em nosso caminho do que quando coisas positivas surgem; rostos assustadores tendem a se destacar mais na rua do que os sorridentes; lembramos do mau comportamento por mais tempo - exceto quando se trata de nós mesmos!
Veja também Efeito House-Money (cap. 84); Efeito de doação (cap. 23), vadiagem social, (cap. 33) efeito padrão, falácia e enquadramento de custos irrecuperáveis, bem como heurística de afeto no capítulo 42 para obter mais informações. (Capítulo 66).

POR QUE OS MEMBROS DA EQUIPE SÃO PREGUIÇOSOS

Vadia Social

Em 1913, o engenheiro francês Maximilian Ringelmann conduziu pesquisas sobre o desempenho dos cavalos. Para sua surpresa, dois cavalos puxando uma carruagem não equivaliam ao dobro de um cavalo sozinho. Perplexo com esse resultado, Ringelmann voltou sua pesquisa para os humanos; tendo vários indivíduos puxando cordas ao mesmo tempo enquanto media a força aplicada por cada um individualmente, ele descobriu que quando duas pessoas puxavam juntas, investiam em média 93% de sua força individual para puxarem juntas; com três reunidos caiu para 86% de investimento; quando três juntaram apenas 49%!

A ciência se refere a esse fenômeno como efeito de vadiagem social. Isso ocorre quando o desempenho individual não é facilmente perceptível – quando as contribuições individuais se misturam ao esforço coletivo em vez de serem diretamente visíveis aos observadores. A vadiagem social geralmente acontece em corridas de remadores, mas não em corridas de revezamento, onde as contribuições individuais se tornam aparentes. A vadiagem social pode ser um comportamento racional: por que investir toda a sua energia quando metade basta? Tomar atalhos sem que ninguém perceba também é uma prática comum – como os cavalos de Ringelmann! No geral, a vadiagem social pode ser vista como uma forma de trapaça que todos nós somos culpados de praticar inconscientemente, assim como Ringelmann fez quando trabalhou contra eles contra os oponentes!

À medida que as pessoas trabalham em conjunto, o desempenho individual tende a diminuir - algo que não deveria surpreender - mas o que deve sobressair é o nosso contributo contínuo, apesar da diminuição do desempenho individual. O que nos impede de simplesmente desistir completamente e deixar todo o trabalho duro para outros fazerem? Consequências - o desempenho zero seria notado e poderia resultar em consequências graves, como exclusão de um grupo ou difamação; A evolução nos deu sentidos apurados que nos permitem discernir quanta ociosidade pode passar despercebida por nós mesmos ou detectá-la nos outros.

A vadiagem social vai muito além do desempenho físico; nós também relaxamos mentalmente. Por exemplo, reuniões onde estão presentes demasiados participantes tendem a ter uma participação individual mais fraca do que quando apenas 20 ou 100 estão presentes; no entanto, uma vez ultrapassado este limiar, os níveis de desempenho estabilizam. Não importa se um grupo é composto por 20 ou 100 membros, pois atingimos a inércia máxima e atingimos o potencial máximo de desempenho.

Resta uma questão incómoda: quem originou a noção de que as equipas ofuscavam os indivíduos? Talvez japonês. Trinta anos atrás.

Economistas empresariais examinaram o milagre industrial do Japão e observaram as suas fábricas a serem organizadas em equipas. Os economistas empresariais tentaram então copiar este modelo com sucesso misto - algumas equipas tiveram um desempenho excepcionalmente bom, mas outras não (possivelmente porque a vadiagem social raramente ocorreu lá), enquanto na Europa as equipas compostas por pessoas diversas mas especializadas tiveram melhor desempenho global; dentro de tais grupos, performances individuais poderiam ser facilmente identificadas e rastreadas.

A vadiagem social pode ter ramificações profundas. Os membros do grupo tendem a limitar a participação e a responsabilização por erros do grupo ou decisões erradas. Ninguém quer assumir a culpa sozinho. Um exemplo flagrante é o processo contra os nazis nos julgamentos de Nuremberga; menos controverso, considere qualquer conselho ou equipe de gestão. Muitas vezes nos escondemos atrás das decisões da equipe para evitar assumir responsabilidades; esta prática é conhecida como difusão de responsabilidade. A dinâmica da equipe também faz com que corram riscos maiores do que correriam individualmente; os membros tendem a acreditar que não serão pessoalmente responsabilizados se algo der errado, o que leva a mudanças arriscadas. Este fenómeno é particularmente arriscado entre estrategas de empresas e de fundos de pensões, com milhares de milhões em jogo, e entre departamentos de defesa, onde grupos decidem quando as armas nucleares devem ser utilizadas.

Conclusão: As pessoas se comportam de maneira diferente quando estão em grupos e sozinhas (caso contrário não haveria grupos). Os aspectos negativos dos grupos podem ser compensados tornando as performances individuais o mais visíveis possível - viva a meritocracia! Viva a sociedade do desempenho!

Aglomeração de motivação (cap. 56); Prova Social (cap. 4); Pensamento de grupo (cap. 25); Aversão à Perda (cap. 32)

CERCADO DE PAPEL?

Imagine que você está dobrando uma folha de papel repetidamente em duas, só que desta vez dobrando-a novamente sobre si mesma - 50 vezes no total? Qual você estima que será sua espessura depois de dobrar 50 vezes? Anote seu palpite antes de continuar lendo.

Segunda tarefa. Selecione uma das duas opções abaixo. A) Nos próximos 30 dias, darei a você US\$ 1.000 por dia. B) Darei um centavo diariamente começando no Dia 1, seguido por dois centavos no Dia 2, depois quatro centavos e assim por diante até que o Dia 31 chegue e seu total de recompensa atinja oito centavos a cada dia a partir de então. Mas decidir rapidamente entre A ou B?

Você está preparado? Supondo que uma folha de papel de cópia mede aproximadamente 0,004 polegada de espessura, sua espessura após 50 dobras passa a ser superior a 60 milhões de milhas; que é igual à distância entre a Terra e o Sol medida com uma calculadora. Ao responder à pergunta 2, escolher a opção B pode parecer menos atraente, mas renderá mais recompensas em apenas 30 dias do que A; escolher a opção A lhe daria US\$ 30.000, mas a B, mais de US\$ 5 milhões!

O crescimento linear é apreendido intuitivamente. Mas não temos noção de crescimento exponencial (ou percentual) - provavelmente porque os nossos antepassados não precisavam dele antes! Suas experiências tendiam a ser lineares: gastar o dobro do tempo coletando frutas rendeu o dobro dos ganhos e matar dois mamutes em vez de um prolongou a caçada pela metade. Mas hoje, o crescimento exponencial já não é raro! Na Idade da Pedra, as pessoas raramente encontravam um crescimento exponencial. Agora as coisas são diferentes.

"A cada ano, os acidentes de trânsito aumentam 7%", alerta um político. Para entender o que isso significa intuitivamente, vamos usar uma fórmula fácil: 70 dividido por 7 = 10 anos – o que indica que os acidentes de trânsito dobram a cada década (seção de notas para maiores explicações sobre o porquê desse número 70?). Isso indicaria um cenário alarmante! Se este número não lhe parece familiar, observe o logaritmo; sua definição pode ser encontrada lá).

Outro exemplo: a inflação está em 5%, levando muitas pessoas a pensar que não representa uma grande ameaça - até que se calcule o tempo de duplicação: 70 dividido por 5 = 14 anos, o que significa que daqui a 14 anos um dólar só custará valer metade disso - um desastre absoluto para qualquer pessoa com contas poupança!

Imagine que você é um jornalista informando que os registros de cães registrados em sua cidade estão aumentando 10% ao ano; como você contará esta notícia aos leitores? Ninguém se importa, então anuncie: 'Dilúvio de cães: o dobro de vira-latas em 7 anos!' Ninguém se importará tanto - as pessoas também não se importarão com o aumento de 10% nos registos.

Nada que cresce exponencialmente continuará para sempre; muitos políticos, economistas e jornalistas esquecem esta verdade. Esse crescimento eventualmente atinge o seu limite; por exemplo, a Escherichia coli se divide a cada vinte minutos e poderia cobrir o planeta em poucos dias, mas não pode continuar devido ao consumo de mais oxigênio e açúcar do que o disponível. Portanto, o seu crescimento eventualmente atinge um ponto de impasse e é interrompido.

Os antigos persas compreenderam a dificuldade associada ao crescimento percentual. Aqui está uma história local interessante: um sábio cortesão presenteou o rei com um tabuleiro de xadrez e perguntou como eles poderiam agradecê-lo; sua resposta? Cubra-o com arroz cobrindo um grão em cada quadrado antes de aumentar com dois grãos adicionais duas vezes em cada quadrado a partir de então! Quando surpreso, o Rei Dario respondeu que era realmente uma honra para eles que pedidos tão modestos viessem de cortesãos tão dignos!

Mas de quanto arroz ele precisa? A princípio ele estimou cerca de um saco. Quando seus servos começaram a tarefa – colocando um grão em cada quadrado até que houvesse quatro grãos por quadrado e assim por diante – ele percebeu que precisava de mais grãos do que havia disponível na terra.

Quando se trata de taxas de crescimento, não confie na intuição – você não tem nenhuma. Em vez disso, aceite-o. O que realmente ajuda é usar uma calculadora – ou em casos com baixas taxas de crescimento usar 70 como número mágico.

Veja também Simple Logic (cap. 63); Negligência da Probabilidade (cap. 26); A Lei dos Pequenos Números (cap. 61)

Maldição do Vencedor

Texas na década de 1950. Dez empresas petrolíferas competem por um terreno leiloado avaliado entre 10 milhões e 100 milhões de dólares; quando os preços sobem durante a licitação, mais empresas abandonam a licitação até que finalmente uma empresa apresenta a oferta mais alta e vence o leilão com rolhas de champanhe estourando!

A "Maldição do Vencedor" sustenta que os vencedores dos leilões muitas vezes acabam como perdedores, como evidenciado por analistas da indústria que observaram que as empresas que consistentemente saíram como licitantes vencedores em leilões de campos petrolíferos pagaram em excesso e mais tarde faliram - algo que não deveria surpreender quando as estimativas variam entre US$ 10 milhões e US$ 100 milhões; as estimativas geralmente ficam em algum ponto intermediário; muitas vezes, lances elevados em leilões excedem o seu verdadeiro valor; no Texas, porém, os gestores do petróleo celebraram o que, afinal de contas, se tornou uma vitória dispendiosa.

Hoje, este fenómeno afecta-nos a todos. Do eBay ao Groupon e ao Google AdWords, os preços são definidos por leilões – do eBay ao Groupon e ao Google AdWords; as guerras de licitações pelas frequências dos celulares aproximam as empresas de telecomunicações da falência; os aeroportos alugam seus espaços comerciais pelo lance mais alto; ou quando o Walmart planeja lançar um detergente solicitando propostas de cinco fornecedores (na verdade, um leilão com risco associado à vitória e ser amaldiçoado com a maldição do vencedor!). Até o Walmart apresenta produtos por meio de leilões - pedir propostas de cinco fornecedores é apenas mais um leilão - só que desta vez correndo o risco de ser amaldiçoado!

Os leilões da vida cotidiana pela Internet também se espalharam para os comerciantes. Quando precisei pintar minhas paredes, em vez de procurar qualquer pintor próximo, publiquei meu anúncio on-line - 30 pintores de um raio de 480 quilômetros competiram por ele, oferecendo orçamentos tão baixos que se tornou impossível para mim aceitar - por gentileza para o Shopping! A melhor oferta veio de alguém tão pobre que, por simpatia, recusei-a para poupá-lo da maldição do vencedor!

As ofertas públicas iniciais (IPOs) e as fusões e aquisições, mais comumente chamadas de fusões e aquisições, também podem ser vistas como leilões. Infelizmente, mais da metade das aquisições destruíram valor, de acordo com um estudo da McKinsey!
Por que sucumbimos à maldição do vencedor? Existem alguns fatores em ação. Primeiro, os valores reais de muitas coisas permanecem incertos. Além disso, mais partes interessadas aumentam as chances de uma proposta excessivamente entusiasmada ser apresentada. Em

segundo lugar está a concorrência entre fornecedores; um amigo dono de uma fábrica de microantenas contou como a Apple instigou uma intensa guerra de licitações para fornecedores ao desenvolver o iPhone - todos querendo um contrato oficial, mesmo que isso pudesse significar perdas financeiras no futuro para os fornecedores vencedores.

Quanto você ofereceria por US$ 100? Suponha que você e um oponente sejam convidados para um leilão em que quem fizer a oferta mais alta vence e ambos os licitantes devem enviar suas ofertas finais nesse momento - até que ponto sua oferta chegaria? Do seu ponto de vista, faz sentido oferecer US$ 20, US$ 30 ou US$ 40; seu oponente faz o mesmo e até US$ 99 parece razoável quando se discute notas de US$ 100 - mas agora eles propõem oferecer US$ 100 em vez disso! Se este continuar sendo o lance mais alto, ele atingirá o ponto de equilíbrio (pagando US$ 100 por US$ 100), enquanto você só precisará desembolsar US$ 99. Enquanto este continuar sendo o lance mais alto, ambos os jogadores ficarão empatados. Assim você continua licitando. A US$ 110 você tem uma perda garantida de US$ 10; seu oponente precisaria apresentar $ 109 (seu último lance), o que significa que ambos continuarão jogando até que um ou ambos desistam de jogar - quando você irá parar de licitar e quando seu concorrente irá parar de licitar? Teste com amigos!

Warren Buffett deu alguns bons conselhos sobre leilões: 'Não vá.' Se leilões forem necessários em seu setor, estabeleça um preço máximo e deduza 20% dele como compensação contra a maldição do vencedor; anote esse número e não o exceda de forma alguma.

Consulte Efeito de Dotação (cap. 23) para obter mais informações.

OS ESCRITORES NUNCA DEVEM PERGUNTAR AO ESCRITOR SE SEU ROMANCE É AUTOBIOGRÁFICO

ERRO FUNDAMENTAL DE ATRIBUIÇÃO

Abrindo seu jornal, você fica sabendo de mais um CEO sendo forçado a sair devido a resultados ruins. Enquanto isso, na seção de esportes você lê que o jogador X ou treinador Y contribuiu significativamente para a temporada de vitórias do seu time, enquanto os livros de história dizem que Napoleão foi responsável por liderar e liderar seu exército com tanto sucesso na França do início de 1800. "Toda história tem um rosto" parece uma regra inalienável de toda redação; os jornalistas (e os seus leitores) levam este princípio mais longe, procurando qualquer possível "ângulo pessoal". Como resultado deste "ângulo das pessoas", muitos jornalistas (e também leitores) são vítimas de erros fundamentais de atribuição: um erro causado pela sobrestimação da influência individual e subestimação de factores externos e situacionais.

Pesquisadores da Duke University conduziram um experimento em 1967: os participantes leram argumentos elogiando ou denegrindo Fidel Castro de um autor designado independentemente de suas opiniões reais; ainda assim, a maioria dos membros da audiência acreditava que o que ele dizia representava suas verdadeiras opiniões e desconsiderava fatores externos – ou seja, os professores que o elaboraram.

O Erro Fundamental de Atribuição é particularmente eficaz na simplificação de eventos negativos em unidades gerenciáveis. Muitas vezes atribuímos a culpa pelas guerras a indivíduos - como o assassino jugoslavo em Sarajevo que tem a Primeira Guerra Mundial sobre os ombros ou Hitler iniciou a Segunda Guerra Mundial sozinho - mesmo que as guerras sejam eventos imprevisíveis com dinâmicas complexas que provavelmente nunca compreenderemos totalmente - tal como os mercados financeiros e questões climáticas!

À medida que as empresas anunciam bons ou maus resultados, todos os olhos tendem a concentrar-se no seu CEO, apesar de saberem a verdade: o sucesso económico depende muito mais de factores fora do seu controlo, como a atractividade da indústria. É notável a frequência com que as empresas em indústrias em dificuldades substituem os seus CEO, em comparação com a raridade com que isso ocorre em empresas mais prósperas.
As indústrias que enfrentam dificuldades são menos cuidadosas nas suas práticas de recrutamento? Tais decisões não parecem menos irracionais do que as que ocorrem entre os treinadores de futebol e os seus clubes.

Minha cidade natal, Lucerna, na Suíça, me oferece muitos recitais clássicos deliciosos que nunca deixam de impressionar. No entanto, durante o intervalo, as conversas tendem a concentrar-se quase exclusivamente nos maestros e solistas, enquanto a composição raramente chega às manchetes; exceto durante estreias mundiais, quando os compositores podem discutir o assunto abertamente. Por que é que? O verdadeiro milagre da música reside na composição: na criação de sons, ambientes e ritmos a partir do aparentemente nada; no entanto, muitas vezes é subestimada devido à nossa incapacidade de considerar que as partituras não têm rostos para comparar com os maestros e solistas quando na verdade estes dois elementos compõem as performances dessa partitura (ao contrário dos maestros ou solistas ou maestros/solistas).

Como escritor de ficção, encontro esse erro fundamental de atribuição sempre que faço leituras (o que por si só pode ser controverso), quando as pessoas perguntam: 'Que parte do seu romance é autobiográfica?' Em momentos como estes, gostaria de poder gritar de volta: 'Não se trata de mim - trata-se deste livro, texto, linguagem e história!' mas minha educação não permite tais explosões com frequência suficiente.

Erros de atribuição não devem ser julgados com severidade. A nossa preocupação com outras pessoas provém do nosso passado evolutivo: pertencer a um grupo era essencial para a sobrevivência - a reprodução, a defesa, a caça de grandes animais eram impossíveis sem a ajuda da tribo - o banimento significava morte certa; aqueles que optavam por vidas solo muitas vezes também enfrentavam uma certa destruição.

Mas mesmo aqueles que sobreviveram acabaram por abandonar o património genético, tornando a vida ainda mais difícil para as gerações subsequentes. Nossas vidas dependiam e giravam em torno de outras pessoas; isso explica por que hoje continuamos tão preocupados com eles - a ponto de gastar cerca de 90% do nosso tempo pensando nas outras pessoas e dedicando apenas 10% à consideração de outros fatores e contextos.

Conclusão: Embora consideremos o espetáculo da vida fascinante, seus habitantes estão longe de ser personagens ideais que tomam decisões sem precisar de ajuda externa. Eles mudam de situação em situação, em vez de agir por vontade própria. Para compreender verdadeiramente qualquer peça ou musical atual, olhe além de seus intérpretes e preste muita atenção em como as influências moldam os personagens dos atores.
Veja também Story Bias (Cap. 13); Ilusão Corporal do Nadador (Cap. 2), Efeito de Saliência (Cap. 83), Ilusão de Notícias (Cap. 99), Efeito Halo (Cap. 38) e Falácia de Causas Únicas (Cap. 97)

POR QUE VOCÊ NÃO DEVE ACREDITAR NO QUE O CONTADOR DE HISTÓRIA DIZ

Os piolhos eram parte integrante da vida nas ilhas Hébridas, ao norte da Escócia, e sua ausência faria com que seus hospedeiros ficassem doentes e com febre. Para combater as doenças e a febre, os doentes colocavam intencionalmente piolhos nos cabelos para se livrarem da febre; assim que esses novos piolhos criaram raízes e se instalaram novamente, os pacientes começaram a apresentar melhorias.

Estudos realizados em uma cidade indicaram que, quanto mais bombeiros eram acionados para combater incêndios, maiores eram os danos. Após esses resultados, o prefeito instituiu imediatamente um congelamento imediato das contratações e reduziu o orçamento para combate a incêndios em conformidade.

Ambas as histórias vêm do livro dos professores de física alemães Hans-Peter Beck-Bornholdt e Hans-Hermann Dubben (infelizmente não há versão em inglês). Ambas as histórias ilustram como a causalidade pode ficar confusa; quando os piolhos deixam a cabeça de um inválido porque ele está com febre, sua presença se torna temporária quando os pés quentes aparecem; assim que a febre passa, eles voltam! E incêndios maiores exigem mais bombeiros – e não o contrário!

A falsa causalidade muitas vezes nos engana e os autores e consultores de livros de negócios muitas vezes operam usando esse pensamento equivocado para nos vender falsas narrativas de causalidade. Tomemos, por exemplo, o título: "A motivação dos funcionários leva a maiores lucros corporativos". Isso realmente é válido ou as pessoas simplesmente ficam mais motivadas quando sua empresa vai bem? Da mesma forma, outra afirmação afirma que as mulheres nos conselhos de administração estão correlacionadas com o aumento da rentabilidade - mas é realmente assim que funciona ou será que estas empresas são simplesmente mais propensas a recrutar mais mulheres para os conselhos de administração do que as empresas menos lucrativas? Esses autores e consultores de livros de negócios frequentemente operam usando causalidades falsas (ou pelo menos confusas) semelhantes quando escrevem ou prestam consultoria sobre livros de negócios ou fornecem conselhos.

Alan Greenspan foi reverenciado como chefe do Federal Reserve durante os anos 90. As suas declarações obscuras deram à política monetária a aparência de ser uma ciência exacta que manteve a América num caminho ascendente em direcção à prosperidade, atraindo elogios tanto de políticos, jornalistas como de líderes empresariais. Infelizmente para estes comentadores, porém, os laços estreitos da América com a China (um produtor de baixo

custo que prontamente comprou dívida dos EUA) desempenharam um papel muito maior do que se supunha inicialmente; Greenspan simplesmente teve sorte porque as suas políticas funcionaram tão bem.
Ele cumpriu tão bem seu mandato.

Cientistas conduziram recentemente estudos que sugeriram que internações hospitalares prolongadas eram prejudiciais à saúde dos pacientes. Esta informação agradou às seguradoras de saúde; quem quiser que a estadia seja breve. Mas estadias mais longas não parecem de todo prejudiciais, uma vez que os pacientes que podem sair imediatamente são mais saudáveis do que aqueles que necessitam de tratamentos adicionais - e, portanto, estadias longas podem, na verdade, ter resultados positivos!

Ou veja este título: 'Fato: Mulheres que usam shampoo XYZ regularmente têm cabelos mais fortes.' Embora as evidências científicas possam apoiar tais afirmações, esta afirmação não nos diz muito - muito menos que o champô fortalece o seu cabelo! Talvez mulheres com cabelos fortes tendam a usar essa marca em particular - talvez porque seu frasco diga "especialmente desenvolvido para cabelos grossos".

Recentemente li que alunos com casas contendo muitos livros tendem a obter notas mais altas na escola. Embora este estudo possa ter dado um impulso aos livreiros, esta investigação provou uma falsa causalidade - os pais mais instruídos tendem a atribuir maior valor à educação dos seus filhos, tal como os indivíduos instruídos que geralmente têm mais livros em casa; mesmo assim, um exemplar empoeirado de Guerra e Paz não mudará as notas de ninguém; o que importa são os níveis educacionais de ambos os pais, bem como os genes!

A falsa causalidade atingiu o seu auge na Alemanha entre a taxa de natalidade e o número de pares de cegonhas em declínio entre 1965-1987. Ambas as tendências pareciam quase correlacionadas; isso poderia significar que a cegonha realmente traz bebês? Sem dúvida não; pelo contrário, esta correlação poderia simplesmente ter sido acidental.

Conclusão: correlação não equivale a causalidade. Observe mais de perto os acontecimentos ligados por correlação: às vezes o que parece ser a sua causa acaba por ser o seu efeito, e vice-versa; outras vezes pode até não haver nenhuma conexão causal aparente - como aconteceu com cegonhas e bebês.

Veja também Coincidência (Cap. 24); Viés de associação (cap. 48); Agrupamento de Ilusões (Cap. 3); Vieses de história (cap. 13) * Indução (cap. 31) e sorte de iniciante (cap. 49)

A Cisco, empresa do Vale do Silício, já foi celebrada por jornalistas de negócios como um ícone da nova economia, recebendo ótimas críticas por seu fantástico atendimento ao cliente, excelente estratégia, aquisições oportunas, cultura corporativa vibrante e CEO carismático. Em Março de 2000, tornou-se a empresa mais valiosa do mundo.

Quando as ações da Cisco caíram 80% no ano seguinte, os jornalistas mudaram de opinião. Agora, as suas vantagens competitivas eram vistas como deficiências prejudiciais: a culpa era do mau serviço ao cliente, de uma estratégia pouco clara, de aquisições imprudentes, de uma cultura corporativa fraca e de um CEO pouco inspirador - mas nem a sua estratégia nem o CEO tinham mudado; a demanda simplesmente diminuiu graças ao crash das pontocom e essa mudança não teve nada a ver com eles.

O "efeito halo" ocorre quando um aspecto de um todo nos deslumbra e altera a forma como percebemos sua totalidade. A Cisco foi um caso excepcional em que este fenómeno se manifestou: os jornalistas foram surpreendidos pelos preços das suas acções e assumiram que todo o seu negócio era igualmente notável, sem realizarem investigações mais aprofundadas sobre o assunto.

O efeito halo normalmente funciona desta forma: pegamos num detalhe fácil de compreender ou marcante sobre uma empresa, como a sua situação financeira, e extrapolamos conclusões a partir daí sobre aspectos mais difíceis de avaliar, como o mérito da gestão ou a viabilidade da estratégia. A partir daqui tiramos conclusões que podem ou não ser precisas, tais como se o seu mérito de gestão ou a viabilidade da estratégia merecem. Às vezes, o sucesso e a superioridade são dados onde nada é devido, como quando compramos produtos de fabricantes simplesmente devido à sua boa reputação - outro exemplo é acreditar que os CEOs de uma indústria florescerão em outros setores, ao mesmo tempo que serão heróis em suas vidas pessoais também!

Edward Lee Thorndike descobriu o "efeito halo" há quase 100 anos. Sua observação foi que uma qualidade individual (beleza, status social ou idade) pode criar percepções positivas ou negativas que superam todas as outras – como a aparência. A investigação confirmou esta descoberta através de numerosos estudos que confirmam a nossa tendência em relação às pessoas bonitas como sendo mais agradáveis, honestas e inteligentes; pessoas atraentes também costumam ter maior sucesso na vida em geral.
Estes resultados não se correlacionam com nenhum mito de que as mulheres dormem para alcançar o sucesso; na verdade, os professores dão involuntariamente notas mais altas aos alunos atraentes do que aos menos atraentes.

A publicidade encontrou um aliado na forma do efeito halo: basta pensar em todas as celebridades que vemos sorrindo em anúncios de TV, outdoors e revistas. O que torna tenistas profissionais como Roger Federer tão especialistas em máquinas de café permanece incerto; no entanto, isso não prejudicou o sucesso das suas campanhas. À medida que nos acostumamos a ver celebridades apoiando produtos arbitrários sem questionar por que seu apoio pode ser tão importante; é exatamente assim que funciona o efeito halo: subconscientemente. Tudo o que precisa ficar registrado em nossas mentes são rostos atraentes com estilos de vida de sonho associados a esse produto - então boom - boom - sucesso!

Do lado negativo, o efeito halo pode levar a grandes injustiças e estereótipos quando a nacionalidade, o género ou a raça se tornam o ponto focal. Não há necessidade de ser racista ou sexista: basta deixar o efeito halo obscurecer a nossa visão; jornalistas, educadores e consumidores são facilmente vítimas.

Você já experimentou se apaixonar? Se sim, então você entende a alegria de encontrar aquela "pessoa perfeita". Eles parecem atraentes, inteligentes, simpáticos e calorosos - enquanto outros podem apontar falhas óbvias; tudo o que você vê são peculiaridades cativantes!

Para reduzir esse efeito de halo e obter clareza nas características verdadeiras, olhe além do valor nominal para eliminar as características mais marcantes que chamam sua atenção. As orquestras muitas vezes fazem isso selecionando os candidatos diante de uma tela para que sexo, raça, idade e aparência não influenciem suas decisões; os jornalistas de negócios deveriam fazer o mesmo e considerar olhar além dos números trimestrais (o mercado de ações já oferece isso). Aprofunde-se – investir tempo e energia em pesquisa muitas vezes produz resultados inesperados, mas muitas vezes educacionais.

Veja também: Erro fundamental de atribuição (cap. 36); Efeito de Saliência (cap. 83); Ilusão Corporal do Nadador (cap. 2) Efeito de Contraste (cap. 10); Expectativas (cap. 62)

CAMINHOS ALTERNATIVOS

Imagine que você marque um encontro com um oligarca russo fora de sua cidade, na floresta próxima. Ele chega logo em seguida carregando uma mala e uma arma; colocando a mala no capô do carro para que você possa ver seu conteúdo: um total de US$ 10 milhões em pilhas de dinheiro! Quando lhe perguntam se gostaria de jogar roleta russa, ele sugere esta estratégia, convidando-o a puxar um gatilho para ganhar tudo - uma bala com cinco câmaras actualmente vazias tornaria tudo isto seu com apenas um puxão de gatilho! Você considera todos os resultados possíveis: US$ 10 milhões mudariam tudo; nunca mais ter que trabalhar ou passar da coleta de selos, coleta de selos, coleta de selos, coleta de selos, coleta de selos, coleta de selos, coleta de selos, coleta de selos e coleta de carros esportivos!

Aceitando o desafio, você colocou o revólver na têmpora e apertou o gatilho, ouvindo um clique antes de sentir a adrenalina percorrer seu corpo - mas nada aconteceu; a câmara estava vazia! Agora com o dinheiro em mãos, você se muda para uma das cidades mais pitorescas que conhece, onde provavelmente construirão vilas luxuosas que causarão transtorno entre os moradores locais.

Um de seus vizinhos, cuja casa agora fica próxima, é um advogado talentoso, que trabalha doze horas por dia, durante 300 semanas por ano, a preços não incomumente impressionantes para advogados: US$ 500 por hora. Suas economias anuais líquidas, após impostos e despesas de subsistência, chegam a meio milhão depois de todas as despesas terem sido levadas em consideração. Você sorri interiormente sempre que ele passa na sua garagem: ele levará vinte anos só para alcançá-lo!

Imagine o seguinte: depois de 20 anos, seu vizinho trabalhador conseguiu acumular US$ 10 milhões. Um dia, um jornalista chega e escreve um artigo sobre os residentes mais ricos da sua área - apresentando fotos de edifícios espetaculares e segundas esposas que você e seu vizinho adquiriram, características de design de interiores e detalhes requintados de paisagismo; mas uma diferença fundamental permanece oculta: o risco que se esconde por trás de cada uma das suas contas de 10 milhões de dólares; para que esta peça fizesse sentido, eles precisariam reconhecer caminhos alternativos disponíveis para cada um.

Mas não são apenas os jornalistas que ficam aquém desta habilidade – todos nós somos. Caminhos alternativos referem-se a todos os resultados que poderiam ter ocorrido, mas não ocorreram. Ao jogar roleta russa, quatro caminhos possíveis levam à vitória de 10 milhões de dólares, enquanto outros cinco podem levar à sua morte - fazendo uma grande diferença. Em contrapartida, para os advogados que exercem a advocacia, os seus caminhos possíveis tendem a ser mais próximos; ganhando US$ 200 por hora em ambientes rurais; mas na zona urbana de Nova Iorque, trabalhar para um dos principais bancos de investimento poderia render-lhes 600 dólares por hora sem arriscar um caminho alternativo que poderia ter-lhes custado a fortuna ou a vida.

Os caminhos alternativos nem sempre estão visíveis e raramente os consideramos. No entanto, aqueles que especulam em obrigações de alto risco, opções e swaps de risco de incumprimento para ganhar milhões devem ter em mente as muitas rotas alternativas que conduzem directamente à ruína. Uma mente racional argumentaria que o valor de 10 milhões ganhos através de meios mais arriscados seria menor do que aquele ganho através de um trabalho mais mundano (embora um contabilista possa discordar).

Recentemente, participei de um jantar com um amigo americano que propôs que jogássemos uma moeda para ver quem deveria pagar a conta. Infelizmente para ele, ele perdeu e esta situação embaraçosa tornou-se ainda mais problemática para mim quando ele foi meu convidado na Suíça. "Da próxima vez", prometi, 'seja aqui ou em Nova York, eu mesmo pagarei metade da conta.' Ele pensou sobre isso e me disse: 'Considerando caminhos alternativos, você pode já ter pago metade.'

Conclusão: O risco muitas vezes pode ser invisível, por isso avalie sempre possíveis caminhos alternativos antes de tomar decisões que envolvam negociações arriscadas. Embora o sucesso alcançado através de meios tão arriscados possa parecer atraente à primeira vista, para uma mente racional não deve ser comparado com o sucesso alcançado através de meios mais trabalhosos (por exemplo, tornando-se advogado, dentista, instrutor de esqui, piloto, cabeleireiro ou consultor). Embora visualizar outros caminhos de um ponto de vista externo seja um desafio; olhar para dentro de si mesmo é quase impossível, pois seu cérebro trabalhará horas extras para convencê-lo de seu valor, apesar de quaisquer riscos percebidos envolvidos, e bloqueará ativamente pensamentos de seguir caminhos diferentes daqueles que estão sendo considerados no momento.

Veja também Cisne Negro (cap. 75); Aversão à ambigüidade (cap. 80), Medo do arrependimento (cap. 82) e preconceito de autosseleção (cap. 47)

FALSOS PROFETAS

ILUSÃO DE PREVISÃO

Todos os dias, os especialistas nos bombardeiam com previsões, mas até que ponto elas são realmente confiáveis? Até recentemente ninguém se preocupou em investigar; mas então veio Philip Tetlock. Durante um período de 10 anos, ele avaliou 28.361 previsões de 284 profissionais autonomeados; seus resultados indicaram apenas uma melhoria marginal em relação aos geradores de previsão aleatória em termos de precisão; os queridinhos da mídia tiveram desempenho particularmente fraco, enquanto os profetas da desgraça, como aqueles que previram o colapso do Canadá, Nigéria, China, Índia, Indonésia, África do Sul, Bélgica ou mesmo da UE. Nenhum implodiu!

John Kenneth Galbraith declarou a famosa frase: "Existem apenas dois tipos de previsores: aqueles que nada sabem e aqueles que não percebem que não sabem nada", o que lhe valeu críticas generalizadas na sua profissão. O gestor do fundo, Peter Lynch, resumiu-o de forma eloquente: "Na América há aproximadamente 60.000 economistas empregados a tempo inteiro na tentativa de prever recessões e taxas de juro; se tivessem feito isso duas vezes com sucesso, todos já seriam milionários; no entanto, a maioria continua a ter um emprego remunerado, o que nos diz alguma coisa. Isto foi publicado há dez anos - hoje este número pode triplicar sem qualquer efeito na previsão da qualidade!

O problemático é que os especialistas gozam de discrição irrestrita e com pouca repercussão. Se um especialista quebrar uma expectativa ou violar regulamentos, suas ações poderão ter sérias repercussões difíceis de administrar e administrar de forma eficaz.
Quando acertam, os especialistas colhem publicidade, ofertas de consultoria e acordos de publicação; quando eles falham completamente, nenhuma penalidade – financeira ou de reputação – se aplica. Este incentivo os motiva a produzir tantas profecias quanto possível; na verdade, quanto mais previsões eles geram, coincidentemente se tornam realidade! Idealmente, os especialistas deveriam investir em algum tipo de fundo de previsão – como US$ 1.000 por previsão; caso sua previsão se concretize, eles recebem de volta seu investimento mais juros, enquanto qualquer dinheiro perdido devido a previsões imprecisas vai para caridade.

Então, o que exatamente pode ser previsto e o que não pode? Algumas coisas são bastante fáceis de prever; Eu sei aproximadamente quanto peso vou pesar no próximo ano. No entanto, à medida que a complexidade e o prazo aumentam, também aumentará a nossa capacidade de prever o seu futuro - isto inclui o aquecimento global, os preços do petróleo ou as taxas de câmbio; as invenções são igualmente incognoscíveis - se soubéssemos que tecnologias iríamos inventar no futuro, já as teríamos criado.

Seja cético ao encontrar previsões. Sempre tenho o cuidado de sorrir sempre que ouço uma e depois faço duas perguntas a mim mesmo sobre quaisquer previsões feitas por especialistas: 1) que incentivo eles têm para continuar fazendo previsões incorretas? e 2) se um especialista trabalhar como empregado, ele poderia arriscar seu emprego se suas previsões continuassem falhando? Eles são consultores pagos com credenciais em livros e palestras, ou gurus autonomeados que ganham a vida através da autopublicação ou de palestras públicas? Aqueles que dependem da atenção da mídia tendem a fazer previsões com profecias chocantes que muitas vezes não são divulgadas pelos meios de comunicação. Em segundo lugar, qual tem sido a sua taxa de sucesso ao longo de cinco anos - quantas previsões o analista fez e quantas foram bem-sucedidas versus quais não foram corretas - esta informação nunca deve passar despercebida pelos meios de comunicação, por isso, por favor, não publique previsões sem fornecer registos de histórico de especialistas.

Tony Blair afirmou certa vez desta forma: "Eu não faço previsões; nunca tive, nunca terei. Veja também Expectativas (cap. 62); Falácia do planejamento (cap. 91); Viés de autoridade (cap. 9); Viés retrospectivo (cap. 14); Efeito de Excesso de Confiança (cap. 15); Ilusão de Controle (cap. 17); Esteira Hedônica (cap. 46) e Cisnes Negros (cap. 75)

Chris tem 35 anos. Ele estudou filosofia social quando adolescente e desde então desenvolveu interesse pelos países em desenvolvimento. Após a formatura, Chris trabalhou dois anos com a Cruz Vermelha na África Ocidental antes de retornar à sede em Genebra como chefe do departamento de ajuda africana por mais três anos antes de finalmente obter um MBA e escrever sua tese sobre responsabilidade social corporativa. Agora parece provável que A) Chris trabalhe para um dos principais bancos onde também supervisiona a fundação do Terceiro Mundo ou B). Qual cenário parece mais provável?

A maioria das pessoas tende a selecionar a opção B, porém esta é a resposta incorreta. B diz que Chris trabalha para um grande banco e que uma condição adicional foi cumprida - os funcionários que trabalham na fundação de um banco do Terceiro Mundo constituem um pequeno subconjunto de banqueiros; a opção A seria, portanto, mais provável. Os ganhadores do Nobel Daniel Kahneman e Amos Tversky estudaram extensivamente esse fenômeno.

Como humanos, somos atraídos por narrativas que parecem agradáveis ou plausíveis; histórias sobre Chris, o trabalhador humanitário, que são persuasivas ou convincentes aumentam o risco de raciocínios falsos. Se eu tivesse colocado esta questão de forma diferente, você poderia ter reconhecido todos esses detalhes extras como excessivos; talvez por exemplo: 'Chris tem 35 anos e trabalha em A) um banco em Nova York com escritório no vigésimo quarto andar com vista para o Central Park ou B) nenhum dos dois'

Mais uma vez, tomemos como exemplo o encerramento do aeroporto de Seattle e o cancelamento de voos: qual o cenário mais provável? Neste caso, A é mais provável, uma vez que B implica que uma condição extra foi satisfeita: mau tempo. Considerar outras possibilidades também poderia fechá-lo, como ameaças de bomba, acidentes ou ataques; mas muito provavelmente não consideramos tais questões quando consideramos histórias plausíveis como A ou B. Agora que você entende melhor esse processo, faça-o com amigos para ver qual resultado mais prefere!

Até mesmo os especialistas podem ser vítimas da falácia da conjunção. Numa conferência internacional para investigação futura em 1982, especialistas - todos académicos - foram divididos em dois grupos num evento organizado por Daniel Kahneman: o grupo A recebeu a sua previsão de que o consumo de petróleo diminuiria 30%; o grupo B ouviu como "Um aumento dramático nos preços do petróleo fará com que o consumo diminua em 30%". Ambos os grupos tiveram então de indicar a probabilidade de cada cenário; rapidamente se tornou evidente que o grupo B se sentia muito mais forte em relação às suas previsões do que o grupo A.

Kahneman acredita em dois tipos de pensamento. Um tipo é intuitivo, automático e direto; o segundo consciente, racional, lento, trabalhoso e lógico. Infelizmente, o pensamento intuitivo tira conclusões muito antes da mente consciente; Eu pessoalmente experimentei isso depois dos ataques de 11 de setembro ao World Trade Center, quando procurava apólices de seguro de viagem com "cobertura especial contra terrorismo" adicionada. Mesmo que outras políticas cobrissem todos os possíveis incidentes, incluindo atos terroristas (mas, de qualquer maneira, aceitei a oferta deles!). O que tornou tudo ainda mais ridículo foi minha disposição de pagar mais pelo que parecia um complemento atraente, mas desnecessário!

Conclusão: não confunda os cérebros esquerdo e direito; o pensamento intuitivo e consciente diferem significativamente mais. Ao tomar decisões importantes, tenha em mente esta distinção ao fazer escolhas importantes: subconscientemente tendemos a preferir histórias plausíveis; procure detalhes convenientes e finais felizes que pareçam plausíveis para você, em vez daqueles que exigem condições adicionais para serem atendidos. Lembre-se: condições adicionais reduzirão, em vez de aumentar, a probabilidade.

Veja também Negligência da Taxa Básica (cap. 28); Viés de história (cap. 13) 42

Não é o que dizemos, mas sim como dizemos

Considere estas duas afirmações ao enquadrar:

"Ei, a lata de lixo está transbordando!"

"Seria realmente maravilhoso se você pudesse esvaziar o lixo, querido."

A tonalidade faz música: o que importa é como uma mensagem é comunicada; mensagens comunicadas de forma diferente também serão recebidas de forma diferente pelos seus destinatários - técnica conhecida como enquadramento na linguagem psicológica.

Kahneman e Tversky conduziram uma experiência na década de 1980 em que apresentaram duas opções para uma estratégia de controlo da epidemia; seus participantes foram informados de que 600 vidas estavam em jogo, com a opção A ou a opção B salvando 200 delas. A opção B oferecia apenas 33% de probabilidade de que todos os 600 indivíduos sobrevivessem e 66% de probabilidade de que ninguém conseguisse sair vivo, esperando-se que 200 sobreviventes sobrevivessem em ambos os cenários; a maioria dos entrevistados escolheu a opção A em vez da B devido à sua maior chance de sobrevivência - acreditando na sabedoria de que ter algo tangível é melhor do que perder mais tarde. Reenquadrar as mesmas opções tornou-se extremamente fascinante: "A Opção A mata 400 pessoas", enquanto "A Opção B oferece 33% de chance de ninguém morrer e 66% de chance de todas as 600 morrerem". Nesse ponto, apenas uma minoria escolheu A e a maioria escolheu B; os pesquisadores notaram uma notável reviravolta entre quase todos os participantes; dependendo se a frase (sobreviver ou morrer) mudou completamente a tomada de decisões.

Um exemplo: os investigadores apresentaram a um grupo de pessoas dois tipos de carne rotulados como sendo 99% isentos de gordura e 1% de gordura, e depois perguntaram-lhes qual era mais saudável. Você consegue adivinhar qual eles escolheram? Você adivinhou certo – os entrevistados escolheram a primeira opção independentemente do seu maior teor de gordura!

O glossing é uma forma cada vez mais popular de enquadramento. De acordo com as suas regras, uma queda no preço das ações torna-se objeto de correção, enquanto um preço de aquisição pago em excesso torna-se "goodwill".
Todo curso de gestão transforma magicamente problemas em oportunidades ou desafios; ser despedido torna-se uma oportunidade para 'reavaliar a minha carreira' ou lidar com soldados mortos é visto como uma oportunidade para criar oportunidades ou enfrentar desafios.

A morte no campo de batalha torna-se equivalente ao status de herói de guerra; independentemente de sua causa ou maneira. O genocídio torna-se "limpeza étnica", enquanto as aterragens de emergência, por exemplo no Rio Hudson, são celebradas como triunfos da aviação (embora certamente uma aterragem manual contaria ainda mais como tais triunfos!). Um pouso de emergência bem-sucedido, por exemplo, no rio Hudson, é amplamente comemorado como uma conquista (uma pista de aeroporto não deveria ser considerada um triunfo ainda maior da aviação?)

Você já deu uma olhada mais de perto nos prospectos e brochuras de ETF (fundos negociados em bolsa)? Normalmente, a brochura ilustra estatísticas de desempenho recentes com detalhes históricos suficientes para criar uma curva ascendente atraente, conhecida como enquadramento. Um simples pedaço de pão pode servir como outro grande exemplo - dependendo da sua representação como corpo simbólico ou real de Cristo, pode criar discórdia dentro da religião, como visto durante o período da Reforma do século XVI.

O enquadramento também pode ser empregado de forma eficaz no comércio. Tomemos como exemplo os vendedores de automóveis usados: a sua mensagem leva os consumidores a concentrarem-se apenas em determinados factores quando consideram comprá-los, seja através de mensagens entregues pelos vendedores, cartazes divulgando características específicas ou os seus próprios critérios. Por exemplo, ao ver carros usados com baixa quilometragem e pneus bons como pontos de venda - muitas vezes sem levar em conta o estado do motor, condição dos freios, estado interior, etc. - e focar mais fortemente na quilometragem/pneus do que em quaisquer outros aspectos. Infelizmente, pode ser difícil considerar todos os prós/contras possíveis ao tomar nossas decisões de compra; se outras molduras tivessem sido usadas na venda do carro, poderíamos ter feito escolhas diferentes das que fizemos.

Os autores são criadores magistrais. Um romance policial rapidamente se tornaria tedioso se todas as suas páginas simplesmente mostrassem cada assassinato como aconteceu - "facada por facada". Mesmo à medida que descobrimos gradualmente os motivos e as armas do crime, o enquadramento acrescenta drama e suspense à história.

Conclusão: Esteja ciente de que qualquer comunicação contém algum grau de enquadramento; todos os factos, quer sejam fornecidos por amigos de confiança ou publicados em jornais credíveis, também podem ser afectados por efeitos de enquadramento - até mesmo o conteúdo deste capítulo!

Veja também Efeito de Contraste (cap. 10); Aversão ao contraste (cap. 21); Medo do Arrependimento (cap. 82); Aversão à Perda (cap. 32); Reciprocidade (cap. 6); O Efeito Âncora (cap. 30) e o Efeito Adormecido (cap. 70).

ASSISTIR E ESPERAR É DOLOROSO

VIÉS DE AÇÃO

Em situações de pênalti no futebol, a bola leva menos de 0,3 segundos para passar do chutador original até o goleiro; limitando assim o seu tempo para observar a sua trajetória antes de tomar a decisão sobre quando deve ser expulso novamente. Os jogadores de futebol que cobram pênaltis tendem a mirar seus chutes um terço das vezes para o meio, um terço para cada lado e um terço para fora do centro de seus gols, o que não passou despercebido aos goleiros que mergulham para a esquerda ou para a direita dependendo. de onde os jogadores atiram. Raramente os jogadores permanecem no centro, embora aproximadamente um terço de todas as bolas caiam ali. Por que eles arriscariam salvar penalidades por não permanecerem? Simplesmente porque contribui para uma televisão melhor; a aparência desempenha um papel importante. Mergulhar para um lado em vez de congelar no local pode parecer mais impressionante e menos embaraçoso; isso é chamado de viés de ação: parecer ativo mesmo que nada de concreto resulte disso.

Esta pesquisa vem do pesquisador israelense Michael Bar-Eli, que conduziu extensos testes de disputas de pênaltis. Não são apenas os goleiros que são suscetíveis ao preconceito de ação – imagine se um grupo de jovens saísse de uma boate e começasse a gritar e a gesticular uns para os outros antes de se tornarem conflituosos e se envolverem em discussões entre si. Numa situação à beira da violência em grande escala, tanto os jovens como os agentes superiores da polícia permanecem em prontidão, monitorizando à distância até surgirem vítimas e intervindo quando necessário. Se esta situação for deixada apenas nas mãos de agentes jovens e inexperientes, pode rapidamente tornar-se violenta; Policiais jovens e ansiosos que sucumbem ao preconceito de ação podem reagir imediatamente e precipitar-se de cabeça, muitas vezes resultando em baixas. De acordo com os resultados da investigação, uma intervenção posterior facilitada por oficiais superiores pode resultar na redução de vítimas.

O preconceito de ação é amplificado quando confrontado com algo desconhecido ou pouco claro. No início, muitos investidores comportam-se de forma semelhante aos jovens e excessivamente ansiosos polícias à porta de um clube nocturno: a sua inexperiência significa que não conseguem avaliar o mercado de acções, pelo que compensam com hiperactividade; infelizmente, isso desperdiça um tempo precioso; Charlie Munger resumiu esta abordagem ao dizer: "Precisamos de disciplina para evitar fazer qualquer coisa só porque a inatividade se torna insuportável".

O preconceito de ação existe mesmo entre círculos altamente educados. Quando uma doença atinge um paciente, mesmo os médicos com formação avançada muitas vezes respondem negativamente e demoram a procurar tratamentos médicos adequados para eles. Assim que uma condição não pode ser devidamente diagnosticada e os médicos têm de escolher entre intervir (ou seja, prescrever algo) ou esperar e ver, as suas decisões de intervir tendem a tomar medidas imediatas em vez de sentarem-se e esperarem até que algo definitivo aconteça. Tais decisões não reflectem a especulação, mas representam tendências humanas para agir, em vez de permanecerem adormecidas quando confrontadas com a incerteza.

Então, o que está impulsionando essa tendência? Em nosso antigo ambiente de caçadores-coletores (que nos convinha perfeitamente), as ações superavam a reflexão. Reações extremamente rápidas foram essenciais para a sobrevivência; deliberação pode ser fatal. Quando nossos ancestrais viram algo na orla da floresta que parecia semelhante à silhueta de um tigre dente-de-sabre, eles rapidamente agiram; em vez de ponderar se alguma coisa poderia estar lá, eles simplesmente procuraram segurança, fugindo rapidamente, em vez de se debruçarem sobre ameaças potenciais durante muito tempo - ao contrário de nós hoje, onde os nossos instintos podem nos dizer o contrário.

Embora a nossa sociedade reconheça cada vez mais a contemplação como valiosa, a inação total continua a ser um pecado capital. Se você tomar a decisão correta ao esperar, nenhuma medalha ou estátua com seu nome o aguardará; pelo contrário, demonstrar determinação e julgamento rápido quando as coisas melhoram pode trazer elogios de empregadores, estadistas ou mesmo prefeitos; ações precipitadas tendem a vencer com mais frequência na sociedade em geral do que estratégias prudentes de esperar para ver.

Conclusão: quando confrontados com circunstâncias novas ou incertas, o nosso instinto pode ser o de fazer alguma coisa, qualquer coisa - independentemente das consequências - apenas para não nos sentirmos desamparados ou chateados. Infelizmente, esta tendência muitas vezes sai pela culatra, levando-nos por caminhos que pioram as coisas, em vez de melhorá-las. Embora a espera possa não ser manchete por si só, se uma situação permanecer obscura, talvez seja mais sensato esperar até que seja possível fazer uma avaliação mais clara das suas opções; de acordo com Blaise Pascal, "todos os problemas humanos decorrem do fato de o homem ser incapaz de ficar sentado quieto em um cômodo sozinho" em seu escritório em casa.
Veja também Viés de Omissão (cap. 44); Pensando demais (cap. 90); Procrastinação (cap. 85); Vai piorar antes de melhorar Falácia (cap. 12); e uma incapacidade de fechar portas (cap. 68) como possíveis fatores de problemas de comunicação mal administrados.

Por que VOCÊ é a solução ou parte do problema?

Viés de omissão

Imagine estar em uma geleira com dois alpinistas. Um deles escorrega e cai numa fenda; pedir ajuda pode tê-lo salvado, mas você não o faz - em vez disso, empurra os dois para ravinas onde ambos morrem logo depois - qual a morte que pesa mais em sua consciência?

A consideração racional revela que ambas as opções são igualmente repugnantes, levando à morte de seus companheiros. No entanto, algo nos faz avaliar a opção passiva de forma mais favorável; este fenômeno é conhecido como Viés de Omissão e ocorre onde tanto as ações quanto a inação levam a resultados fatais; tendemos a preferir a inação porque os seus resultados parecem menos perturbadores.

Imagine que você é o chefe da Administração Federal de Medicamentos e deve decidir se aprova ou não um medicamento para pacientes terminais com efeitos colaterais potencialmente fatais - essas pílulas mataram 20% imediatamente, enquanto salvaram mais 80% de vidas em um curto espaço de tempo. . Qual seria a sua decisão?

A maioria provavelmente negaria a aprovação; para eles, passar por um medicamento que mata um em cada cinco pacientes parece muito pior do que não administrar a cura aos outros 80%. Tais decisões ilustram perfeitamente o viés de omissão. Imagine tomar consciência de tal preconceito, mas optar por aprovar de qualquer maneira em nome da razão e da decência, apenas para quando um de seus pacientes morrer, ocorrerá uma indignação e você ficará sem trabalho! Como funcionários públicos ou políticos, seria mais sensato - na verdade essencial - para eles - levar a sério esta forma generalizada de preconceito e, ao mesmo tempo, encorajá-la ainda mais!

A jurisprudência mostra a profundidade de tal "distorção moral". A eutanásia, mesmo quando desejada pelos que estão a morrer, é ilegal, enquanto a recusa deliberada de medidas que salvam vidas (por exemplo, seguir ordens DNR - ordens de Não Ressuscitar) permanece legal.

Este raciocínio explica por que tantos pais acreditam que é completamente aceitável não vacinar os seus filhos, embora tenha sido comprovado que a vacinação reduz substancialmente os riscos associados à transmissão de doenças.
Embora a vacinação acarrete um risco muito pequeno de efeitos colaterais adversos, a vacinação geral faz sentido; não apenas para o bem dos indivíduos, mas para a sociedade como um todo - os indivíduos imunes não podem infectar outras pessoas com a sua doença e, por sua vez, propagá-la ainda mais. É claro que se as crianças não vacinadas contraíssem

qualquer doença, poderiam acusar os seus pais de as prejudicarem ao recusarem a vacinação - mas isto pareceria menos grave do que se elas próprias infectassem intencionalmente os seus filhos!

O preconceito de omissão está na raiz dos delírios: preferimos esperar até que outras pessoas o façam, em vez de tomarmos nós próprios medidas para agir de acordo. Os investidores e os jornalistas empresariais são mais indulgentes com as empresas que não produzem produtos novos do que com as que produzem produtos abaixo da média, embora ambos os caminhos conduzam à ruína. Ficar sentado passivamente em ações miseráveis é melhor do que comprar ativamente ações ruins; não instalar filtros de emissão em centrais a carvão parece superior a tomar medidas como a remoção de um por razões de custo; não isolar as casas parece preferível a queimar todo aquele combustível extra; deixar de declarar o imposto de renda é menos prejudicial do que apresentar documentos fiscais falsos, embora ambos os caminhos levem a perdas estatais de qualquer maneira.

Exploramos o viés de ação no Capítulo 7. Contudo, será o oposto do viés de omissão? Não exatamente; o preconceito de ação nos leva a compensar a falta de clareza com hiperatividade fútil quando as coisas parecem pouco claras ou contraditórias; enquanto o preconceito de omissão muitas vezes se manifesta onde a informação é facilmente discernível: um insight pode revelar infortúnios futuros que poderíamos evitar através da ação direta, mas esse insight não gera tanta motivação em nós para tomarmos uma posição contra ele.

O viés de omissão pode ser difícil de detectar; a ação é geralmente mais perceptível do que a inação. Os movimentos estudantis da década de 1960 cunharam um slogan eficaz contra isso: "Se você não faz parte da solução, então você faz parte do problema".

Notas sobre erro voluntário (cap. 65); Viés de ação (cap. 43); Procrastinação (Cap. 85).

NÃO ME CULPE

Viés de auto-serviço

Você lê regularmente relatórios anuais, com foco especial no que o CEO disse? Caso contrário, isso é lamentável, pois aí você pode encontrar numerosos exemplos de um erro que muitas vezes entra em jogo - o preconceito egoísta. Sempre que a empresa experimenta sucesso, o CEO reserva um tempo para destacar todos os seus esforços – como a tomada de decisões inteligentes, o trabalho incansável e o cultivo de uma cultura corporativa inovadora. Se uma empresa teve um ano de fracasso, lemos sobre uma variedade de factores que contribuíram para o seu declínio: flutuações cambiais, intervenções governamentais, práticas comerciais chinesas que violam os padrões ocidentais de propriedade intelectual, tarifas ocultas que reduzem a confiança do consumidor, etc. nossas mentes atribuem sucesso e fracassos externamente e não internamente - isso é preconceito egoísta em ação!

Mesmo que você nunca tenha ouvido o termo, o ensino médio ensinou a muitos alunos o significado do preconceito egoísta. Se obtivessem um A, o seu sucesso reflectia-se exclusivamente sobre eles, enquanto o fracasso significava que procedimentos de teste injustos eram utilizados por administradores e educadores.

Mas as notas parecem já não ter importância: talvez o mercado de ações tenha tomado o seu lugar. Quando seu portfólio dá lucro, você se aplaude; quando tem um desempenho fraco, a culpa é colocada diretamente no "mercado" (seja lá o que isso implique) ou talvez naquele chato consultor de investimentos. Eu mesmo sou um usuário adepto do preconceito egoísta: quando meu novo romance dispara para o status de lista de mais vendidos, eu o celebro como meu melhor livro até agora; se fracassar em meio a novos lançamentos, deve significar que os leitores simplesmente não o estão reconhecendo ou que os críticos estão com inveja por terem algo contra mim que não reconhece boa literatura em meus livros!

Os pesquisadores realizaram um teste de personalidade e alocaram aleatoriamente pontuações altas ou baixas aos participantes; aqueles que receberam notas altas consideraram-no minucioso e justo; aqueles que receberam notas baixas acharam-no completamente inútil. Por que atribuímos o sucesso a nós mesmos e o fracasso a outros lugares? Existem várias teorias, talvez com uma explicação simples: é bom! Além disso, a evolução provavelmente teria abordado isso muito antes.
Ao longo de cem mil anos, o preconceito egoísta foi erradicado à medida que a sociedade humana avançava, mas no nosso mundo moderno, com muitos riscos ocultos, pode ressurgir e conduzir rapidamente à catástrofe. Richard Fuld, muitas vezes referido como o autoproclamado "mestre do universo", poderia muito bem endossar esta visão; depois de ter sido CEO do Lehman Brothers até ao seu pedido de falência em 2008, ele ainda poderá reivindicar este título, ao mesmo tempo que culpa a acção do governo como a causa.

Os alunos que fazem os testes SAT normalmente pontuam entre 200 e 800 pontos. Quando solicitados, um ano depois, a atualizar suas pontuações, muitos tendem a aumentá-las em cerca de 50 pontos – sem nunca mentir ou exagerar os números, simplesmente "melhorando-os" até que eles próprios passem a acreditar no novo número.

Meu prédio abriga um apartamento compartilhado por cinco estudantes, que vejo com frequência no elevador. Um disse que levava o lixo para fora a cada segunda ou terceira vez; outro: a cada terceira ou quarta vez; enquanto o colega de quarto n° 3 afirmou fazer isso cerca de 90% das vezes! Suas respostas deveriam ter somado 100%, mas em vez disso totalizaram impressionantes 320%! Cada menino superestimou seus papéis – algo que todos os humanos tendem a fazer. Estudos também demonstraram este fenómeno entre casais onde cada um assume que contribuem com mais de 50% para a saúde do casamento.

Então, como podemos superar o preconceito egoísta? Você tem amigos que dizem a verdade sem restrições? Se esse for o seu caso, considere-se com sorte. Caso contrário, traga pelo menos um inimigo para tomar um café e peça sua opinião honesta sobre seus pontos fortes e fracos; você sempre será grato por ter feito isso!

Veja também Preconceito retrospectivo (cap. 14); Efeito de Excesso de Confiança (cap. 15); Síndrome do Não-Inventado-Aqui (cap. 74); Viés de sobrevivência (cap. 1), sorte de iniciante (cap. 49) Dissonância cognitiva (cap. 50); Efeito Forer (Cap. 64); Ilusão de introspecção (cap. 67) e colheita de cerejas (cap. 96) para se familiarizar.

ASSISTA O QUE DESEJA!

Imagine que um dia o telefone toca e uma voz entusiasmada lhe diz que você ganhou um jackpot de loteria de US$ 10 milhões! Como isso faria você se sentir e por quanto tempo duraria? Ou outro cenário pode acontecer: alguém liga para informá-lo da perda de um melhor amigo; novamente, como você reagiria e por quanto tempo durariam os efeitos?

No Capítulo 40, examinámos a baixa precisão das previsões em vários domínios, como a política, a economia e os acontecimentos sociais. Chegamos à conclusão de que especialistas autonomeados não são melhores do que geradores de previsões aleatórias no fornecimento de previsões precisas. Agora vamos passar para outra área: com que precisão podemos prever nossos sentimentos? Somos especialistas em nós mesmos? Ganhar na loteria nos deixaria mais felizes nos próximos anos? O psicólogo de Harvard, Dan Gilbert, sugere o contrário; seus estudos sobre ganhadores de loteria indicam que qualquer efeito positivo se dissipou rapidamente em meses, deixando as pessoas tão satisfeitas ou descontentes como antes, após receberem seu cheque - esse fenômeno ele se refere como "previsão afetiva; nossa incapacidade de prever corretamente nossas próprias emoções.

Um executivo bancário decidiu construir para si uma nova casa fora da cidade com os seus amplos rendimentos, sonhando em criar uma villa com dez quartos, piscina e vistas deslumbrantes sobre o lago e a montanha. Seu plano se tornou realidade. Poucas semanas após sua compra, ele sorriu de entusiasmo. Infelizmente, esse entusiasmo logo desapareceu e seis meses depois ele estava mais infeliz do que nunca. Por que isso aconteceu? Bem, a pesquisa nos mostra que a felicidade se dissipa rapidamente depois de apenas alguns meses, deixando a vila não representando mais seus sonhos; voltando para casa todos os dias para uma realidade indesejada: abrir a porta e não saber aonde isso o levava... Coitado: seus sentimentos em relação à villa eram indiferentes em comparação com o que sentiam em relação ao seu apartamento de estudante de um cômodo. Além disso, eles agora enfrentavam dois deslocamentos de uma hora por dia! Estudos revelam que dirigir pode ser uma imensa fonte de descontentamento e estresse, e que a maioria das pessoas nunca se acostuma com a experiência. Portanto, aqueles sem afinidade natural com o deslocamento provavelmente enfrentarão dois longos deslocamentos por dia (no mínimo). Portanto, a villa dos sonhos da minha amiga teve um efeito negativo geral em sua felicidade.

Muitos outros não se saem melhor: indivíduos que alteram ou avançam na sua carreira muitas vezes sofrem um destino semelhante.

Os cientistas referem-se a este fenómeno como a esteira hedónica: trabalhamos arduamente, avançamos financeiramente e ganhamos mais riqueza – mas nada disto nos deixa mais felizes.

Então, como os eventos negativos, como lesões na medula espinhal e perdas de amigos, nos afetam? Normalmente, superestimamos sua duração e intensidade - por exemplo, quando os relacionamentos terminam, pode parecer que a vida nunca mais será a mesma, mas dentro de três ou mais meses eles voltaram a namorar e a encontrar a felicidade mais uma vez.

Não seria maravilhoso se soubéssemos exatamente o quão felizes um novo carro, carreira ou relacionamento nos deixará? Felizmente, isso é algo que podemos medir em parte. Siga estas diretrizes cientificamente sólidas como seus guias ao tomar decisões melhores e mais brilhantes: 1) Evite coisas negativas às quais você não consegue se adaptar ao longo do tempo, como deslocamento, poluição sonora ou estresse crônico. 2) Não confie demais em bens materiais como carros, casas, ganhos de loteria, bônus ou prêmios como fontes de felicidade a longo prazo. 3) Procurar o máximo de liberdade e autonomia possível, uma vez que mudanças positivas duradouras muitas vezes resultam da tomada de ações positivas por iniciativa própria. Persiga suas paixões mesmo que isso signifique abrir mão de alguma renda; invista em amizades; a maioria das pessoas encontra felicidade duradoura através do estatuto profissional, desde que isso não mude os grupos de pares de uma só vez - por outras palavras, se ascender ao cargo de CEO enquanto apenas confraterniza com outros executivos, o efeito diminui rapidamente.

Ilusão de previsão (cap. 40); Neomania (Cap. 69) e Inveja (Cap. 86) devem ser vistas como sinais de perigo e não devem ser tratadas levianamente.

Ao viajar da Filadélfia para Nova York, fiquei preso em um engarrafamento. "Por que tem que ser sempre eu?", lamentei, enquanto olhava para os pilotos que seguiam para o sul passando a uma velocidade impressionante no meu lado oposto. Enquanto passava uma hora rastejando em passo de caracol, com paradas frequentes para frear e acelerar, minha mente divagava. Eu realmente tive azar na vida ou isso foi simplesmente minha percepção? Com as filas dos bancos, correios e supermercados aparentemente me escolhendo com mais frequência do que os outros ou seriam apenas percepções?

Imagine que nesta rodovia ocorre um engarrafamento em 10% das vezes; minhas chances de ficar preso não são maiores do que a probabilidade, mas minha probabilidade de ficar preso em qualquer ponto da minha jornada excede esse número devido ao meu movimento para frente limitado durante tais situações; além disso, uma vez que surge um e eu fico preso, torna-se muito mais perceptível para mim do que se tivesse continuado a mover-se no seu ritmo normal.

Lógica semelhante se aplica aos balcões de bancos ou semáforos: num percurso médio entre A e B com 10 semáforos, um estará sempre vermelho e os restantes verdes; no entanto, você pode gastar mais de 10% do seu tempo de viagem esperando no sinal vermelho - embora isso possa não parecer certo; imagine viajar perto da velocidade da luz: você provavelmente gastaria 99,99% (não 10%) do tempo esperando e amaldiçoando os semáforos vermelhos!

Assim que reclamamos de azar, é aconselhável ter cuidado com o preconceito de autosseleção. Quando os meus amigos homens se queixam da falta de mulheres nas suas empresas e as amigas se queixam de poucos homens, isso não tem nada a ver com azar - estes resmungões fazem parte de uma amostra que mostra a probabilidade de a maioria dos trabalhadores homens trabalhar em indústrias dominadas por maioritariamente homens (ou vice-versa para as trabalhadoras). Além disso, viver em países como a China ou a Rússia, com grandes proporções de ambos os sexos, significa que você pode se tornar parte desse grupo maior e se sentir prejudicado. Quando a votação ocorre durante as eleições, este fenómeno torna-se mais evidente;
No momento da votação, é altamente provável que o seu voto corresponda ao voto da maioria vencedora.

Os profissionais de marketing frequentemente são vítimas de preconceitos de autosseleção. Os profissionais de marketing podem cair nisso por meio de pesquisas de marketing que tentam avaliar o valor de seu boletim informativo para o cliente, mas só alcançam os assinantes atuais que estão totalmente satisfeitos, têm tempo e não cancelaram. Assim, essas pesquisas se mostram ineficazes.

As observações feitas por meu amigo bastante triste abordaram recentemente um preconceito comum de autosseleção; apenas os seres vivos podem fazer tais observações; as inexistências muitas vezes não dão muita atenção à sua inexistência. No entanto, esta mesma ilusão constitui a base de muitos trabalhos filosóficos que se maravilham, ano após ano, com o desenvolvimento da linguagem; Simpatizo com o seu espanto, mas considero-o injustificável; a linguagem simplesmente não existiria sem que reverenciássemos o seu milagre; a sua maravilha só se torna tangível quando exposta ao seu entorno - o seu milagre só se torna tangível através da sua existência no seu ambiente - como o seu milagre de criação ou destruição pelas mentes humanas!

Divertida é esta recente pesquisa telefônica: uma empresa a conduziu para determinar, em média, quantos telefones (fixos e celulares) cada domicílio possuía. Eles ficaram surpresos ao descobrir que nenhuma família afirmava não ter nenhuma! Verdadeiramente uma conquista surpreendente.

Veja também Caminhos Alternativos (cap. 39); Efeito positivo de recurso (cap. 95); Ilusão Corporal do Nadador (cap. 2) para discussão mais aprofundada.

VIÉS DE ASSOCIAÇÃO

Kevin fez três apresentações dos resultados de sua divisão ao conselho da empresa e, em todas as vezes, tudo correu perfeitamente - e Kevin acredita que esta cueca boxer verde de bolinhas é sua cueca da sorte!

Kevin não resistiu em comprar o lindo anel de noivado que ela lhe mostrou; embora, por US$ 10 mil, estivesse bem acima de seu orçamento para o segundo casamento, algo naquela mulher o tornava irresistível para ele; talvez associar este lindo objeto a alguém inspirasse esperança para as futuras noivas de que ela também pudesse ser incrivelmente linda?

Todos os anos, Kevin visita seu médico para fazer um check-up e geralmente é informado de que, aos 44 anos, sua saúde está em boa forma. No entanto, por duas vezes ele saiu com notícias alarmantes: uma vez para seu apêndice (que foi rapidamente removido); e outra para uma próstata inicialmente inchada que, após uma inspeção mais aprofundada, revelou-se apenas uma inflamação e não um câncer - em ambas as vezes Kevin saiu preocupado e em ambos os dias extraordinariamente quente; desde então, sempre que as temperaturas começam a subir perto de uma de suas consultas de check-up, ele a cancela imediatamente!

Nossos cérebros são máquinas de conexão. Por exemplo, quando consumimos uma fruta desconhecida e depois sentimos náuseas, a nossa mente cria conhecimento. No entanto, este método também cria falsos conhecimentos. O cientista russo Ivan Pavlov foi o primeiro a estudar esse fenômeno usando sinos para medir a salivação em cães; mais tarde, porém, apenas o som causaria salivação; criando ligações entre duas funções aparentemente não relacionadas, como o toque do sino e a produção de saliva nos cérebros dos animais - como o som por si só ser suficiente para induzir a salivação neles.

O método de Pavlov aplica-se igualmente bem aos humanos. A publicidade cria ligações entre produtos e emoções, como a Coca-Cola. Como resultado, os anúncios mostram pessoas da Coca-Cola com rostos felizes que aparecem juntas — em vez de rostos carrancudos ou corpos enrugados que você pode ver em outros lugares da vida real. As pessoas da Coca-Cola aparecem em grandes aglomerados em comparação com a vida real.

As falsas associações são causadas por viés de associação, o que também compromete a qualidade da nossa tomada de decisão. Podemos associar automaticamente os portadores de más notícias ao seu conteúdo (conhecida como síndrome do "atire no mensageiro"). Alguns CEO e investidores podem, consciente ou inconscientemente, evitar ouvir notícias negativas — levando a uma imagem imprecisa da realidade. Para evitar ser vítima de conexões falsas e evitar ser vítima de pistas falsas ao liderar grupos de pessoas, instrua os membros da sua equipe a dar apenas más notícias o mais rápido possível, de modo a neutralizar a síndrome de atirar no mensageiro - confie que notícias positivas suficientes serão ainda venha em sua direção! Superar conexões falsas compensando excessivamente a síndrome do "atire no mensageiro" compensando excessivamente com mensagens positivas - compensando excessivamente compensando excessivamente com boas notícias!

Antes da existência do e-mail e do telemarketing, os vendedores viajantes usavam métodos de vendas porta a porta. Um dia, George Foster encontrou uma casa vazia onde um vazamento invisível a enchia de gás há semanas - sem que ele soubesse, a campainha danificada causou uma faísca quando George a pressionou, o que desencadeou uma explosão que mandou George direto para o hospital, embora eventualmente ele se recuperou rapidamente. Infelizmente, porém, seu medo de campainhas permaneceu tão forte que mesmo anos depois ele não conseguiu voltar a trabalhar; tentando muito, pois ele só conseguia criar outro apego emocional que não poderia se reverter, apesar de saber que isso não era provável.

Mark Twain captou lindamente esta importante mensagem: 'Devemos colher de cada experiência apenas as lições nela contidas; para que não nos tornemos como o gato que se senta sobre a tampa de um fogão quente e se queima - nunca mais se sentando sobre a tampa de um fogão quente ou frio.

Tenha cuidado quando as coisas começarem bem; tome nota do preconceito de contágio (cap. 54); Falsa causalidade (cap. 37); Sorte de Iniciante (cap. 49), bem como Viés de Disponibilidade e Heurística de Afeto. (Veja o capítulo 54 para leitura adicional sobre esses assuntos).

CUIDADO QUANDO AS COISAS COMEÇAM A ACONTECER RÁPIDO

Recentemente, explorámos o preconceito de associação, ou a nossa tendência de ver ligações onde não existem. Por exemplo, independentemente de todo o sucesso de Kevin com grandes apresentações enquanto usava cuecas verdes de bolinhas, eles não podem garantir-lhe sucesso sempre.

Agora chegamos a uma das formas mais complicadas de preconceito de associação: a criação de uma ligação artificial com o passado. Os jogadores de casino conhecem bem esta tática: chamam-lhe sorte de principiante. Pessoas novas no jogo que perdem nas rodadas iniciais muitas vezes desistem sabiamente, enquanto quem tem sorte tende a continuar. No entanto, quando os novatos têm sorte, a sua confiança pode levá-los a aumentar ainda mais as apostas - apenas para descobrirem mais tarde que as probabilidades regressaram aos níveis médios pouco depois!

A sorte do principiante desempenha um papel essencial no sucesso económico. Imagine a empresa A, que adquire empresas mais pequenas B, C e D sucessivamente sem incidentes e conclui com sucesso cada aquisição - construindo a sua confiança à medida que cada fusão se revela demasiado desafiante para gerir e sinergias estimadas impossíveis de realizar apesar das evidências objectivas que apontam nesta direcção a partir de aquisições anteriores - apenas para que a sorte dos iniciantes os cegue dessa realidade.

Tendências semelhantes ocorreram com a bolsa de valores. Atraídos pelo seu sucesso inicial, muitos investidores investiram as suas poupanças e até empréstimos em acções da Internet durante o final dos anos 90 - sem saberem que os seus lucros notáveis naquela altura não se deviam a quaisquer capacidades de selecção de acções baseadas no conhecimento, mas simplesmente a uma tendência ascendente do mercado. ; mesmo aqueles sem qualquer conhecimento prévio de investimento muitas vezes desfrutaram de ganhos massivos quando as coisas finalmente pioraram. No entanto, quando esse ímpeto finalmente desapareceu, muitos ficaram enfrentando montanhas de dívidas pontocom.

Como se viu durante o recente boom imobiliário nos EUA, muitas pessoas caíram nesta armadilha: dentistas, advogados, professores e motoristas de táxi abandonaram as suas carreiras para "revirar" casas com fins lucrativos – comprando-as a preços de pechincha e depois vendendo-as imediatamente a preços mais elevados. preços - levando-os por um caminho inebriante em direção a lucros gordos, mas na verdade com pouca relevância para a vida real ou para as suas carreiras.

O boom imobiliário permitiu que até corretores amadores prosperassem; os investidores contraíram dívidas enormes à medida que adquiriam mansões maiores e maiores, e quando a bolha finalmente rebentou, ficaram apenas com propriedades invendáveis como activos.

A história fornece-nos amplas provas da sorte dos novatos: nem Napoleão nem Hitler teriam embarcado em campanhas contra a Rússia sem vitórias anteriores em batalhas menores para os apoiar.

Mas como distinguir a sorte de iniciante do verdadeiro talento? Embora não exista uma regra definida para ajudar a tomar essa decisão, duas dicas podem ser eficazes: em primeiro lugar, se o seu desempenho superar consistentemente o dos outros durante um longo período, o talento provavelmente desempenha um papel importante. Em segundo lugar, quando há mais concorrentes competindo pelo seu negócio, aumentam as chances de alguém atingir grande sucesso e assumir a liderança do mercado por vários anos - possivelmente você! Quando isso ocorrer entre dez concorrentes, tenha orgulho de se celebrar como líder de mercado! No entanto, estar entre os principais intervenientes (nos mercados financeiros) pode ser visto como prova de talento; mas se você se encontrar no topo entre 10 milhões de jogadores em um determinado ano - o que poderia acontecer facilmente com a participação de todos os tipos de jogadores - não comece a visualizar um império como Buffett ainda; é provável que você tenha tido sorte!

Observe e espere antes de tirar qualquer conclusão definitiva. A sorte do iniciante pode ser devastadora; para me proteger contra equívocos e refutar teorias, como faria um cientista eficaz, enviei meu romance Trinta e cinco para uma editora, onde foi imediatamente aceito; por um momento, pareceu um sucesso genial (as chances de esta editora aceitá-lo eram de 1/15.000. Para testar ainda mais minha teoria, enviei cópias para mais 10 grandes editoras... e recebi 10 cartas de rejeição trazendo de volta minha noção rapidamente de volta à terra.

Veja também: Viés de Sobrevivência (cap. 1); Preconceito egoísta (cap. 45); Viés de associação (cap. 48); Falsa causalidade (cap. 37); Ilusão de Habilidade (cap. 94)

DOCES PEQUENAS MENTIRAS

Dissonância cognitiva

Uma raposa rastejou lentamente até uma videira e contemplou com saudade suas abundantes uvas roxas. Ele colocou as patas dianteiras contra o tronco, esticou o pescoço e tentou alcançá-los, mas eles estavam muito altos. Irritado, ele fez outra tentativa – sua mandíbula estalava apenas no ar. Finalmente ele saltou com toda a sua força apenas para cair novamente na terra com um baque audível; nem mesmo uma folha se moveu. Mantendo a cabeça erguida, ele voltou para a floresta – ou assim pensou a raposa.

Esopo, o poeta grego, criou esta fábula para destacar um dos erros mais comuns da lógica. Uma discrepância ocorreu quando a raposa decidiu fazer algo, mas falhou, criando uma inconsistência que só pode ser resolvida de três maneiras: A) colocar as mãos em algumas uvas de alguma forma B) aceitar que suas habilidades podem não ser suficientes C) admitir seu incompetência

C) reinterpretando retrospectivamente o que ocorreu. Esta abordagem representa dissonância cognitiva ou sua resolução.

Imagine comprar um carro novo e rapidamente se arrepender de sua escolha: o motor parece estar decolando e o banco do motorista é desconfortável. O que fazes, então? Devolvê-lo seria uma admissão de erro e provavelmente não traria todo o seu dinheiro de volta; portanto, como abordagem alternativa, você pode se convencer de que motores barulhentos e assentos desconfortáveis fazem parte de seus recursos de segurança, evitando que você adormeça ao volante; sem dúvida, essas escolhas inteligentes foram compras bem pensadas que trouxeram consigo experiências alegres!

Leon Festinger e Merrill Carlsmith, da Universidade de Stanford, certa vez instruíram seus alunos a realizar uma hora de trabalho tedioso e monótono antes de dividi-los em dois grupos. Os membros do Grupo A receberam US$ 1 (era 1959) como compensação; os do grupo B receberam US$ 20; mais tarde, eles tiveram que revelar como realmente encontraram tudo - surpreendentemente, aqueles que receberam apenas um dólar acharam tudo muito mais agradável e envolvente!
Por que eles fizeram isso? Simplesmente porque um mísero dólar não era incentivo suficiente para mentir descaradamente; então, em vez disso, eles se convenceram de que o trabalho não era tão ruim; na mesma linha que a raposa de Esopo reinterpretou a situação de forma diferente, assim como esses alunos. Além disso, aqueles que receberam mais não tiveram necessidade de justificar o que tinham feito, já tendo cometido uma mentira enquanto

recebiam uma compensação de 20 dólares como justo valor. Esses alunos não experimentaram dissonância cognitiva.

Imagine se candidatar a um emprego e perder para outro candidato. Em vez de reconhecer que eles podem ter sido mais qualificados para isso do que você, você se convence de que não estava realmente interessado em assumir aquela função específica; o tempo todo foi apenas uma experiência para ver se o seu "valor de mercado" poderia lhe render um convite para uma entrevista.

Recentemente, experimentei algo semelhante ao escolher entre investir em duas ações. Aquele que selecionei imediatamente caiu de valor logo após a compra, enquanto as ações de outro, não investido, dispararam - eu simplesmente não consegui reconhecer meu erro! Na verdade, muito pelo contrário: lembro-me perfeitamente de ter convencido um amigo de que, embora a ação estivesse a passar por problemas iniciais, ainda tinha mais potencial em geral. A dissonância cognitiva pode explicar esta reação aparentemente irracional. Como meu amigo me lembrou, o "potencial" teria sido ainda maior se eu tivesse adiado a compra de ações até hoje. Esopo alertou contra esse cenário: 'Você pode tentar ser inteligente o quanto quiser, mas eventualmente não alcançará nenhuma uva.'

Veja também Efeito Dotação (cap. 23); Preconceito egoísta (cap. 45); Viés de confirmação (cap. 7-8); "Porque Justificação" (cap. 52) e Justificação do Esforço (cap. 60).

Desconto hiperbólico

Você já ouviu o ditado 'Viva cada dia como se fosse o último'? Parece aparecer pelo menos três vezes em revistas de estilo de vida e em manuais de autoajuda; no entanto, um provérbio tão perspicaz não faz nada pela sua inteligência! Imagine o que aconteceria se você seguisse literalmente esse conselho: você não escovaria mais os dentes, lavaria o cabelo, limparia o apartamento, não iria trabalhar e pagaria as contas em dia? Sem dúvida, em pouco tempo você ficaria falido, doente e possivelmente até atrás das grades - mas seu significado permanece inerentemente nobre; expressa anseio e desejo de imediatismo que muitas vezes são priorizados acima do pensamento racional; viver a vida ao máximo hoje sem se preocupar com o amanhã simplesmente não é um conselho de vida sensato.

Você prefere receber US$ 1.000 em um ano ou US$ 1.100 em doze e um mês? A maioria das pessoas provavelmente optaria pela última opção - com taxa de juros mensal de 10% ao ano! Além disso, as duas semanas extras de espera podem proporcionar grandes retornos, tornando uma decisão mais sábia do que esperar muito!

Mais duas perguntas. Você prefere receber US$ 1.000 hoje em dinheiro ou esperar um mês e receber mais US$ 1.100? Muito provavelmente, a maioria das pessoas preferiria dinheiro hoje; no entanto, isso é incrível porque mesmo esperar mais um mês rende US$ 100 extras em ambos os casos; num cenário parece bastante óbvio, enquanto outro pode exigir paciência e consideração antes de responder adequadamente. "O que é outro ano?" você pode estar se perguntando. Não neste caso; quando introduzimos o "agora", no entanto, os nossos cérebros tomam frequentemente decisões inconsistentes e a ciência refere-se a este fenómeno como desconto hiperbólico. Dito de forma simples, à medida que as recompensas se aproximam, a nossa "taxa de juro emocional" aumenta e ficamos dispostos a abdicar de mais em troca delas. Infelizmente, a maioria dos economistas ainda não consegue compreender que os humanos respondem de forma inconsistente e subjectiva às taxas de juro; consequentemente, os seus modelos baseiam-se em taxas de juro constantes, o que é altamente questionável.

O desconto hiperbólico, ou o nosso desejo por recompensas instantâneas, deriva do nosso passado animalesco. Os animais nunca recusariam uma recompensa imediata que os pudesse ajudar a sobreviver mais rapidamente.
Seus ratos não respondem bem ao treinamento; eles não abrirão mão de um pedaço de queijo hoje para receber mais amanhã. Sim, os esquilos coletam alimentos e guardam-nos para consumo posterior; no entanto, esse comportamento não tem nada a ver com controle de impulsos ou aprendizagem.

E o que dizer das crianças? Na década de 1960, Walter Mischel conduziu um experimento sobre gratificação atrasada que você pode encontrar pesquisando no YouTube com "experimento de marshmallow". Um grupo de crianças de quatro anos recebeu um marshmallow para consumir imediatamente ou esperar alguns minutos e receber outro; infelizmente para a maioria das crianças esperar era impossível; ainda mais impressionante, porém, Mischel descobriu que a capacidade de gratificação adiada é um indicador de sucesso profissional futuro - mostrando assim que a paciência é realmente uma virtude.

Com a idade vem um maior autocontrole, tornando mais fácil adiar recompensas. Em vez de esperar doze meses para trazer para casa mais US$ 100, poderíamos esperar treze meses se surgisse uma recompensa imediata; como as taxas de juro exorbitantes dos bancos sobre dívidas de cartão de crédito ou empréstimos pessoais de curto prazo que atacam o nosso desejo de gratificação instantânea.

Conclusão: embora as recompensas instantâneas possam ser muito tentadoras, o desconto hiperbólico continua a ser uma falha. Quando ganhamos controlo sobre os nossos impulsos – por exemplo, quando bebemos álcool – melhor seremos a evitar esta armadilha; caso contrário, nos tornaremos vulneráveis. Por outro lado, se você vende produtos de consumo, dê aos clientes acesso a eles imediatamente, pois alguns podem pagar a mais apenas para não terem que esperar, algo de que a Amazon aproveita ao máximo; parte da sobretaxa de entrega no dia seguinte vai direto para seus cofres! Um lembrete semanal pode ajudar a evitar essa armadilha -

Veja Fadiga de Decisão (Cap. 53); Lógica Simples (Cap. 63) e Procrastinação (Cap. 85).

O engarrafamento entre Los Angeles e São Francisco devido a reparos na superfície levou trinta minutos da minha viagem antes de finalmente se dissipar no caos no meu espelho retrovisor - ou assim pensei. Meia hora depois, porém, mais trabalhos de manutenção foram reiniciados, mas, estranhamente, meu nível de frustração diminuiu muito porque sinais tranquilizadores ao longo da estrada anunciavam: 'Estamos reformando esta rodovia para você!'

A geléia me lembrou de um experimento conduzido pela psicóloga Ellen Langer, de Harvard, na década de 1970. Para isso, ela entrou em uma biblioteca e esperou ao lado de uma fotocopiadora até que uma fila se formasse em torno dela antes de se aproximar do primeiro usuário e dizer: 'Com licença, tenho cinco páginas para copiar; posso usar sua máquina Xerox? Sua taxa de sucesso foi de 60%. Para aumentá-lo para 94%, ela repetiu o experimento oferecendo uma justificativa: "Com licença. Preciso imprimir cinco cópias agora. Posso usar sua máquina Xerox devido à pressão do tempo? Em quase todos os casos, ela foi autorizada a prosseguir. Isto era compreensível: as pessoas com pressa muitas vezes vão para a frente das filas sem nunca compreenderem realmente porquê. Ela tentou novamente, desta vez dizendo: 'Com licença, mas posso ir antes de você porque preciso de cópias?' Para sua surpresa, isso quase sempre foi bem-sucedido (93%).

Justificar nosso comportamento aumenta a tolerância e a utilidade. Usar justificações como "porque" parece suficiente; não importa se a desculpa que você dá para eles estarem agindo dessa maneira é boa ou não; é igualmente eficaz! Uma placa anunciando "Estamos reformando a rodovia para você" serviria apenas para confundir as coisas; qualquer equipe de manutenção poderia facilmente estar fazendo seu trabalho em outro lugar na rodovia! Ver o que está acontecendo tranquiliza e acalma, em vez de manter a pessoa inconsciente. Afinal, nada frustra mais do que ficar inconsciente!

No portão A57 do aeroporto JFK, esperei ansiosamente pelo voo 1234 quando o anúncio no alto-falante dizia: 'Atenção, passageiros. O voo 1234 está atualmente atrasado três horas. Decidi visitar o balcão para saber o motivo e voltei em 15 minutos sem nenhuma resposta ou explicação dada para o adiamento.
Fiquei furioso; como ousam nos deixar esperando na ignorância! Outras companhias aéreas tiveram pelo menos a decência de informar os seus passageiros: "O voo 5678 sofreu um atraso de três horas devido a razões operacionais" – uma desculpa tão esfarrapada proporcionaria pelo menos conforto suficiente.

As pessoas parecem obcecadas em usar a palavra "porque" mesmo quando não é necessário; como líderes, testemunhámos sem dúvida esta tendência; sem um apelo eficaz, a motivação dos funcionários diminui rapidamente. Simplesmente dizer que sua empresa de calçados existe para produzir calçados não é mais um argumento impressionante: hoje, os propósitos mais elevados e as histórias por trás de sua história também devem desempenhar um papel - como dizer que você deseja que seus sapatos revolucionem o mercado (seja lá o que isso signifique); fornecer suporte fundamental para um mundo melhor (ou a afirmação da Zappo de estar no negócio da felicidade) são partes essenciais para dar sentido às decisões de negócios hoje, se quisermos ter sucesso (seja lá o que isso signifique).

Se o mercado de ações subir ou descer meio ponto percentual, os comentadores do mercado não oferecerão qualquer explicação plausível – que isso foi causado por ruído branco ou por uma série infinita de movimentos de mercado. Em vez disso, as pessoas querem razões tangíveis e os comentadores escolherão uma para culpar; a sua explicação parecerá muitas vezes sem sentido, sendo feitas referências frequentes aos pronunciamentos dos presidentes do Federal Reserve Bank como culpados.

Se alguém perguntar por que você ainda não concluiu uma tarefa, uma resposta simples poderia ser: 'Porque ainda não consegui fazer isso.' Embora possa parecer ridículo no início, isso geralmente funciona sem a necessidade de apresentar razões mais plausíveis para não concluí-lo imediatamente.

Um dia, observei minha esposa separar meticulosamente a roupa preta da azul. Para mim parecia desnecessário, uma vez que ambas as cores escuras são de igual importância, mas esta prática conseguiu manter as minhas roupas livres ao longo de muitos anos. "Porque você faz isso?" Eu perguntei a ela; ao que ela respondeu 'Porque prefiro lavá-los separadamente'. Para mim isso foi explicação suficiente.

Nunca saia de casa sem usar "porque". Esta palavra simples, mas eficaz, ajuda a facilitar a interação humana e deve ser utilizada livremente.

Veja também Dissonância Cognitiva (Cap. 50); Viés da história (cap. 13) e falácia da causa única (cap. 97)

FADIGA DE DECISÃO

Durante semanas, você trabalhou incansavelmente nesta apresentação. Seus slides do PowerPoint foram polidos com um brilho brilhante; todos os números do Excel foram comprovados como precisos; o tom exemplifica uma lógica cristalina. Tudo depende deste pitch - se for bem-sucedido, tudo depende disso - obter a aprovação do CEO significará ser promovido a um cargo executivo; caso contrário, poderá resultar na concessão de subsídios de desemprego ou no despedimento imediato! O assistente do seu chefe sugere três horários possíveis: 8h, 11h30. ou 18h00 - o que deve acontecer?

O psicólogo Roy Baumeister e Jean Twenge certa vez encheram uma mesa inteira com centenas de itens baratos, desde bolas de tênis e velas até camisetas, chicletes e latas de Coca-Cola. Eles então dividiram os alunos em dois grupos; aqueles rotulados como tomadores de decisão foram separados, enquanto aqueles não engajados foram rotulados como não-decisores. Ele disse ao primeiro grupo: 'Vou mostrar-lhes conjuntos contendo dois itens aleatórios de cada vez e cada vez cabe a vocês escolher entre as duas opções - no final do meu experimento darei um deles como lembrança 'Eles acreditavam que suas decisões determinariam quais itens eles manteriam em cada conjunto. Ele instruiu o segundo grupo: 'Escrevam o que vocês pensam sobre cada item, e eu selecionarei um aleatoriamente para entregar a vocês no final.' Pouco depois, ele instruiu cada aluno a colocar a mão em uma fonte de água gelada pelo maior tempo possível e manter essa posição até ser liberada. A psicologia emprega este teste como uma medida clássica de força de vontade ou autodisciplina; aqueles que não têm força de vontade retirarão rapidamente a mão da água gelada, com os decisores a retirarem-se mais rapidamente do que os não-decisores, uma vez que a sua intensa tomada de decisões minou a sua força de vontade - um efeito confirmado em inúmeras outras experiências.

Tomar decisões pode ser cansativo. Quem já configurou o seu computador online ou pesquisou viagens longas - voos, hotéis, atividades, restaurantes e clima incluídos - sabe muito bem disso: depois de comparar, considerar e escolher, pode sentir-se exausto depois de todo o esforço necessário para comparar, considerar e escolher. lugar - a ciência refere-se a este fenómeno como fadiga de decisão.

O cansaço das decisões pode ser perigoso: como consumidor, você se torna mais suscetível a mensagens publicitárias e compras por impulso; como tomador de decisões em nível executivo, sua capacidade de tomar decisões acertadas pode diminuir consideravelmente. A força de vontade pode ser como uma bateria: depois de algum tempo ela seca e precisa ser carregada. Uma forma de fazer isso é fazer uma pausa para relaxar e comer alguma coisa;

caso contrário, a força de vontade despencará quando o açúcar no sangue cair muito; A IKEA sabe disso melhor do que ninguém; é por isso que seus restaurantes estão convenientemente localizados em suas lojas, à medida que o cansaço das decisões se instala durante sua jornada por áreas de exibição labirínticas e prateleiras imponentes de armazéns e o cansaço das decisões se instala rapidamente; sacrifique alguma margem de lucro por guloseimas suecas que podem ajudar a repor o açúcar no sangue antes de continuar sua busca por castiçais perfeitos antes de retomar!

Quatro prisioneiros numa prisão israelita solicitaram ao tribunal a libertação antecipada, começando pelo Caso 1, às 8h50: um árabe condenado a 30 meses de prisão por fraude; O caso 2 (marcado para 13h27) envolve um judeu cumprindo pena de 16 meses por agressão; O caso 3 foi marcado para as 15h10). O caso 1 (marcado para as 16h35) envolveu um judeu que recebeu 16 meses de prisão por agressão; O caso 4 foi um árabe condenado a 30 meses por fraude. Como os juízes tomaram suas decisões? Mais significativo do que a lealdade ou a severidade dos detidos foi a sua fadiga na tomada de decisões. Os juízes deferiram os pedidos 1 e 2, uma vez que os seus níveis de açúcar no sangue ainda não tinham regressado ao normal após o pequeno-almoço ou almoço, mas recusaram os pedidos 3 e 4, devido a reservas de energia insuficientes para arriscar uma libertação antecipada. Eles escolheram a opção mais fácil (o status quo), deixando os homens na prisão. Um estudo de centenas de veredictos mostra que, durante apenas uma sessão, a percentagem de decisões "corajosas" cai gradualmente de 65% para quase nenhuma, antes de voltar a subir após o recreio – isto é verdade para Lady Justice! Mesmo assim, nem tudo está perdido: agora você sabe qual o melhor momento para apresentar seu projeto ao seu CEO.

Veja também: Paradoxo da Escolha (cap. 21); Desconto hiperbólico (cap. 51); Lógica Simples (cap. 63) e o Efeito Padrão (cap. 81).

VOCÊ USARIA O SUÉTER DO HITLER?

Após a queda do Império Carolíngio na França durante o século IX, a Europa caiu na anarquia. Condes, comandantes, cavaleiros e outros governantes locais frequentemente travavam batalhas sangrentas; os seus guerreiros saquearam quintas, violaram mulheres, pisotearam campos, raptaram pastores dos cultos religiosos, capturaram pastores como reféns e incendiaram conventos; tanto as autoridades eclesiásticas como os agricultores eram impotentes contra a guerra incessante destes nobres.

No século X, um bispo francês apresentou um plano impressionante. Ele convidou todos os príncipes e cavaleiros da França a se reunirem em um campo enquanto padres, bispos e abades coletavam todas as relíquias que pudessem encontrar naquela região para exibir ali. À primeira vista, foi uma visão impressionante: ossos, trapos encharcados de sangue, tijolos e telhas, todos com sinais de contato entre santos. Naquela época, o bispo, como alguém conhecido por impor respeito, fez um apelo apaixonado aos nobres presentes diante das relíquias sagradas para que abandonassem a violência contra vítimas desarmadas e os ataques contra civis desarmados. Para enfatizar ainda mais suas exigências, ele acenou diante deles roupas ensanguentadas e ossos sagrados como mais uma prova. Os nobres devem ter mantido tais símbolos com grande reverência; O apelo único do Bispo Gregório às suas consciências espalhou-se por toda a Europa, encorajando a "Paz e a Trégua de Deus". Nunca se deve subestimar o medo associado aos santos durante este período ou às relíquias dos santos, segundo o historiador americano Philip Daileader.

Como uma pessoa educada, pode ser fácil para você rir dessas superstições como tolas. No entanto, considere o seguinte: você usaria algo que Hitler usou uma vez? Improvável - talvez mostrando que o seu respeito pelas forças invisíveis ainda permanece. O suéter não representa mais qualquer ligação com Hitler; não há uma gota de suor nele - mas usá-lo ainda traz sentimentos de vergonha e respeito pelo que seu autor representa. Não há dúvida de que desejamos projetar uma imagem ideal para os nossos semelhantes e para nós mesmos; no entanto, o pensamento por si só pode nos desanimar, mesmo quando estamos sozinhos, e nos convencemos de que tocar nessas roupas não endossa Hitler de forma alguma. Infelizmente, tais reações emocionais podem ser difíceis de superar, mesmo entre aqueles que consideram este tema importante – como os políticos.
Mesmo as pessoas que se consideram altamente racionais às vezes lutam para dissipar qualquer crença em forças misteriosas (inclusive eu).

Paul Rozin e seus colegas pesquisadores da Universidade da Pensilvânia descobriram que os poderes mistificadores não podem ser simplesmente desligados. As cobaias trouxeram fotos de seus entes queridos, nas quais tiveram que atirar dardos, sem ferir as pessoas retratadas; embora a sua hesitação e precisão em comparação com os alvos normais tenham sido muito inferiores - como se alguma força invisível os impedisse de atingir estas preciosas fotos.

O viés de contágio refere-se à nossa incapacidade de nos dissociar de certos objetos — sejam eles de há muito tempo ou relacionados de forma mais indireta (como acontece com as fotos). Minha amiga trabalhava como correspondente de guerra para o canal de televisão público francês France 2. Assim como os passageiros de um cruzeiro no Caribe, minha amiga também colecionava lembranças de suas aventuras - como chapéus de palha ou cocos pintados de cada ilha que visitava - como lembranças de cada aventura, incluindo uma para Bagdad em 2003. Pouco depois de as tropas americanas terem atacado o palácio governamental de Saddam Hussein, ela entrou furtivamente nos seus aposentos privados. Uma vez lá dentro, ela rapidamente notou seis taças de vinho folheadas a ouro na área de jantar e rapidamente fugiu com elas. Recentemente, num dos seus jantares em Paris, as taças que ocupavam um lugar de destaque na mesa de jantar chamaram-me a atenção - uma convidada perguntou-lhe se vinham de Lafayette; quando lhe mencionei Saddam Hussein, ela respondeu casualmente: 'não - eles são de Saddam. Um hóspede extremamente angustiado ficou chocado e começou a tossir incontrolavelmente, o que me obrigou a comentar: 'Você percebe quantas moléculas de Saddam já fazem parte de você apenas respirando? Perguntei. Sua tosse piorou.

Veja também Viés de Associação (cap. 48); Afetar Heurísticas (cap. 66) para mais detalhes.

POR QUE NÃO HÁ NENHUMA GUERRA MÉDIA

Imagine fazer uma viagem de ônibus com outras 49 pessoas, quando em uma parada embarca a pessoa mais pesada da América; naquela época, que porcentagem aumentou no peso médio entre os passageiros desde então? Talvez quatro por cento? Cinco? Em contraste, em outra parada, Bill Gates embarca; agora o nosso foco não deveria ser o peso, mas sim a riqueza - quanto aumentou a riqueza desde os quatro por cento e os cinco, respectivamente? Nenhum dos cenários se sustenta!

Vamos calcular rapidamente nosso segundo exemplo. Inicialmente, cada indivíduo com ativos de US$ 54.000 constitui o valor médio estatístico, ou mediana. Agora adicione Bill Gates com a sua fortuna estimada em aproximadamente 59 mil milhões de dólares a esta mistura e observe a rapidez com que a riqueza média aumentou em mais de dois milhões por cento, para um aumento de quase dois mil milhões por cento; tornando qualquer noção de "média" totalmente sem sentido.

Nassim Taleb aconselha, em seus trabalhos sobre teoria das probabilidades, a não cruzar rios com profundidade média de mais de um metro, devido ao risco que impõem ao cruzá-los se sua profundidade aumentar além de quatro metros. Os rios podem parecer rasos - apenas alguns centímetros - por longos trechos antes de subitamente se tornarem torrentes de seis metros de profundidade que ameaçam sua vida caso sejam atravessados. As médias muitas vezes podem mascarar detalhes de distribuição - elas obscurecem como os valores se acumulam ao longo do tempo.

Em um nível médio, a exposição aos raios UV nos dias de junho não representa uma ameaça à saúde. Mas se você passasse todo o verão dentro de um escritório e depois fosse para Barbados e ficasse ao sol sem proteção por uma semana inteira sem usar protetor solar - mesmo que no geral você provavelmente estivesse recebendo menos exposição à luz ultravioleta do que alguém que se aventurava regularmente ao ar livre - isso criaria problemas.

Tudo isso já deve estar bastante óbvio para você; talvez até você mesmo. Digamos, por exemplo, que você beba uma taça de vinho tinto todas as noites durante o jantar - isso não representará um problema de saúde e é recomendado por muitos médicos. No entanto, em 31 de dezembro, se você não beber nada durante todo o ano e de repente consumir 356 copos (o equivalente a sessenta garrafas), provavelmente terá complicações de saúde, independentemente da média do ano.

Atualização: No mundo complexo de hoje, a distribuição está se tornando cada vez mais irregular; portanto, observaremos resultados semelhantes aos de Bill Gates em mais domínios. Quando se trata de distribuição on-line e visitas a sites, não existe uma contagem média de visitantes de sites: nenhum site recebe níveis de tráfego iguais. Os matemáticos referem-se frequentemente a este fenómeno como a chamada lei da potência, com certos sites (por exemplo, New York Times, Facebook ou Google) a receber a maioria das visitas, enquanto outras páginas recebem relativamente poucas. Tomemos as cidades como exemplo. Tóquio é a única cidade com uma população estimada superior a 30 milhões no planeta, enquanto há 11 com entre 20 e 30 milhões, 15 entre 10 e 20 milhões, 48 entre 5 e 10 milhões de habitantes e milhares entre 1 e 5 milhões - esta distribuição segue uma lei de potência onde alguns casos extremos dominam as distribuições globais, não deixando nenhum valor médio significativo para trás.

Qual é o tamanho médio de uma empresa, a população de uma cidade, o número de mortes durante uma guerra média (em termos de mortes e de duração), a média de flutuação diária do Dow Jones, o excesso de custos médios dos projetos de construção, quantas cópias de um livro médio vende por exemplar vendido pela editora; quantidade média de danos causados pelo furacão; bônus pago ao banqueiro em média; sucesso da campanha de marketing em média para downloads de aplicativos para iPhone e salário do ator? Você poderia calcular essas respostas, mas fazê-lo seria infrutífero, pois a lei de potência também se aplica aqui.

Tomemos este último exemplo como ilustração: alguns actores seleccionados ganham mais de 10 milhões de dólares anualmente, enquanto milhares e milhares vivem abaixo do limiar da pobreza. Você aconselharia seu filho ou filha a atuar com base em um salário médio que pareça aceitável? Provavelmente não - isso seria um conselho tolo.

Conclusão: Antes de tirar conclusões precipitadas com base no uso do termo "média" por alguém, reserve um momento e avalie a sua distribuição subjacente. Se casos anómalos (como o fenómeno de Bill Gates) tiverem influência mínima, podemos continuar a utilizar o conceito; mas quando casos extremos (como o de Bill Gates) dominam (como o seu sucesso com a Microsoft), devemos desconsiderar completamente a sua utilidade e desconsiderar o termo. O romancista William Gibson aconselhou-nos a todos: 'O futuro já está aqui - só não está distribuído uniformemente.'

Veja também Negligência da Taxa Básica (cap. 28); Lógica Simples (cap. 63); Regressão à média (cap. 19); Negligência da Probabilidade (cap. 26) e Falácia do Jogador (cap. 29)

BÔNUS DESTRUIÇÃO MOTIVAÇÃO

AGLOMERAÇÃO DE MOTIVAÇÃO

Recentemente, meu amigo de Connecticut decidiu se mudar para Nova York. Sua mudança envolveria o transporte de uma coleção impressionante de antiguidades, como livros antigos raros e óculos de Murano feitos à mão de gerações passadas - eu sabia o quanto ele ficaria apegado em entregá-los a uma empresa de mudanças; portanto, na última vez que visitei, me ofereci para carregar alguns dos itens frágeis quando voltasse de Nova York para Connecticut. Duas semanas depois, chegou uma carta de agradecimento com uma nota de cinquenta dólares anexa!

A Suíça passou anos à procura de um depósito subterrâneo adequado para armazenar os seus resíduos radioactivos, tendo em consideração vários locais, incluindo Wolfenschiessen, perto de Berna, no centro da Suíça. O economista Bruno Frey, da Universidade de Zurique, viajou para lá com colegas para recolher as opiniões das pessoas numa reunião comunitária; para sua surpresa, 50,8% apoiaram a proposta! A sua resposta positiva pode ser atribuída a vários factores: orgulho nacional, decência comum, obrigação social e perspectiva de novos empregos, entre outros. A equipe realizou outra pesquisa, desta vez propondo que cada cidadão aceitasse a proposta se recebesse uma recompensa hipotética de US\$ 5 mil dos contribuintes suíços, caso aceitasse. O que resultou? Os resultados diminuíram drasticamente: apenas 24,6% concordaram com isso.

As creches enfrentam dificuldades semelhantes: os pais recolhem os filhos após o horário de fechamento. Os funcionários da creche não podem colocar as crianças restantes em táxis ou deixá-las na calçada até que todas as crianças restantes tenham sido recolhidas na escola. Para desencorajar o atraso dos pais, muitas creches introduziram taxas por atraso; mas estudos mostram que isso na verdade aumentou os atrasos em vez de diminuí-los. É claro que poderiam ter instituído penalidades severas, como 500 dólares por hora, como as oferecidas a cada residente de uma aldeia suíça - mas isso perderia o foco; incentivos financeiros pequenos mas surpreendentes tendem a excluir outras formas de incentivos que oferecem retornos muito maiores em termos de retornos para todos os envolvidos em comparação com incentivos monetários maiores - ao contrário deste caso.

As três histórias ilustram uma verdade importante: o dinheiro nem sempre motiva. Às vezes, o dinheiro faz mais mal do que bem. Meu amigo me deu cinquenta para compensar sua má ação; em vez disso, ele a minou e pôs em risco a nossa amizade. Oferecer compensação a um repositório nuclear foi visto como suborno por alguns e diminuiu o espírito patriótico em geral; as multas por atraso da creche mudaram seu relacionamento com os pais de pessoal para monetário, legitimando essencialmente o atraso dos pais.

A ciência tem um termo para esse fenômeno: crowding motivacional. Quando as pessoas fazem algo por razões não monetárias e de caridade - por uma boa ação, por assim dizer - mas os aumentos nos pagamentos prejudicam essas intenções e quaisquer outras motivações são diminuídas pela sua presença. Em vez disso, as recompensas financeiras tornam-se a força motriz das suas ações.

Imagine que você dirige uma organização sem fins lucrativos. Seus funcionários podem receber salários modestos; no entanto, estão altamente motivados porque acreditam que estão a fazer uma diferença impactante. No entanto, se você decidir implementar um sistema de bônus – por exemplo, um pequeno aumento salarial para cada doação garantida – a motivação desaparecerá rapidamente à medida que sua equipe mudar o foco de tarefas que não trazem recompensa adicional; criatividade, reputação da empresa ou transferência de conhecimento não importam mais - em vez disso, todos os esforços se concentrarão na solicitação de doações o mais rápido possível.

Então, quem deveria estar a salvo da aglomeração de motivação? Um teste rápido pode revelar quem pode estar a salvo: conhece algum banqueiro privado, agente de seguros ou auditor que desempenha as suas funções com paixão e acredita numa missão maior? Não? Os incentivos financeiros e os bónus de desempenho funcionam melhor em indústrias com empregos monótonos; onde os funcionários não se importam muito com os produtos ou empresas, mas simplesmente concluem o trabalho para receber um cheque de pagamento. No entanto, os proprietários de start-ups fariam bem em aproveitar a paixão dos funcionários como parte da promoção do empreendimento, em vez de oferecer incentivos que, de qualquer forma, não poderiam pagar.

Uma última dica para quem tem crianças: a experiência nos ensinou que os jovens não podem ser comprados. Se você deseja que seus filhos façam a lição de casa, pratiquem instrumentos musicais ou cortem a grama ocasionalmente sem que sua carteira fique vazia - em vez disso, ofereça uma mesada semanal fixa, pois isso irá mantê-los honestos, sem que eles abusem e se recusem a dormir sem alguma forma de compensação.

Veja também Tedência de Super-resposta de Incentivo (cap. 18); Reciprocidade (cap. 6); Social Loafing (cap. 33) para discussão adicional desses assuntos.

Tendência tagarela

Quando questionada por câmeras giratórias por que um quinto dos americanos não conseguia localizar seu país no mapa mundial, a Miss Teen South Carolina deu esta resposta na frente das câmeras: 'Eu pessoalmente acredito que os norte-americanos são incapazes de fazê-lo porque algumas pessoas lá fora em nossa nação não temos mapas; e a minha convicção de que a nossa educação, tal como a da África do Sul e do Iraque, deve ajudar estes países a desenvolver o nosso futuro como uma sociedade global coesa.' O vídeo se tornou viral.

Catastrófico, você admite; ainda assim você não perde muito tempo ouvindo rainhas da beleza. Talvez algo como esta frase fosse suficiente: "Certamente não há exigência de que esta transmissão cada vez mais reflexiva de tradições culturais seja associada à razão centrada no sujeito e à consciência histórica orientada para o futuro. a ilusão de autonomia se desintegra.""

Lembra-se de Jurgen Habermas? Ele é um notável filósofo e sociólogo alemão conhecido por escrever Entre Fatos e Normas.

Ambos são exemplos do que é conhecido como tendência tagarela, em que palavras são usadas para disfarçar preguiça intelectual, estupidez ou ideias subdesenvolvidas. Às vezes funciona e às vezes não; para a rainha da beleza esta estratégia falhou espectacularmente, enquanto para Habermas poderá funcionar; quanto mais eloqüente a linguagem se torna, mais facilmente nos tornamos vítimas de seu fascínio; quando combinada com um preconceito de autoridade, torna-se ainda mais perigosa à medida que aceitamos a sua mensagem sem questionar a sua verdade.

Eu também sucumbi à tendência para conversas vazias. Quando eu era mais jovem, o filósofo francês Jacques Derrida capturou minha imaginação; Li seus livros vorazmente, mas encontrei pouca clareza neles, mesmo depois de muita contemplação e intensa análise. Subsequentemente, os seus escritos adquiriram uma qualidade quase mágica que acabou por inspirar o tema da minha dissertação sobre filosofia - ambos os volumes eram, em última análise, conversa inútil; na ignorância, ambos se tornaram desperdícios de espaço em minha mente.
Eu me transformei em uma máquina de fumaça humana e falante.

A tagarelice nos esportes pode ser especialmente difundida. Entrevistadores sem fôlego forçam jogadores de futebol igualmente sem fôlego a analisar todos os aspectos de um jogo quando tudo o que eles realmente querem dizer é: 'Perdemos, é simples assim', mas os apresentadores precisam de algo para preencher o tempo de transmissão - e aparentemente uma maneira de fazer isso de forma eficaz é através tagarelar e obrigar atletas e treinadores a participar; em qualquer caso, este tipo de retórica serve apenas para mascarar a ignorância e esconder a ignorância da vista do público.

Os ambientes académicos também testemunharam este fenómeno: quando são publicados menos resultados de qualquer área da ciência, os economistas ficam particularmente expostos nos seus comentários e previsões. Isto também se aplica ao comércio: quando as empresas ficam em pior situação financeira, o discurso dos seus CEO torna-se mais alto - muitas vezes para encobrir dificuldades ou mascarar circunstâncias difíceis. Uma exceção notável a esse respeito foi o ex-CEO da General Electric, Jack Welch; durante uma entrevista, ele notou a dificuldade: as pessoas temem ser vistas como simplórias, mas na verdade não é o caso!'

A expressão verbal é o espelho das nossas mentes; pensamentos claros tornam-se declarações enquanto conceitos vagos se transformam em divagações vagas. Infelizmente, muitas vezes nos faltam pensamentos muito lúcidos; a vida é complicada, por isso compreender apenas uma faceta requer um esforço mental considerável e pode exigir uma epifania para que a clareza surja; até esse ponto chegar, seria mais sensato seguir o conselho de Mark Twain de que 'Se você não tem nada a dizer... não diga nada.' A simplicidade não deve ser vista como o seu início, mas como o seu destino.

Veja também Viés de autoridade (cap.9); Dependência de Domínio (cap.76); e Conhecimento do Chauffeur (cap. 16) para obter mais informações sobre esta questão.

Imagine-se administrando um pequeno banco privado que administra fundos de indivíduos ricos e, em sua maioria, aposentados, como no Fenômeno Will Rogers

Seus dois gestores financeiros – A e B – reportam diretamente a você; O Money Manager A lida apenas com indivíduos com patrimônio líquido ultra-alto, enquanto o Money Manager B lida com clientes mais ricos, mas não tão extravagantemente ricos quanto o Money Manager A. Agora imagine que o conselho lhe pediu para aumentar ambos os fundos médios de dinheiro dentro de seis meses para que eles recebam bônus consideráveis; caso contrário, eles encontrarão outra pessoa. Por onde você deve começar?

Simples! Basta transferir um cliente com um património médio gerido entre A e B para compensar a diferença, aumentando simultaneamente os dois valores médios de património gerido - sem necessidade de adquirir novos clientes! Depois de concluído, resta decidir: onde e como gastarei meu bônus.

Imagine mudar de carreira e assumir o comando de três fundos de hedge que investem principalmente em empresas privadas. O Fundo A está produzindo retornos surpreendentes enquanto os fundos B e C enfrentam dificuldades. Você quer se mostrar o mentor, então qual é o seu plano? Para criar a aparência de que todos os três fundos melhoraram significativamente sem incorrer em taxas de transformação interna, mova algumas ações de A para B ou C; escolher investimentos que estivessem afetando negativamente os retornos médios de A, mas que pudessem ajudar a fortalecer B ou C; você deverá ver todos os três fundos subitamente se tornarem mais saudáveis, sem incorrer em taxas de transformação - as pessoas certamente o reconhecerão por fazer isso!

Este efeito é conhecido como migração de palco ou fenômeno de Will Rogers, em homenagem a um comediante americano de Oklahoma que fez a famosa piada de que os habitantes de Oklahoma que se mudam para a Califórnia aumentam o QI médio de ambos os estados. Como a maioria das pessoas não reconhece tais situações com frequência suficiente, vamos explorar mais este tópico e aprofundar seu significado em suas memórias.

Considere uma franquia de automóveis: você pode assumir o comando de duas pequenas filiais em uma cidade com seis vendedores: os vendedores números 1, 2, 3, 4, 5 e 6 da Filial A geralmente têm mais sucesso em fazer vendas do que seus colegas da Filial B Em média, o Vendedor 1 tende a vender mais.

Cada vendedor da Filial A vende um carro por semana; O vendedor 2 muda dois turnos, seguido pelo vendedor principal nº 6, que muda seis turnos por semana. Fazendo as contas, fica evidente que a Filial A tem em média dois vendedores vendendo carros por semana, enquanto a Filial B lidera significativamente com uma média de cinco por vendedor por semana! Sua decisão de transferir o vendedor número 4 da filial A para a filial B resulta em um aumento nas vendas médias por pessoa em ambos os locais; a média da agência A passa de 2,5 unidades por pessoa para 2,5, enquanto a agência B passa a contar com apenas dois vendedores - números 5 e 6, o que aumenta sua média de vendas para 5,5 unidades por pessoa. As estratégias Switcheroo não afetam nada em geral; em vez disso, eles criam uma ilusão impressionante. Por conseguinte, os jornalistas, os investidores e os membros dos conselhos de administração devem permanecer cautelosos quando ouvem falar do aumento das médias entre países, empresas, departamentos, centros de custos ou linhas de produtos.

A medicina nos fornece um exemplo especialmente enganoso do fenômeno de Will Rogers. Os tumores são normalmente divididos em quatro estágios; aqueles mais tratáveis caem no Estágio I, enquanto os tumores mais agressivos passarão por mais quatro etapas antes de atingirem o status de Estágio IV - dando assim origem à migração do estágio à medida que avançam ao longo de seu curso. As taxas de sobrevivência para pacientes com câncer no estágio um são mais altas, enquanto as taxas de sobrevivência para pacientes com câncer no estágio quatro são mais baixas. Todos os anos surgem novos procedimentos que permitem diagnósticos mais precisos; as técnicas de rastreio revelam agora até tumores minúsculos que ninguém tinha notado anteriormente. Como resultado, os pacientes anteriormente diagnosticados erroneamente como saudáveis são agora contados entre os pacientes do estágio um e, consequentemente, a esperança média de vida aumentou para este grupo de pessoas. Podemos considerar isso um feito médico extraordinário? Infelizmente não; em vez disso, encenar a migração.

Veja também: Erro de intenção de tratar (cap. 98); Lei dos Pequenos Números (cap. 61);

Jorge Luis Borges retrata no seu conto "Del Rigidit en La Ciencia" um país onde a cartografia atingiu níveis tão sofisticados que apenas os mapas mais detalhados podem ser usados; isto é, mapas com escala de 1:1 representando todo o país são aceitáveis. Contudo, os cidadãos rapidamente percebem que tais mapas não oferecem qualquer visão real e simplesmente repetem informações que já possuem; um caso extremo de viés de informação – acreditar que mais dados significam melhores decisões.

Recentemente, ao pesquisar hotéis em Miami, fiz uma lista de cinco ofertas potenciais que me chamaram a atenção imediatamente. Um deles se destacou imediatamente; no entanto, para garantir que encontrei o melhor valor, continuei pesquisando mais - lendo avaliações de clientes e postagens de blogs, vendo fotos e vídeos on-line e atendendo ligações de suporte ao cliente até duas horas depois, quando ficou claro qual era de fato meu hotel ideal: aquele um que chamou minha atenção à primeira vista; pesquisas adicionais não me levaram ao caminho certo e, em vez disso, poderiam muito bem ter resultado na minha estadia no Four Seasons!

Jonathan Baron, da Universidade da Pensilvânia, fez esta pergunta aos médicos: um paciente apresenta sintomas que indicam com 80% de probabilidade de ter a doença A; caso contrário, a probabilidade muda para ter a doença X ou Y. Como médico, como você deve escolher entre essas doenças e os tratamentos que produzem efeitos colaterais semelhantes? Logicamente, eu sugeriria selecionar a Doença A e oferecer terapia relevante como tratamento. Imagine que existe um teste de diagnóstico que indica que a doença X está presente e a doença Y foi detectada, mas não reflecte com precisão a doença A real em todos os casos; metade das vezes, seus resultados seriam positivos e a outra metade negativos. No entanto, se alguém realmente tiver a doença A, metade dos resultados dos testes provavelmente seriam positivos, enquanto 50% seriam negativos. Você aconselharia a realização do teste? A maioria dos médicos disse que sim – embora os resultados fossem provavelmente irrelevantes. Mesmo que ocorresse um resultado positivo no teste, a probabilidade de a doença A superar a doença X, portanto, nenhuma informação adicional acrescentava qualquer valor real em termos de tomada de decisão.

Os médicos não são os únicos profissionais interessados em fornecer informações adicionais.
Gestores e investidores parecem fascinados com a sobrecarga de informação. Os estudos são frequentemente realizados quando os factos essenciais estão prontamente disponíveis - mais dados só podem servir para desperdiçar o seu tempo e dinheiro, potencialmente até mesmo colocando-o em desvantagem. Considere esta questão: qual cidade tem mais moradores – San Diego ou San Antonio? Gerd Gigerenzer, do Instituto Max Planck da Alemanha,

apresentou isto a estudantes das universidades de Chicago e Munique e 62% acertaram: San Diego. Todos os estudantes alemães surpreendentemente responderam corretamente! Seu raciocínio? Todos já ouviram falar de San Diego, mas não necessariamente de San Antonio; escolhendo assim San Diego em vez de San Antonio como sendo mais familiar. Pelo contrário, os habitantes de Chicago tinham ambas as cidades em mente simultaneamente, fornecendo mais informações e potencialmente desorientando as suas respostas.

Pense em todos os economistas que trabalharam para bancos, grupos de reflexão, fundos de hedge e governos entre 2005 e 2007, que publicaram white papers com inúmeras previsões e comentários - tanto para bancos, grupos de reflexão, fundos de hedge e governos - publicados durante esse período - a partir de 2005 -2007; todos os seus white papers publicados; vasta biblioteca de relatórios de pesquisa e modelos matemáticos; resmas formidáveis de comentários feitos; apresentações refinadas em PowerPoint feitas; terabytes de informação disponível através dos serviços de notícias Bloomberg/Reuters e da adoração ao deus da informação... Tudo se revelou sem sentido à medida que a crise financeira atingiu os mercados globais - tornando as suas previsões e comentários sem sentido; tornando essas previsões inúteis!

Evite coletar todos os dados disponíveis – em vez disso, concentre-se em coletar apenas o que é essencial. Isso permitirá que você tome melhores decisões; o conhecimento supérfluo não tem valor, não importa quem o conheça - Daniel J. Boorstin disse-o melhor: 'o maior obstáculo à descoberta não é a ignorância, mas sim a ilusão do conhecimento'; quando confrontados por rivais, considere matá-los com análise de dados em vez de palavras suaves.

Veja também Pensar demais (cap. 90); Ilusão de notícias (cap. 99); Negligência da Taxa Básica (cap. 28) para leitura adicional.

DÓI MUITO BEM

John, um soldado do Exército dos EUA, concluiu recentemente seu curso de paraquedista e aguarda ansiosamente para receber seu distintivo de pára-quedas de seu oficial superior. Finalmente, no último e importante momento da verdade, seu oficial superior fica na frente dele, alinha o alfinete contra seu peito, batendo com tanta força contra ele que perfurou a carne de John, fazendo com que ele fizesse contato e deixasse uma marca em sua pele - desde então então, sempre que surge uma oportunidade, ele abre o botão de cima da camisa para mostrar a pequena cicatriz. Décadas depois, todas as recordações, exceto este pequeno alfinete, ainda vivem em uma moldura especial na parede da sala de estar.

Mark restaurou meticulosamente uma Harley-Davidson enferrujada sem ajuda, passando todos os fins de semana e feriados fazendo-a funcionar enquanto seu casamento se aproximava da dissolução. Finalmente, porém, após meses de trabalho, estava pronto para a estrada e brilhava intensamente sob os raios do sol. Dois anos depois, porém, quando precisava desesperadamente de dinheiro, Mark vendeu todos os seus bens, incluindo TV, carro e casa... mas não seu bem precioso; nem mesmo quando oferecido o dobro do seu valor real por potenciais compradores!

Tanto John quanto Mark sofrem com a justificativa do esforço: ao dedicar muita energia a algo, você tende a supervalorizar seus resultados. John sentiu dor física por causa do pino do pára-quedas; A Harley de Mark lhe custou muitas horas - quase sua esposa! - tanto que ele o valoriza muito e nunca o venderá.

A justificação do esforço é um exemplo clássico de dissonância cognitiva. Abrir um buraco no peito para obter algo como um distintivo de mérito parece absurdo. Para compensar, a mente de John o supervaloriza, elevando seu status de algo mundano para algo semi-sagrado. Infelizmente, tudo isso acontece inconscientemente e é difícil de prevenir.

Os grupos utilizam a justificação do esforço para unir os membros - por exemplo, através de ritos de iniciação. Gangues e fraternidades iniciam novos membros submetendo-os a testes dolorosos ou desagradáveis. Pesquisas mostram que quanto mais difícil é passar no vestibular, maior é o orgulho de pertencer. As escolas de MBA utilizam a justificativa de esforço de forma semelhante: os graduados em MBA geralmente recebem crédito por passarem em rigorosos exames de admissão em programas de MBA.
Os alunos de programas de MBA muitas vezes ficam exaustos durante o estudo desta qualificação; no entanto, quando os seus MBAs forem alcançados, muitos irão considerá-los essenciais para as suas carreiras simplesmente devido às exigências que lhes são impostas pelos cursos que muitas vezes eram inúteis ou irrelevantes.

Uma forma mais fácil de justificar o esforço é o efeito IKEA: os móveis que montamos podem parecer mais valiosos do que qualquer peça de design cara, assim como as meias tricotadas à mão que passamos horas criando muitas vezes parecem mais valiosas do que qualquer item de designer caro. Mesmo as meias feitas à mão podem parecer difíceis de separar; jogar fora um par obsoleto feito com cuidado é difícil. Os gestores que dedicam longas horas de trabalho árduo à elaboração de uma proposta estratégica podem encontrar-se incapazes de avaliar objectivamente; da mesma forma, designers, redatores, desenvolvedores de produtos ou quaisquer outros profissionais que se preocupem com suas criações também são culpados.

Na década de 1950, foram introduzidas no mercado misturas instantâneas para bolo - que os fabricantes acreditavam que seriam um sucesso instantâneo entre as donas de casa. Infelizmente, as donas de casa imediatamente não gostaram deles, provando que os fabricantes estavam errados.

Reagindo à sua facilidade, as empresas aumentaram a dificuldade de preparação dos alimentos (bater você mesmo um ovo). Isto criou um maior sentimento de realização entre as mulheres que preparavam elas próprias e aumentaram a sua apreciação por produtos alimentares de conveniência.

Agora que você entende a justificativa do esforço, pode avaliar os projetos de forma mais objetiva. Experimente: sempre que você investir muito tempo e energia em algo, dê um passo atrás para avaliar o resultado - apenas o resultado. Aquele romance que você passou cinco anos escrevendo e que ninguém tem interesse em publicar? Talvez não seja digno de um Nobel, afinal? E aquelas mulheres que você perseguiu durante anos? Eles aceitariam você mais prontamente se tivessem outra chance?

Veja também: Falácia do custo irrecuperável (cap. 5); Dissonância Cognitiva (cap. 50)

POR QUE AS PEQUENAS COISAS SE ESPALHAM JUNTAS?, POR QUE ESTAS PEÇAS BRILHAM BRILHANTEMENTE

Suponha que você faça parte do conselho corporativo de uma empresa de varejo com 1.000 lojas; metade está localizada em ambientes urbanos e a outra metade em áreas rurais. Seu CEO solicitou que um consultor conduzisse um estudo sobre furtos em lojas; agora suas descobertas foram apresentadas. Numa parede à sua frente estavam expostos 100 nomes de agências que registaram taxas de roubo elevadas em relação às vendas, juntamente com a sua surpreendente conclusão: "As agências com taxas de roubo mais elevadas tendem a estar localizadas predominantemente em áreas rurais". incrédulo, o CEO dirigiu-se diretamente aos seus funcionários: 'Depois de muita deliberação e consideração cuidadosa, nossos próximos passos são claros. No futuro, instalaremos sistemas de segurança adicionais em todas as filiais rurais para que possamos observar como aqueles caipiras tentam nos roubar novamente. Estamos todos de acordo?

Bem... não inteiramente. Depois de pedir ao consultor que faça uma lista das 100 agências com os menores índices de roubo, você se surpreende quando sua lista inclui lojas rurais! "A localização não é o fator determinante", você exclama com orgulho enquanto olha para seus colegas ao redor da mesa. 'Tamanho importa; em lojas rurais, um único incidente muitas vezes tem uma influência desproporcional nas taxas de roubo do que as grandes filiais urbanas - daí a razão pela qual as taxas variam mais significativamente aqui do que nas filiais urbanas." "Senhoras e senhores, apresento a todos vocês a lei dos pequenos números - e isso te pegou desprevenido!"

As pessoas consideram a lei dos pequenos números difícil de compreender intuitivamente, pelo que jornalistas, gestores e membros do conselho de administração caem muitas vezes na sua armadilha. Tomemos um exemplo extremo. Em vez da taxa de roubo vamos olhar para o peso médio dos funcionários em cada agência. Para nosso exemplo consideraremos duas lojas em vez de 1.000: mega-agência com 1.000 funcionários e mini-agência com dois funcionários; em ambas as lojas o peso médio corresponde aproximadamente ao peso médio da população (por exemplo, 170 libras); na contratação ou demissão de pessoal não altera significativamente esta média. Mas nas lojas pequenas isso mudará significativamente mais devido a mudanças que afetam se o gerente da loja tem colegas com sobrepeso ou magros, afetando esse peso médio significativamente mais do que nas grandes filiais, onde quaisquer decisões de contratação ou demissão por parte dos gerentes de loja afetam seu peso médio. mais. Em casos de lojas menores, os gerentes de loja podem afetar seu peso médio contratando/demitindo um funcionário ou gerente que tenha colegas com excesso de peso/magro (nesses casos, isso afeta significativamente o peso médio).
Voltemos por um momento ao nosso problema de furto em lojas e exploremos isso com mais profundidade. Acontece que pequenas filiais tendem a sofrer maiores flutuações em

suas taxas de roubo, de muito altas a extremamente baixas – algo que nenhuma planilha de consultoria poderia capturar. Ao listar todas as taxas de roubo por tamanho - as lojas pequenas aparecerão primeiro na parte inferior, seguidas pelas lojas grandes e depois pelas menores no topo; o que significa que a conclusão do CEO pode ter sido inútil, mas pelo menos eles não precisam mais de um sistema de segurança caro em locais pequenos.

Imagine ler no jornal: 'As start-ups tendem a contratar funcionários mais inteligentes. Um estudo do Instituto Nacional de Pesquisa Desnecessária calculou o QI médio das empresas americanas; start-ups contrataram material MENSA!' Qual seria sua primeira reação? Esperançosamente, uma sobrancelha levantada. Este fenómeno exemplifica como as pequenas empresas tendem a empregar menos trabalhadores; assim, os seus QI médios flutuam com mais frequência do que as grandes empresas, dando às pequenas e novas empresas pontuações altas e baixas; o estudo do Instituto Nacional, portanto, não tem nenhum significado real e confirma o acaso.

Cuidado ao ouvir estatísticas notáveis sobre quaisquer pequenas entidades, como empresas, famílias, cidades, centros de dados, formigueiros, freguesias ou escolas; o que pode parecer uma descoberta surpreendente pode, na verdade, ser um resultado inócuo da distribuição aleatória. O vencedor do Prêmio Nobel, Daniel Kahneman, em seu livro recente, revelou que até mesmo cientistas experientes sucumbem a esta lei dos pequenos números; o que só pode ser considerado reconfortante.

Veja também: Crescimento Exponencial (cap. 34);

EXPECTATIVAS

Em 31 de janeiro de 2006, o Google divulgou seus resultados financeiros para o último trimestre de 2005: as receitas aumentaram 97%, enquanto o lucro líquido aumentou 82% ano após ano - um trimestre recorde para receitas e lucro líquido, respectivamente. Como esperado, as ações caíram 16% imediatamente ao ouvir esses números incríveis; as negociações tiveram de ser suspensas e posteriormente retomadas com as ações caindo mais 15% - induzindo comerciantes em pânico em todas as plataformas de negociação que perguntavam em blogs sobre "de qual arranha-céu é melhor saltar?" '

O que deu errado? Os analistas de Wall Street previam resultados ainda melhores, por isso, quando estes não se concretizaram, foram subtraídos 20 mil milhões de dólares ao valor do gigante dos meios de comunicação social.

Todo investidor sabe que é impossível prever com precisão os resultados financeiros. Embora se possa esperar que os investidores ignorem as previsões erradas como "palpite errado, erro meu", os investidores muitas vezes reagem de forma mais dura; como testemunhado em janeiro de 2006, quando a Juniper Networks divulgou inesperadamente números de lucro por ação que caíram um décimo abaixo das projeções dos analistas; o preço das suas ações caiu 21% e o valor da empresa despencou 2,5 mil milhões de dólares, à medida que as expectativas aumentavam antes do seu anúncio e qualquer disparidade, por mais ligeira que fosse, era recebida com rápida punição por parte dos investidores.

Muitas empresas se esforçam muito para atender às previsões dos analistas. Para escapar aos seus receios, alguns começaram a publicar estimativas de orientação de lucros; isto foi um erro, pois agora o mercado olha apenas para estas previsões internas - que muitas vezes analisa mais de perto - como ferramentas de previsão. Os CFOs devem atingir exatamente essas metas; usando todas as técnicas contábeis à sua disposição para o máximo sucesso.

As expectativas também podem levar a incentivos louváveis. O psicólogo americano Robert Rosenthal conduziu um experimento revelador em várias escolas. Os professores foram informados de um novo teste (falso) que poderia detectar alunos prestes a experimentar um crescimento intelectual; os chamados 'bloomers'. Vinte por cento dos estudantes selecionados aleatoriamente foram classificados aleatoriamente como de alto potencial; os professores acreditavam que estes eram de alto desempenho.
Rosenthal conduziu experimentos com alunos durante um ano, após o qual descobriu que esses alunos tinham QI dramaticamente mais elevados em comparação com as crianças do grupo de controle - isso ficou conhecido como Efeito Rosenthal (ou Efeito Pigmalião).

Contudo, ao contrário dos CEO e CFOs que adaptam conscientemente o seu desempenho para satisfazer as expectativas, as ações dos professores foram tipicamente inconscientes. Sem o conhecimento deles, os professores podem ter subconscientemente concentrado mais tempo nos florescentes, o que por sua vez levou a uma maior aprendizagem em grupo. Além disso, os professores eram tão afetados por alunos brilhantes que lhes atribuíam não apenas notas melhores, mas também traços de personalidade melhorados – algo conhecido como efeito halo.

Mas como devemos responder às expectativas pessoais? Uma solução é o efeito placebo – pílulas e terapias que parecem improváveis de melhorar a saúde, mas que na verdade o fazem de qualquer maneira. Um terço dos pacientes registou o efeito, embora o seu funcionamento exato permaneça desconhecido; tudo o que sabemos com certeza é que as expectativas afectam a bioquímica no cérebro e, consequentemente, em todo o corpo - no entanto, os pacientes de Alzheimer não podem beneficiar, pois a sua condição prejudica uma área responsável por lidar com as expectativas no cérebro.

As expectativas podem parecer intangíveis, mas têm ramificações no mundo real. As expectativas têm o poder de alterar a realidade e é impossível livrar-se delas totalmente; mas você pode lidar com as expectativas com mais sabedoria: eleve-as para você e para as pessoas próximas, a fim de aumentar a motivação; ao mesmo tempo que reduz as expectativas sobre coisas fora do seu controle, como o mercado de ações. A antecipação pode ajudar a evitar surpresas desagradáveis!

Veja também Cisne Negro (cap. 75); Ilusão de previsão (cap. 40); Efeito Halo (cap. 38)

ARMADILHAS DE VELOCIDADE A BORDO!

Lógica Simples

Três perguntas fáceis. Pegue sua caneta rapidamente e anote suas respostas rapidamente na margem. Primeira pergunta: em uma loja de departamentos, tanto uma raquete de pingue-pongue quanto uma bola de plástico custam US$ 1,10. Se um custa um dólar a mais, quanto custa o outro item? Segunda questão: numa fábrica têxtil, cinco máquinas demoram exactamente cinco minutos a produzir cinco camisas; quanto tempo 100 levará para produzir 100? Terceiro: Um lago contém nenúfares que se multiplicam exponencialmente todos os dias, ocupando mais área a cada dia até cobrir completamente sua superfície (48 dias para uma cobertura completa! Não leia mais até que todas as respostas tenham sido registradas! Não leia mais até todas as respostas foram escritas! Não leia antes de escrever.

Cada pergunta contém uma solução intuitiva e precisa; respostas rápidas e intuitivas podem incluir 10 centavos, 100 minutos e 24 dias; no entanto, essas são respostas incorretas e, em vez disso, exigem cinco centavos, cinco minutos e 47 dias como solução. Quantos você respondeu corretamente?

O professor Shane Frederick criou e administrou o Teste de Reflexão Cognitiva (CRT), com milhares de pessoas fazendo-o e pontuando pelo menos uma vez. Até agora, os alunos do Instituto de Tecnologia de Massachusetts (MIT), em Boston, tiveram o melhor desempenho, marcando em média 2,18 respostas corretas; A Universidade de Princeton ficou em segundo lugar com 1,63, enquanto os alunos da Universidade de Michigan obtiveram apenas 0,83 em média. Mas as pontuações médias neste caso não revelam muito: o que é interessante é como aqueles que têm pontuações altas diferem dos demais.

Frederick descobriu que pessoas com resultados baixos de TRC tendem a optar pela escolha mais segura; algo é sempre melhor que nada! Embora aqueles que pontuaram pelo menos 2 ou mais frequentemente preferissem opções mais arriscadas, como jogos de azar, isto era particularmente evidente entre os homens.

Uma coisa que separa os grupos é a capacidade de controlar impulsos. Discutimos o desconto hiperbólico em detalhes no Capítulo 5, onde discutimos o poder sedutor do "agora". Frederick então fez esta pergunta aos participantes: 'Você prefere ter o item desejado agora ou mais tarde na vida?'
"Devo escolher entre receber US$ 3.400 agora ou em um mês?" é frequentemente respondido a favor de obtê-lo imediatamente; aqueles com pontuações mais baixas no CRT tendem a tomar decisões de compra mais rápidas por serem mais impulsivos. Por outro lado, aqueles com resultados elevados de CRT geralmente optam por esperar mais algumas

semanas e exibem uma forte força de vontade para recusar a gratificação instantânea – e são recompensados no devido tempo."

Pensar é exaustivo; a consideração racional requer mais força de vontade do que ceder à intuição, em outras palavras. Assim, o psicólogo de Harvard, Amitai Shenhav, e os seus colegas de investigação conduziram uma investigação para ver como os resultados do CRT das pessoas se correlacionavam com as suas afiliações religiosas; aqueles com pontuações altas eram frequentemente ateus, enquanto os participantes com pontuações mais baixas no CRT acreditavam em Deus e tinham experiências divinas com mais frequência do que os ateus - isto faz sentido, uma vez que os decisores intuitivos tendem a não questionar a doutrina religiosa de forma tão racional.

Se sua pontuação no CRT deixa a desejar e você deseja aumentá-la, comece cumprimentando até mesmo simples perguntas lógicas com incredulidade. Lembre-se: nem tudo que parece plausível é verdade! Então tente novamente: você está viajando de A para B; em uma ida, você dirige a 160 km/h, enquanto na volta atinge apenas 50. Qual foi sua velocidade média em ambas as viagens? 75? Desacelerar!

Veja também Desconto Hiperbólico (cap. 51); Fadiga de decisão (cap. 53); Crescimento Exponencial (cap. 34); A Falácia do Jogador (cap. 29) e O Problema das Médias (cap. 55) como recursos adicionais.

Caro leitor: Para minha total surpresa, conheço você intimamente. Eis como eu o caracterizaria: 'Você tem uma forte necessidade de que outras pessoas o apreciem e admirem; no entanto, muitas vezes você também tende a se criticar. Seu potencial está muito subutilizado e ainda precisa ser maximizado. Embora você tenha algumas falhas de personalidade, elas normalmente são controláveis com alguns ajustes; no entanto, a sua adaptação sexual apresentou desafios para você. Embora externamente disciplinado e controlado, muitas vezes você se sente inseguro por dentro. Às vezes você pode questionar se tomou a decisão apropriada ou se executou as ações necessárias. Seu senso de mudança e variedade deixa você desconfortável, deixando-o insatisfeito quando o mundo fica estagnado ou restritivo. Como pensador independente, você não aceita as declarações dos outros sem provas adequadas. A sua experiência ensinou-lhe que não é sensato ser demasiado aberto ao revelar-se aos outros. Sua personalidade varia de extrovertida e amigável, às vezes introvertida e reservada; algumas de suas aspirações podem até parecer elevadas! A segurança é um dos seus principais objetivos na vida.

Você se reconhece? Como minha avaliação passaria de 1 (ruim) a 5 (excelente)

Bertram Forer conduziu um experimento em 1948 usando colunas de astrologia de várias revistas para elaborar uma passagem exata que pudesse então ser distribuída a seus alunos para leitura e avaliação, sugerindo que cada pessoa recebesse uma avaliação personalizada. Em média, seus alunos deram a Forer uma pontuação de precisão de 86%, o que resultou em tentativas repetidas ao longo de décadas com resultados praticamente idênticos.

Provavelmente você avaliou o texto com quatro ou cinco estrelas. As pessoas tendem a reconhecer muitas de suas próprias características ao ler descrições universais – um fenômeno chamado efeito Forer (ou efeito Barnum). Isso explica por que pseudociências como astrologia, astroterapia, análise de caligrafia, análise de biorritmo, quiromancia, leituras de cartas de tarô e sessões com pessoas mortas funcionam tão eficazmente.

Por que existe o efeito de Forer? Em primeiro lugar, Forer fez a maioria das suas declarações no seu livro sobre estes temas.
Em segundo lugar, estas declarações aplicam-se a todos: 'Às vezes você duvida seriamente das suas ações.' Ninguém negaria isso! Em terceiro lugar, tendemos a aceitar declarações lisonjeiras que não nos dizem diretamente respeito: 'Você está orgulhoso do seu pensamento independente.' Quem não gostaria? Em quarto lugar, viés de confirmação: aceitamos informações que confirmam o que percebemos de nós mesmos, filtrando tudo o que é contraditório; o que resta é um retrato coerente.

Consultores e analistas podem realizar magia semelhante: "Estas ações têm um potencial de crescimento significativo, mesmo num ambiente muito competitivo; no entanto, a gestão não tem o ímpeto para concretizar e implementar plenamente as ideias da sua equipa de desenvolvimento. A gestão é composta por profissionais experientes da indústria; no entanto, há sinais de burocratização são aparentes; existem oportunidades de poupança na sua demonstração de lucros e perdas e aconselhamos a empresa a concentrar-se mais de perto nas economias emergentes para garantir a participação de mercado futura." Parece bastante plausível?

Como avaliar um astrólogo? Para uma avaliação imparcial, selecione vinte pessoas e atribua um número a cada uma delas. Faça com que o guru caracterize cada pessoa individualmente em cartões sem que ela descubra quem é seu número até receber todas as cópias. Somente quando a maioria dos participantes identificar a "sua" descrição como descrita com precisão é que o verdadeiro talento poderá emergir – ainda estou à espera!

Veja também: Efeito Positivo de Característica (cap. 95); Viés de confirmação (caps. 7-8);

POR QUE O TRABALHO VOLUNTÁRIO É PARA OS PÁSSAROS

Loucura do Voluntário

Jack, fotógrafo de revistas de moda, passa de segunda a sexta viajando entre Milão, Paris e Nova York em trabalhos para revistas de moda em busca de garotas bonitas com designs interessantes, em condições de iluminação imaculadas. Bem conhecido nos círculos sociais, ele se gaba para os amigos de que seus honorários de aproximadamente US$ 500 por hora se comparam favoravelmente aos honorários da lei comercial; "E minhas jogadas parecem muito melhores do que as de qualquer banqueiro!"

Jack leva um estilo de vida invejável, mas recentemente tornou-se mais filosófico. Algo o fez questionar a sua relação com a moda: a indústria parece-lhe egoísta agora e deixa-o inquieto à noite, ansiando por um trabalho mais gratificante que lhe permita devolver algo significativo à sociedade - não importa quão pequeno seja.

Um dia seu telefone toca. Era Patrick, seu ex-colega de classe e agora presidente de um clube de pássaros local: 'No próximo sábado é nossa campanha anual de casas de pássaros - precisamos de voluntários para construir casas de pássaros para espécies ameaçadas de extinção e depois colocá-las na floresta depois de instaladas. Por favor junte-se a nós! Começamos a nos reunir às 8h; espero que terminemos antes da hora do almoço'

O que Jack deveria dizer se ele realmente se preocupa em criar um mundo melhor? Simplesmente, ele deveria recusar. Por que? Jack ganha US$ 500 por hora, enquanto os carpinteiros normalmente ganham US$ 50. Em vez de tentar construir ele próprio casas de pássaros de qualidade (algo que nunca aconteceria), porque não trabalhar uma hora extra como fotógrafo e depois contratar um carpinteiro profissional durante seis horas para construir casas de alta qualidade que não podem ser feitas por um amador? Sua declaração de imposto cobriria essa diferença de US$ 200, que poderia então ser doada diretamente a um clube de pássaros? Dessa forma, sua contribuição iria muito mais longe.

Jack provavelmente aparecerá bem cedo no próximo sábado para montar casas de pássaros, o que os economistas chamam de loucura do voluntário. Embora o voluntariado seja uma tendência popular; mais de um quarto dos americanos oferecem seu tempo como voluntários. No entanto, os economistas alertam contra o voluntariado por qualquer causa - o voluntariado pode tirar o trabalho dos comerciantes que, de outra forma, poderiam usar essas horas de forma produtiva construindo eles próprios casas de pássaros, em vez disso, tirar tempo deles próprios ou remendar algumas casas de pássaros à mão é provavelmente mais eficiente - proporcionando-lhe oportunidades que trariam recompensas que vão muito

além de qualquer contribuição tangível deste tipo que qualquer atividade voluntária possa proporcionar.
Jack sabe que suas habilidades só podem realmente agregar valor quando aplicadas diretamente. Por exemplo, se o clube de pássaros estivesse planejando uma campanha de arrecadação de fundos por correspondência e precisasse de fotos profissionais tiradas dos membros para inclusão em sua campanha de correspondência, ele poderia fotografá-las ele mesmo ou trabalhar uma hora extra para contratar outro fotógrafo de renome e doar os fundos restantes da contratação de outro fotógrafo. fotógrafo de topo.

Agora chegamos ao controverso tema do altruísmo: será que o altruísmo existe ou é simplesmente uma forma de aliviarmos os nossos egos? Embora o voluntariado muitas vezes sirva como uma forma de ajudar a comunidade, os benefícios pessoais, como o desenvolvimento de competências e as oportunidades de networking, também desempenham um papel significativo. De repente, não estamos mais agindo de forma puramente altruísta; muitos voluntários se envolvem no que pode ser chamado de "gestão da felicidade pessoal", com benefícios muito distantes do que foi originalmente pretendido pelo voluntariado - estritamente falando, qualquer pessoa que se beneficie ou sinta alguma satisfação com o voluntariado não é puro altruísta

Jack fez o movimento errado ao se voluntariar no sábado de manhã? Não necessariamente; um grupo que pode contrariar esta tendência são celebridades como Bono, Kate Winslet ou Mark Zuckerberg; eles fornecem a publicidade necessária quando participam de projetos de voluntariado que envolvem a construção de casas de pássaros, limpeza de praias ou esforços de socorro a terremotos. Portanto, Jack deve avaliar cuidadosamente se a participação deles acrescentaria algo de valor; caso contrário, a melhor forma de os indivíduos contribuírem seria provavelmente com o seu dinheiro, em vez de com trabalho duro.

Veja também Deformation Professionalnelle (cap. 92); Viés de Omissão (cap. 44);

POR QUE VOCÊ É UM SERVIDO DO SEU

O que você acha do trigo geneticamente modificado? É um tema emocional e responder muito rapidamente pode levar a decisões lamentáveis; adoptar uma abordagem objectiva exigiria ter em conta separadamente as suas vantagens e desvantagens. Anote todos os benefícios possíveis, pese-os de acordo com a sua importância e multiplique a sua probabilidade pela probabilidade - isto dá uma lista de valores esperados. Agora aplique o mesmo processo ao considerar possíveis desvantagens. Liste todas as desvantagens, estime seus danos potenciais e multiplique esse número pela probabilidade. Subtrair somas positivas de somas negativas produz o valor líquido esperado - se esse número estiver acima de zero, você é trigo pró-GM; caso contrário, indica que você se opõe. Sem dúvida você está familiarizado com esta abordagem da teoria da decisão chamada valor esperado, amplamente apresentada na literatura de decisão. No entanto, é provável que nunca tenha passado pela sua cabeça realizar tal avaliação - e certamente nenhum dos professores que escreveram livros didáticos usou esse método ao selecionar seus cônjuges!

Ninguém realmente confia nesse método para tomar decisões. Em primeiro lugar, a nossa imaginação simplesmente não se estende o suficiente; nossa compreensão só pode chegar até certo ponto ao que já passou pela experiência. Imaginar uma tempestade épica se você tiver apenas 30 anos é difícil, enquanto calcular pequenas probabilidades é quase impossível devido à falta de dados sobre eventos raros. Em terceiro lugar, pequenas probabilidades requerem frequentemente menos pontos de dados e conduzem a erros maiores em probabilidades exactas – criando um círculo inexorável de erros. Nosso cérebro também não foi projetado para tais cálculos; tais cálculos requerem tempo e esforço - não é o nosso estado natural! Em nosso passado evolutivo, aqueles que pensaram demais muitas vezes encontraram a morte prematura por causa dos predadores. Os tomadores de decisão de hoje dependem fortemente de atalhos mentais conhecidos como heurísticas para processos rápidos de tomada de decisão.

Uma das heurísticas mais frequentemente empregadas é a heurística do afeto. Um afeto é uma reação imediata: algo que você gosta ou não gosta; por exemplo, ouvir "tiros" suscita associações negativas, enquanto ouvir "luxo" produz associações positivas; este impulso unidimensional automático impede que se leve em conta riscos e benefícios na tomada de decisões.
Em vez de tratar riscos e benefícios como variáveis independentes, o que certamente são, uma heurística afetiva conecta-os através de canais sensoriais.

Suas respostas emocionais a questões como energia nuclear, vegetais orgânicos, escolas particulares e motocicletas determinam sua avaliação dos riscos e benefícios associados a elas. Se algo toca você emocionalmente, seus riscos parecem menores, enquanto seus benefícios parecem maiores do que realmente são; inversamente, se algo de que você não gosta desperta fortes emoções contra ele; os riscos e benefícios parecem ser dependentes, apesar da realidade mostrar o contrário.

Imagine possuir uma Harley-Davidson. Se um estudo indicar que conduzir um carro pode ser mais arriscado do que se pensava anteriormente, a sua mente subconsciente poderá responder avaliando os seus benefícios de forma diferente e dando à experiência ainda maior liberdade.

Mas como é gerada uma emoção inicial espontânea, como felicidade ou raiva? Pesquisadores da Universidade de Michigan forneceram aos participantes uma das três imagens por menos de um centésimo de segundo; rostos sorridentes, rostos zangados ou figuras neutras foram mostrados brevemente antes. Os participantes então tiveram que selecionar se gostavam de um caractere chinês aleatório que lhes foi mostrado (sem saber chinês), com a maioria dos participantes preferindo aqueles que precediam imediatamente um símbolo de rosto sorridente. Mesmo fatores aparentemente insignificantes podem ter impactos profundos nas nossas emoções. Hirschleifer e Shumway investigaram como um factor de outra forma inconsequente desempenhou um papel no desempenho do mercado de 26 grandes bolsas de valores entre 1982 e 1997, testando a sua relação entre as horas de luz solar por manhã e o desempenho do mercado em cada bolsa. Eles descobriram uma correlação intrigante que lembra o ditado de um velho fazendeiro: se o sol brilha forte pela manhã, os estoques tendem a aumentar ao longo do dia - nem sempre, mas com frequência suficiente. Quem teria pensado que a luz do sol poderia movimentar bilhões? O sol da manhã parece ter a mesma influência positiva que os rostos sorridentes!

Não importa nossas intenções, nossas emoções nos controlam. As decisões são muitas vezes tomadas com base em sentimentos e não em pensamentos; contra todas as melhores intenções, substituímos "O que eu penso sobre isso?" com "Como me sinto sobre isso". Então sorria! Seu futuro depende disso!

Veja também Viés de Associação (cap. 48); Aversão à Perda (cap. 32), Efeito de Saliência (cap. 83) e Viés de Contágio (cap. 54)

Bruce trabalha no ramo de vitaminas. Seu pai começou numa época em que os suplementos ainda não faziam parte do estilo de vida diário; os médicos precisariam prescrevê-los. Quando Bruce assumiu o cargo de CEO no início dos anos 90, a procura disparou, levando-o a contrair empréstimos maciços para aumentar a produção. Hoje ele é um dos indivíduos de maior sucesso em seu setor e presidente de uma associação nacional de fabricantes de vitaminas; quase diariamente desde a infância ele toma pelo menos três multivitaminas. Quando entrevistado por jornalistas sobre a sua eficácia; quando questionado pelo jornalista se eles fizeram alguma coisa, Bruce respondeu 'Tenho certeza disso' - você pode acreditar nele?

Aqui está outro desafio para você. Pense em qualquer ideia ou crença da qual você tenha certeza; talvez o ouro suba nos próximos cinco anos, Deus existe ou seu dentista esteja cobrando caro demais - escreva tudo em uma frase e veja se você realmente acredita em si mesmo!

Você não está convencido de que sua convicção é mais válida que a de Bruce? Bem, aqui está o porquê: a sua observação é interna, enquanto a de Bruce é externa; em outras palavras, você pode ver a alma deles, mas não a sua.

No caso de Bruce, você pode pensar: 'Bem, é claro que é do interesse dele acreditar que as vitaminas são benéficas - sua riqueza e status social dependem do sucesso delas; durante toda a sua vida ele tomou comprimidos para nunca admitir que eram uma perda de tempo. Mas para você pessoalmente é diferente: você fez uma extensa pesquisa dentro de si mesmo e se revelou um observador completamente imparcial.

Mas será que a reflexão interna pode ser verdadeiramente pura e honesta? O psicólogo sueco Petter Johannson conduziu um estudo em que os participantes do teste visualizaram duas fotos de pessoas aleatórias e escolheram qual rosto era mais atraente; em seguida, pediu-lhes que descrevessem de perto suas características mais atraentes. Mas com um estratagema engenhoso - a maioria dos participantes não percebeu que ele trocava de imagem no meio do caminho - a maioria continuou justificando por que preferia uma imagem tão detalhadamente! Os resultados de seu estudo: a introspecção não é confiável: quando conduzimos pesquisas da alma, muitas vezes fazemos escolhas subjetivas - o que significa que a introspecção não é confiável: quando conduzimos uma autoanálise interna Arranjar descobertas para alcançar as descobertas desejadas é conhecido como ilusão de introspecção - esta crença de que a reflexão leva à verdade ou à precisão é mais do que sofisma, por causa de nossas fortes convicções, tendemos a experimentar três reações quando alguém não compartilha de nossos pontos de vista: Resposta 1, 2 ou 3.

Primeira Resposta: Suposição de Ignorância. Você assume que a outra parte não possui conhecimento suficiente; se eles tivessem recebido seu conhecimento, eles poderiam muito bem compartilhar sua perspectiva. Os activistas políticos tendem a pensar desta forma: eles acreditam que o esclarecimento persuadirá outros a aderirem ao seu campo. Reação 2: Suposição de idiotice. Resposta 3: Suposição de malícia. Quando alguém não capta uma conclusão óbvia a partir da informação disponível e, portanto, não consegue tirar as inferências óbvias, pode parecer ignorante e estúpido para todos nós. Os burocratas gostam especialmente de usar esta abordagem, pois protege os consumidores "estúpidos" deles próprios. Resposta 1: Falta do devido processo. A sua contraparte possui todas as informações necessárias - e até compreende o debate - mas é deliberadamente combativa, abrigando intenções maliciosas. Muitos líderes e seguidores religiosos veem os descrentes sob a mesma luz: se discordam deles, devem ser agentes de Satanás!

Conclusão: nada é tão convincente quanto suas próprias crenças, por isso a introspecção pode proporcionar um verdadeiro autoconhecimento. Infelizmente, a introspecção é muitas vezes falsificada ou falsificada com muita confiança sendo colocada em observações internas por muito tempo e por muito tempo; em segundo lugar, a nossa percepção é muitas vezes mais elevada de nós mesmos do que dos outros e isso cria uma ilusão de superioridade; a solução para ambos é tornarmo-nos cada vez mais críticos connosco próprios – tratar as observações internas com o mesmo ceticismo que as reivindicações de terceiros; torne-se seu crítico mais duro!

Veja também Ilusão de Controle (cap. 17); Preconceito egoísta (cap. 45); Viés de confirmação (caps. 7-8) e Síndrome do não-inventado aqui (cap. 74) para saber mais sobre esses tópicos.

Ao lado da minha cama há 24 livros empilhados. Embora eu entre e saia, ninguém pode sair de minha posse. Embora eu saiba que a leitura esporádica não me fornecerá nenhuma visão real, apesar de todas as horas que passei lendo, faria mais sentido me concentrar em um livro de cada vez; então por que ainda estou fazendo malabarismos com todos os 24 ao mesmo tempo?

Meu amigo conhece um homem que está namorando três mulheres simultaneamente e pode se ver começando uma família com qualquer uma delas, mas não consegue escolher apenas uma - isso significaria deixar de lado duas outras permanentemente; mantendo as opções abertas, todas as opções permanecem disponíveis, embora nenhum relacionamento real se forme como resultado.

O General Xiang Yu, no século III a.C., enviou seu exército através do rio Yangtze para desafiar a Dinastia Qin. Enquanto suas tropas dormiam, ele ordenou que todos os navios fossem incendiados; na manhã seguinte, ele lhes disse: 'Agora vocês só têm uma escolha: lutar para vencer ou morrer.' Ao eliminar a retirada como opção, ele ajudou a concentrar a atenção deles apenas na batalha. O conquistador espanhol Cortes usou táticas motivacionais semelhantes durante sua conquista do México no século XVI, quando, após desembarcar na costa leste, afundou seu próprio navio como motivação.

Xiang Yu e Cortes destacam-se como discrepantes; a maioria das pessoas se esforça para aumentar nossas opções tanto quanto possível. Os professores de psicologia Dan Ariely e Jiwoong Shin demonstraram a força desse instinto por meio de um jogo online. Os jogadores receberam 100 pontos no início e três portas apareceram na tela - portas vermelhas, azuis e verdes. Abrir cada um deles custa um ponto; no entanto, a cada sala em que entrassem, eles poderiam ganhar pontos adicionais. Os jogadores reagiram logicamente, optando por permanecer em uma sala até sua concretização. Ariely e Shin então mudaram as regras para que, se as portas não fossem abertas em doze movimentos, elas começassem a encolher na tela, eventualmente desaparecendo completamente; os jogadores então corriam de porta em porta em busca de potenciais tesouros; essa luta improdutiva resultou na marcação de 15% menos pontos do que no jogo anterior. Por fim, Ariely e Shin adicionaram uma reviravolta final: eles mudaram a forma como você marcava pontos, aumentando o tamanho das portas em 25%! Finalmente, eles acrescentaram outra reviravolta: os jogadores ainda marcariam 10% de pontos desta vez! Os organizadores acrescentaram outra novidade: mais uma vez: as portas podiam fechar dentro de doze movimentos quando apareciam - forçando os jogadores a saltarem de portas para abrirem tão rapidamente quanto antes! Ariely e Shin fizeram outra mudança; desta vez, quando as portas não abriram em doze movimentos, as portas começaram a encolher fora da tela e eventualmente desapareceram fora da tela! Quando Ariely e Shin mudaram mais uma vez, mudando as regras: as portas tinham que abrir em doze movimentos ou desapareceriam da tela! Os jogadores começaram a correr de porta em porta tentando garantir o acesso a todos os tesouros em potencial, o que resultou em 15% menos pontos marcados! Ariely e Shin adicionaram uma reviravolta final: desta vez do que o jogo anterior marcaram 15% menos pontos marcaram 15% menos pontos do que antes enquanto adicionaram uma última reviravolta: os organizadores adicionaram outra reviravolta: uma vez abertos em doze movimentos, eles desapareceram da tela gradualmente até que finalmente desapareceu antes Desapareceu completamente quando as portas começaram a encolher, Ariely mudou as regras exigidas que a porta agora tivesse sido aberta dentro de doze movimentos, caso contrário, começou a encolher fora da tela dentro de doze movimentos ou de outra forma desapareceu imediatamente abrindo a porta após 12 movimentos ou seu anterior marcou 15 tão rapidamente, tanto scraming que antes marcava 15% menos pontos marcando 15% menos pontos então adicionou outra reviravolta... O -

Abrir portas agora custa três pontos e a mesma ansiedade se instala: os jogadores desperdiçam pontos tentando manter todas as portas abertas. Mesmo depois de saber quantos pontos estavam escondidos em cada sala, não houve mudança; abrir mão de opções era uma despesa muito grande para eles.

Por que agimos irracionalmente? Porque as suas consequências muitas vezes não são claras. Nos mercados financeiros, por exemplo, isto é evidente: qualquer opção sobre um valor mobiliário custa sempre alguma coisa; não existe opção gratuita; no entanto, em outros domínios, as opções muitas vezes parecem gratuitas; embora, na verdade, isso também tenha um custo; cada decisão requer energia mental e tira um tempo precioso para pensar e viver; Os CEOs que exploram todas as opções de expansão possíveis muitas vezes não escolhem nenhuma no final; as empresas que tentam servir todos os segmentos de clientes muitas vezes falham; os vendedores que buscam leads muitas vezes acabam não fechando negócios, apesar de todos os esforços.

As pessoas hoje tendem a ter a fixação de ter vários projetos em andamento ao mesmo tempo e estar abertas a todas as oportunidades que se apresentam; mas esta abordagem pode rapidamente inviabilizar o sucesso. Em vez disso, temos de aprender quando e porquê fechar as portas; as estratégias de negócios servem principalmente como declarações sobre quais atividades não devem ser realizadas. Use uma abordagem semelhante à dos negócios: liste o que não deve ser perseguido na vida e tome decisões calculadas para não perseguir certas possibilidades; quando surgir uma opção, teste-a em sua lista de coisas que não deve seguir antes de tomar outras medidas. Uma lista não apenas ajudará a mantê-lo longe de problemas, mas também economizará tempo gasto na tomada de decisões. Com sua lista em mãos, em vez de tomar decisões toda vez que uma nova porta se abre - muitas portas não fazem sentido mesmo quando suas maçanetas parecem fáceis - tudo o que você precisa fazer é consultá-la ao fazer escolhas.

Veja também: Falácia do custo irrecuperável (cap. 5);

AVISO SOBRE NEOMANIA

Daqui a cinquenta anos, como será o nosso mundo e que itens nos rodearão diariamente? É fácil se deixar levar pela Neomania; vamos deixar de lado qualquer "novidade".

As pessoas que ponderavam esta questão há cinquenta anos tinham ideias fantásticas sobre como seria o "futuro": auto-estradas nos céus, cidades que lembravam mundos de vidro e comboios-bala zunindo entre arranha-céus. Viveríamos em cápsulas de plástico, cidades subaquáticas, passando férias na lua tomando pílulas, em vez de ter filhos biológicos concebidos através da concepção; em vez disso, escolhemos crianças de catálogos para serem nossos filhos; os robôs se tornariam melhores amigos em vez de pessoas como companheiros, enquanto a morte já havia sido erradicada - a imagem que eles imaginavam não estava longe!

Mas espere um segundo: observe atentamente ao seu redor: você está sentado em uma cadeira criada no antigo Egito; usar calças desenvolvidas há cerca de 5.000 anos pelas tribos germânicas por volta de 750 a.C.; os sapatos de couro nos pés surgiram durante a última era glacial; suas estantes são compostas de madeira – um dos materiais de construção mais antigos conhecidos pelo homem; na hora do jantar você usa o garfo como era usado pelos romanos: para enfiar na boca pedaços de animais e plantas mortos na hora do jantar - nada mudou - nada mudou também;

Estamos nos perguntando como será o nosso mundo daqui a cinquenta anos? Nassim Taleb nos oferece algumas orientações em seu livro Antifrágil; ter em conta que a maioria das tecnologias que existiram ao longo do último meio século continuarão a servir a humanidade durante mais meio século - enquanto a tecnologia recente ficará obsoleta mais rapidamente do que o esperado. Por que? Pense nas invenções como espécies: qualquer coisa que tenha resistido a séculos de evolução provavelmente também continuará forte no futuro. A tecnologia antiga está comprovada; sua lógica inerente nem sempre pode ser totalmente compreendida. Você deve levar isso em consideração na próxima vez que participar de uma reunião estratégica, pois algo que persiste ao longo dos séculos deve ter algum valor. Cinquenta anos no futuro provavelmente se parecerão com os dias de hoje, embora você possa ver surgir novos dispositivos ou invenções chamativos que possam despertar interesse a princípio. No entanto, muitas vezes eles vêm e vão rapidamente.

Ao considerarmos o nosso futuro, muitas vezes colocamos demasiada ênfase nas inovações tecnológicas e nas «aplicações matadoras», ao mesmo tempo que subestimamos o seu papel. Taleb observou essa tendência ao longo da história. Na década de 1960, as viagens espaciais estavam na moda, levando muitos estudantes a se imaginarem fazendo viagens escolares a

Marte. Mais tarde, naquela década, as casas de plástico tornaram-se moda, por isso pensámos em como decoraríamos as nossas casas transparentes com móveis de plástico. Ele atribui essa tendência à "neomania", o fascínio por todas as coisas novas e brilhantes.

No início, senti simpatia pelos primeiros usuários – aquelas pessoas que não conseguem viver sem ter acesso ao iPhone mais recente. Naquela época eu achava que eles estavam à frente de seu tempo; agora, porém, vejo-os como indivíduos irracionais que sofrem de neomania - parecem menos preocupados em saber se um produto proporciona benefícios tangíveis, mas mais preocupados com a novidade do que com a utilidade real.

Não tome medidas drásticas ao prever o futuro. O clássico filme de 1968 de Stanley Kubrick, 2001: Uma Odisseia no Espaço, serve de ilustração. Ambientado na virada do milênio, esta peça visionária previu que a América sediaria uma colônia lunar com mil pessoas, atendida por voos suburbanos da PanAm - algo que ninguém previu. Em vez disso, sugiro esta regra: tudo o que sobreviveu por X anos continuará sobrevivendo por mais X anos - Nassim Taleb acredita que o "filtro de besteira" da história pode separar truques de mudanças de jogo, então estou disposto a fazer essa aposta com ele!

Veja também a esteira hedônica (cap. 46) como um exemplo de por que a propaganda funciona.
A Segunda Guerra Mundial viu todas as nações criarem filmes de propaganda. Estas foram usadas para despertar sentimentos nacionalistas entre civis e soldados e encorajar o sacrifício pela sua nação. Depois de gastar uma quantia exorbitante apenas em filmes de propaganda, o departamento de guerra dos EUA conduziu estudos para saber se esta despesa tinha algum retorno. Foram feitos estudos envolvendo soldados regulares; a sua resposta não demonstrou qualquer aumento no entusiasmo pela guerra!

Os soldados consideraram esses filmes mal feitos? Dificilmente. Em vez disso, os soldados conheciam esses filmes como propaganda que tornava praticamente impossível que qualquer mensagem apresentada nesses filmes tivesse qualquer peso junto ao público; mesmo que um filme tenha apresentado um argumento ou despertado o público o suficiente para merecer consideração ou apreciação pela sua mensagem; o seu conteúdo seria simplesmente visto como vazio e totalmente desconsiderado.

Nove semanas depois, algo inesperado aconteceu: os psicólogos realizaram outra avaliação das atitudes dos soldados em relação à guerra; o resultado: aqueles que assistiram ao filme expressaram muito mais apoio do que aqueles que não assistiram. Evidentemente, a propaganda funcionou!

Os cientistas ficaram perplexos, sabendo que o poder persuasivo de um argumento diminui com o tempo, como o material radioativo. Você provavelmente já passou por isso: leu um artigo sobre os benefícios da terapia genética, ficou entusiasmado no início, mas rapidamente perdeu o interesse depois de algumas semanas; finalmente, apenas restam resquícios de entusiasmo.

Surpreendentemente, a propaganda muitas vezes funciona no sentido inverso: uma vez que toca as pessoas, o seu impacto só aumenta com o tempo. Por que? O psicólogo Carl Hovland liderou um experimento para o departamento de guerra e cunhou esse fenômeno como "Efeito Dorminhoco". Atualmente, a nossa melhor explicação para isso é que as nossas memórias esquecem a fonte mais rapidamente do que esquecem o que o próprio argumento (por exemplo, Departamento de Propaganda) disse enquanto lembram a mensagem em si (ou seja, a guerra é necessária e nobre).
Portanto, as informações obtidas de fontes não confiáveis ganham gradualmente confiança ao longo do tempo, à medida que as forças de descrédito se dissipam mais rapidamente do que a sua mensagem.

As eleições nos EUA apresentam cada vez mais anúncios políticos negativos nos quais os candidatos tentam menosprezar os registos ou reputações uns dos outros através de meios enganosamente simples - neste caso, os anúncios políticos devem cumprir a lei de propaganda eleitoral dos EUA, revelando os seus patrocinadores no final de cada anúncio, mas numerosos estudos mostram que os efeitos adormecidos ainda se manifestam entre os eleitores indecisos à medida que o mensageiro desaparece enquanto as suas declarações permanecem impressas na memória - isto permite que os candidatos lancem as acusações mais prejudiciais possíveis contra candidatos rivais sem medo de represálias ou consequências emitidas contra qualquer dos lados se o resultado final for ser menos negativo do que o esperado por lei - isto torna os anúncios eleitorais um processo muito mais difícil do que deveria ser usado contra campanhas rivais por oponentes de ambos os lados em campanhas em termos de participação eleitoral ou números de participação do que de outra forma seria possível em temporadas de campanha anteriores.

Muitas vezes achei intrigante como a publicidade pode funcionar. Qualquer pessoa lógica deve reconhecer facilmente os anúncios pelo que são e desqualificá-los ou categorizá-los adequadamente; no entanto, mesmo você, como leitor perspicaz e inteligente, nem sempre conseguirá fazer isso com sucesso; você pode esquecer de onde vieram certas informações depois de várias semanas - seja um artigo informativo ou um anúncio cafona!

Como você pode combater o efeito dorminhoco? Primeiro, tenha cuidado com qualquer conselho não solicitado, mesmo que pareça bem intencionado - fazer isso protege você mesmo contra manipulação até certo ponto. Em segundo lugar, evite fontes com anúncios tanto quanto possível (temos sorte de que os livros permaneçam livres de anúncios!). Terceiro, identifique e lembre-se de quem foi a fonte de cada argumento que você encontrar. Tente compreender o seu raciocínio tanto quanto possível, bem como quem se beneficia com o quê. Embora este processo possa desacelerar um pouco os processos de tomada de decisão, também irá refina-los ao longo do tempo.

Veja também Enquadramento (cap. 42); Efeitos de primazia e atualidade (cap. 73); Ilusão de notícias (cap. 99).

Por que a corrida nunca é apenas uma corrida de dois cavalos?

Cegueira Alternativa

Imagine o seguinte: você está folheando um folheto divulgando os benefícios de um MBA oferecido na universidade local. Seu olhar passa pelas fotos do campus coberto de hera e das instalações esportivas ultramodernas; ao lado de imagens de estudantes sorridentes de diversas origens étnicas, com ênfase em mulheres jovens, empreendedoras chinesas e indianas. Finalmente você chega a uma visão geral que ilustra seu valor financeiro: sua taxa de US$ 100.000 pode ser facilmente compensada se os graduados gerarem ganhos extras antes de se aposentarem: cerca de US$ 400.000 após impostos! Acéfalo.

Errado. Tal argumento esconde não uma, mas quatro falácias. O primeiro é a "ilusão corporal do nadador", na medida em que os programas de MBA tendem a atrair indivíduos com mentalidade profissional que provavelmente receberão salários acima da média sem qualificações adicionais, como um MBA. O segundo mito: um MBA leva dois anos e durante esse tempo você pode esperar uma perda de rendimentos de US$ 100.000; portanto, o custo real de um MBA provavelmente excederia US$ 100.000, considerando os retornos potenciais do investimento. Em terceiro lugar, fazer estimativas com mais de trinta anos de antecedência é uma tolice – quem sabe o que acontecerá nesse período? Finalmente, existem outras opções; não se sinta obrigado a 'faça um MBA ou não faça um MBA' sozinho. Talvez exista outro programa disponível que custe significativamente menos e também ofereça benefícios de progressão na carreira. Acho o quarto equívoco particularmente fascinante; chamemos-lhe cegueira alternativa: quando não conseguimos comparar uma oferta existente com a sua próxima melhor oferta alternativa.

Aqui está um exemplo de finanças: imagine que você tem algum dinheiro economizado em uma conta poupança e peça conselho a um corretor de investimentos, que recomenda comprar um título que paga juros de 5% em vez de apenas 1% que as contas poupança devolvem. Achamos que comprar o título faz sentido? Ninguém sabe. Considerar apenas estas duas opções não proporcionaria uma avaliação precisa; para avaliar verdadeiramente todas as opções de investimento possíveis e depois selecionar a ideal (é assim que o principal investidor Warren Buffet faz).
Buffett avalia cada transação em relação ao segundo melhor negócio disponível em um determinado momento – mesmo que isso signifique fazer mais daquilo que já estamos fazendo.'

Ao contrário de Warren Buffett, os políticos muitas vezes são vítimas da cegueira alternativa. Considere o planejamento de sua cidade na construção de uma arena esportiva em um terreno vazio; os apoiantes podem argumentar que beneficiará mais emocional e financeiramente os residentes do que um terreno baldio - no entanto, esta comparação é falha: em vez disso, deveriam avaliar todas as ideias que se tornam impossíveis devido à sua construção, tais como escolas, centros de artes performativas, hospitais ou incineradores; alternativamente, poderiam vender o terreno e investir os lucros ou reduzir a dívida da cidade com esta solução alternativa.

Você está negligenciando soluções alternativas? Imagine que seu médico descobre um tumor em cinco anos e propõe uma operação complicada que, se bem-sucedida, o removeria completamente, mas, no entanto, o risco é considerado alto, com uma taxa de sobrevivência geral de apenas 50% Como você decide? Considere cuidadosamente suas opções: morte certa em cinco anos ou 50% de chance de morrer na próxima semana; cegueira alternativa! Talvez haja uma variante de um procedimento de cirurgia invasiva disponível em outro hospital da cidade que atualmente não o oferece em sua instituição. A cirurgia para retardar o crescimento do tumor só poderia aliviar temporariamente os sintomas; entretanto, esta cirurgia invasiva proporciona mais tempo e tranquilidade do que suas alternativas; quem sabe durante esses dez anos surgirão terapias mais avançadas para eliminar tumores?

Resumindo: se você estiver tendo dificuldade para tomar decisões, lembre-se de que existem mais de duas opções – como nenhuma cirurgia e cirurgia de alto risco – disponíveis para você. Não se sinta preso entre uma escolha absoluta e suas alternativas possíveis; Seja mente aberta!

Veja Paradoxo da Escolha (cap. 21); Ilusão Corporal do Nadador (cap. 2) para leitura adicional sobre esses assuntos.

POR QUE VISUALIZAMOS JOVENS ARMAS

Depois que meu livro alcançou o primeiro lugar na lista dos mais vendidos, meu editor pediu minha ajuda para fornecer um endosso para outro título de um conhecido que estava a caminho da lista dos dez primeiros; eles acreditavam que um depoimento meu daria um empurrão extra para ser incluído nessa lista.

Sempre fico surpreso que esses depoimentos funcionem, já que todos sabemos que apenas comentários positivos aparecem nas capas dos livros (este livro incluído). Um leitor racional deve deixar de lado os elogios ou pelo menos considerá-los ao lado de qualquer crítica potencial que está sempre presente, mesmo que em diferentes formas. Embora eu tenha escrito muitos depoimentos para outros livros, nenhum foi para títulos rivais. Ao considerar minhas opções, percebi que o viés de comparação social havia entrado em vigor – aquela tendência de evitar ajudar aqueles que em breve poderiam ofuscar você e parecerem tolos no longo prazo.

Os depoimentos de livros podem servir como um exemplo inofensivo de preconceito de comparação social; no entanto, a academia levou isto a um nível totalmente mais perigoso. Todo cientista aspira publicar o maior número possível de artigos em revistas científicas de prestígio, ganhando o direito de avaliar as submissões de colegas cientistas que enviam trabalhos para publicação. Com o tempo, os editores pedem que você avalie as submissões de outros cientistas - muitas vezes apenas dois ou três especialistas decidem quais artigos serão selecionados em qualquer área; com este conhecimento em mente, o que aconteceria quando um investigador iniciante submetesse um documento chocante que ameaçasse derrubar especialistas estabelecidos? Eles provavelmente se tornariam particularmente rigorosos ao avaliá-lo - isso é um viés de comparação social em ação!

O psicólogo Stephen Garcia e os seus colegas investigadores descrevem um exemplo em que um prémio Nobel proibiu um dos seus jovens colegas promissores de se candidatar a um emprego na "sua" universidade, embora isto possa parecer prudente inicialmente; com o tempo, torna-se contraproducente quando o referido jovem colega se junta a outro grupo de investigação - impedindo potencialmente qualquer contacto adicional entre o antigo professor e ele ou ela e este jovem prodígio.
Garcia sugere que o preconceito de comparação social pode ser um factor que impede as instituições de manterem o seu estatuto de grupos de investigação de classe mundial durante um período prolongado. Poucos grupos de investigação conseguem permanecer no topo durante muitos anos consecutivos.

O viés de comparação social é outro problema significativo com empresas iniciantes. Guy Kawasaki serviu como "evangelista-chefe" da Apple durante quatro anos e hoje assessora empreendedores como capitalista de risco e consultor. De acordo com Kawasaki: 'Os jogadores A contratam pessoas ainda melhores do que eles. Como Steve [Jobs] afirmou, os jogadores B recrutam jogadores C para que possam se sentir superiores a eles e os jogadores C recrutam jogadores D; ao contratar jogadores B, espere que o que ele chamou de "explosão idiota" ocorra dentro de sua organização; a contratação de jogadores B eventualmente resulta na contratação de jogadores Z em vez de jogadores B. Recomendação: Contrate pessoas que sejam melhores do que você, caso contrário você logo liderará uma equipe de oprimidos. O chamado efeito Duning-Kruger aplica-se aqui; Jogadores Z com incompetência muitas vezes têm o dom de ignorar sua extensão, acreditando que possuem mais inteligência do que realmente possuem; essas pessoas criam uma superioridade ilusória que as leva a cometer ainda mais erros que, por sua vez, corroem o conjunto de talentos ao longo do tempo.

Isaac Newton tinha 25 anos na época e quando sua escola fechou devido a um surto de peste em 1666-7, Isaac Barrow se ofereceu para ir junto e ver sua pesquisa, que Barrow imediatamente deixou como professor para ingressar como um dos alunos de Newton. - foi verdadeiramente nobre da parte dele! Que exemplo ético isso deu. E quando foi a última vez que você ouviu falar de um professor se afastando em favor de outro candidato ou CEO abrindo mão de seu cargo por perceber que um de seus funcionários poderia fazer um trabalho melhor?

Conclusão: Concluindo, você promove indivíduos mais talentosos que você? Embora inicialmente possa ameaçar sua posição, no longo prazo só trará benefícios. Outros irão ultrapassá-lo em algum momento; até que chegue esse momento, seria sensato ficar do lado deles e aprender com eles - que foi minha motivação ao escrever o depoimento no final. Para leitura adicional, veja: Inveja (cap. 86); Efeito de contraste (cap. 10).

Efeitos de primazia e atualidade

Deixe-me apresentar dois homens, Alan e Ben. Decida imediatamente quem você prefere, sem pensar muito: Alan é inteligente, trabalhador, impulsivo, crítico, teimoso e ciumento, enquanto as qualidades de Ben incluem essas características, mas com uma diferença: Ben também pode ser ciumento, teimoso, crítico, impulsivo, trabalhador, inteligente também. A maioria das pessoas escolhe Alan, embora ambas as descrições pareçam semelhantes. Seu cérebro tende a prestar mais atenção aos adjetivos listados primeiro, criando assim duas personalidades distintas - Alan é trabalhador, enquanto Ben demonstra ciúme e traços teimosos - algo conhecido como efeito de primazia.

Sem o efeito de primazia, as pessoas renunciariam aos luxuosos halls de entrada das suas sedes; seu advogado se sentiria igualmente satisfeito em aparecer usando tênis surrados em vez de Oxfords de grife para suas reuniões.

O efeito de primazia muitas vezes causa erros práticos. O ganhador do Nobel Daniel Kahneman discute como, no início de sua cátedra, ele classificou as provas em ordem: o aluno 1 seguido pelo aluno 2, e então todas as questões subsequentes respondidas perfeitamente receberam pontuações mais altas; isso significava que os alunos que respondessem perfeitamente se tornariam os favoritos de Kahneman e isso acabaria afetando a forma como ele avaliava outras partes de seus exames. Para neutralizar este efeito, Kahneman começou a avaliar questões individuais em lotes - todas as respostas à questão 1 sendo avaliadas, depois todas as respostas à questão 2, etc. - neutralizando assim este efeito e neutralizando-o completamente.

Infelizmente, esse truque nem sempre funciona na prática; por exemplo, ao contratar novos funcionários, você corre o risco de contratar a pessoa que primeiro causa uma boa primeira impressão. Para maximizar a eficiência ao responder perguntas semelhantes, uma por uma, de todos os candidatos na fila.

Imagine-se como parte do conselho de uma empresa. Surge um tópico de discussão sobre o qual você ainda não se decidiu, e um ou mais participantes presentes expressam uma opinião que pode influenciar a forma como você o avalia em geral. Não hesite em expressá-lo antes dos outros - dessa forma, todos poderão aprender.
Ao fazer isso, você ganhará mais influência sobre seus colegas e os trará para o seu lado. Se estiver presidindo um comitê, certifique-se de reunir as opiniões em ordem aleatória para que ninguém tenha uma vantagem injusta sobre outro membro.

O efeito de primazia nem sempre pode ser o culpado; o efeito de recência muitas vezes desempenha um papel igualmente influente. As informações armazenadas mais recentemente tendem a ficar melhor na nossa memória - isso acontece porque nossos arquivos de memória de curto prazo contêm apenas espaço limitado; assim que surge algo novo, uma peça mais antiga deve abrir caminho.

Quando a primazia supera o efeito de atualidade e vice-versa? Quando confrontados com a tomada de decisões imediatas com base em múltiplas impressões (características, respostas de exames, etc.), os efeitos de primazia pesam mais. Mas se estas impressões foram formadas durante um período de tempo mais longo - por exemplo, se você ouviu um discurso recentemente, então o efeito de atualidade é mais proeminente; você se lembrará mais claramente de seus pontos finais / piadas do que dos iniciais.

Conclusão: as impressões iniciais e finais dominam, o que significa que o conteúdo intermediário tem apenas uma influência mínima. Tente evitar tomar decisões baseadas apenas nas impressões iniciais; estes, sem dúvida, irão enganá-lo de uma forma ou de outra. Avalie todos os aspectos de forma justa e imparcial - embora possa ser mais fácil falar do que fazer - como conduzir entrevistas anotando as pontuações a cada cinco minutos e depois calculando a média delas para garantir que todos os aspectos contam igualmente, como pontuações de olá e adeus.

Veja também Ilusão de Atenção (cap. 88); Efeito Adormecido (cap. 70); Efeito de Saliência (cap. 83)

POR QUE CASEIRO É MELHOR

Síndrome do Não-Inventado-Aqui

Minhas habilidades culinárias são bastante básicas e minha esposa sabe disso. De vez em quando, porém, consigo criar algo comestível. Recentemente, ao comprar um linguado, criei um molho inusitado composto de vinho branco, purê de pistache, mel, casca de laranja ralada e vinagre balsâmico - e quando ela provou começou a raspar o que considerou uma experiência muito ousada; mas achei o sabor maravilhoso e expliquei seus detalhes, mas nenhuma mudança foi vista em sua expressão.

Duas semanas depois, minha esposa preparou linguado para o jantar novamente, desta vez cozinhando ela mesma. Ela preparou dois molhos: seu comprovado molho beurre blanc, bem como uma receita incomum de um grande chef francês que tinha um gosto horrível; mais tarde revelado como suíço! Claramente ela me pegou desprevenido; Eu sucumbi à Síndrome do Não-Inventado-Aqui (síndrome NIH), em que qualquer criação que você mesmo cria se torna superior em comparação com qualquer coisa que venha depois.

A Síndrome NIH faz com que as pessoas se apaixonem por suas próprias ideias. Isso se aplica não apenas às receitas de molho de peixe, mas a todas as formas de soluções, ideias de negócios e invenções desenvolvidas internamente; as empresas muitas vezes classificam esses conceitos como mais significativos do que qualquer outro proveniente de fontes externas; no entanto, isso pode não ser necessariamente preciso na realidade. Recentemente, encontrei-me com o CEO de um fornecedor de software para seguradoras de saúde. Ele explicou como era difícil para sua empresa - embora liderasse o mercado em termos de serviço, segurança e funcionalidade - vender seus produtos de software diretamente a clientes em potencial. Muitas seguradoras acreditam que as suas próprias soluções internas fornecem as soluções ideais, mas outro CEO contou-me como foi difícil convencer o seu pessoal na sede a aceitar soluções propostas por subsidiárias distantes.

Quando as pessoas colaboram para resolver problemas e avaliam elas próprias essas ideias, a síndrome NIH inevitavelmente se manifestará e seguirá seu curso. Assim, inevitavelmente tem um resultado impactante que resulta na sua manifestação impactante. Isso torna a condição ainda mais significativa.
Dividir as equipes em dois grupos faz sentido: um irá gerar ideias enquanto o outro as avalia, com as ideias geradas por uma equipe sendo avaliadas por outra e depois invertidas - dessa forma, ambos os grupos obtêm tempo igual para criar ideias e avaliar conceitos do outro. Tendemos a avaliar as nossas próprias ideias de negócio de forma mais positiva do que as

propostas por outros – um atributo essencial para o sucesso empresarial, mas que muitas vezes conduz a retornos decepcionantes em empresas iniciantes.

O psicólogo Dan Ariely usou seu blog no The New York Times para quantificar a Síndrome NIH. Ariely solicitou aos leitores soluções para seis problemas, como "Como as cidades podem reduzir o consumo de água sem serem limitadas por lei?", fazendo sugestões e avaliando a viabilidade; especificando ainda mais os investimentos de tempo e dinheiro em cada ideia proposta; finalmente, usando apenas cinquenta palavras para que todas as respostas fornecidas correspondessem exatamente. Independentemente disso, a maioria dos leitores classificou as suas respostas como mais importantes e aplicáveis do que os seus colegas colaboradores, mesmo quando as submissões eram praticamente idênticas.

A nível social, a síndrome NIH pode ter resultados desastrosos. Muitas vezes descartamos ideias inteligentes de outras culturas simplesmente porque não podemos apreciar os seus méritos comprovados. A Suíça, onde cada estado ou cantão (pronuncia-se cantonessalee em francês) possui certos poderes, foi palco de um caso incomum de Envolvimento Nacional na Saúde (NIH), quando um pequeno cantão se recusou a aprovar o sufrágio feminino, apesar de uma indignada decisão de um tribunal federal em 1990 que efetivamente mudou - mais um exemplo flagrante de Intervenção Nacional na Saúde. Consideremos também a moderna rotunda projectada por engenheiros de transportes britânicos durante a década de 1960 e implementada em toda a Grã-Bretanha. Possui requisitos de rendimento rigorosos. Após várias décadas de esquecimento e resistência, as medidas de descongestionamento do tráfego, como as rotundas, acabaram por se espalhar pela América do Norte e pela Europa continental. Só a França possui agora mais de 30.000 rotundas que muitos franceses atribuem erroneamente ao seu criador, que projetou a Place de l'Etoile.

Conclusão: tendemos a nos deixar levar pelas nossas próprias ideias, deixando-nos cada vez mais embriagados com o seu poder. Para permanecer sóbrio e avaliar objetivamente sua qualidade em retrospectiva - quais das suas ideias dos últimos dez anos foram realmente notáveis? Exatamente.

Veja também Ilusão de Introspecção (cap. 67); Efeito Dotação (cap. 23); Preconceito egoísta (cap. 45); Efeito de falso consenso (cap. 77)

"Todos os cisnes são brancos." Durante séculos, esta afirmação foi verdadeira. Cada espécime nevado era uma prova desta afirmação; alguma outra cor? Impensável. Isso foi até 1697, quando Willem de Vlamingh encontrou pela primeira vez um cisne negro numa expedição à Austrália; desde então, os cisnes negros passaram a simbolizar as improbabilidades da vida.

Um dia em 1987 foi um dia assim - Nassim Taleb descreveu este evento no seu livro, sem avisar sobre o seu resultado! Um evento Cisne Negro.

Os eventos do Cisne Negro são eventos inimagináveis que transformam dramaticamente a vida, a carreira e a sociedade - desde meteoritos que atingem você até a descoberta de ouro de Sutter na Califórnia ou a morte de Sutter; da descoberta de Sutter ao desenvolvimento do Sputnik e do navegador de Internet; ou outro encontro que revira completamente vidas - cada um deles são Cisnes Negros em potencial que podem ter ramificações positivas ou negativas - todos eles se qualificam como Cisnes Negros.

Donald Rumsfeld já foi famoso por articular um pensamento filosófico poderoso em uma conferência de imprensa: há coisas que sabemos com certeza ('fatos conhecidos'), algumas coisas que permanecem desconhecidas (desconhecidos conhecidos) e aquelas coisas que permanecem ocultas ou misteriosas para nós ("desconhecidos desconhecidos").

Estamos actualmente a explorar o tamanho e o alcance do universo, a presença de armas nucleares no Irão, ou se a Internet nos torna ou não mais inteligentes ou mais burros? Estas questões representam "incógnitas conhecidas", com as quais, com bastante esforço, poderemos um dia esperar fornecer respostas; ao contrário de incógnitas desconhecidas, como a mania do Facebook, que ninguém previu no seu início, há dez anos: foi verdadeiramente inesperado e imprevisível.

Por que os Cisnes Negros são importantes? Embora possa parecer estranho, os Cisnes Negros têm ocorrido cada vez mais ao longo do tempo e tendem a se tornar cada vez mais importantes. Embora possamos planear o nosso futuro com certeza, acontecimentos inesperados como os Cisnes Negros podem muitas vezes deixar-nos confusos em termos de resposta.
Os ciclos de feedback e as influências não lineares muitas vezes subvertem as nossas melhores intenções, levando a resultados inesperados. Uma das razões é a capacidade inerente do nosso cérebro de caçar e coletar. Na Idade da Pedra, os caçadores raramente encontravam algo verdadeiramente extraordinário - os nossos cervos perseguidos eram

muitas vezes mais lentos ou mais rápidos, mais gordos ou mais magros. Tudo tendia para uma média estável.

Hoje é diferente; uma descoberta pode multiplicar sua renda por uma ordem de magnitude – basta perguntar a Larry Page, Usain Bolt, George Soros, J.K. Rowling ou Bono, por exemplo. Antes, tais fortunas eram inimagináveis - só recentemente tais feitos foram possíveis e levaram ao nosso medo moderno de cenários extremos. Como as probabilidades não podem cair abaixo de zero e os pensamentos humanos muitas vezes apresentam erros, você deve presumir que tudo tem uma probabilidade acima de zero.

O que pode ser feito? Coloque-se em situações que possam permitir que você pegue uma carona.

Crie a possibilidade de ter a sorte de vivenciar um evento positivo do Cisne Negro (embora isso seja extremamente improvável). Considere se tornar um artista, inventor ou empresário com um produto escalável. Vender seu tempo como funcionário, dentista ou jornalista não adianta - embora, mesmo que seja forçado a continuar esse caminho, evite ambientes que possam permitir o surgimento de eventos negativos do Cisne Negro.
Fique fora das dívidas, invista suas economias da forma mais conservadora possível e aceite viver com um padrão de vida modesto, independentemente de ocorrer ou não o seu grande avanço.

Notas sobre aversão à ambigüidade (cap. 80); Ilusão de previsão (cap. 40); Caminhos Alternativos (cap. 39) e Expectativas (cap. 62) deste livro.

Escrever livros sobre pensamento claro traz muitas recompensas: líderes empresariais e investidores ficam felizes em me pagar para dar palestras sobre o assunto por um bom dinheiro, embora isso pareça estranho, já que os livros são muito mais baratos. Numa conferência médica, dei uma palestra sobre a negligência da taxa básica, usando uma analogia da medicina: em particular, quando se discute dor aguda no peito entre pacientes de 40 anos, ela pode indicar doença cardíaca ou simplesmente estresse - o estresse é muito mais provável (com uma base mais elevada). frequência cardíaca), por isso seria prudente testar primeiro esta possibilidade antes de testar problemas cardíacos ou stress - algo que todos os médicos compreenderam intuitivamente quando usei um exemplo económico; no entanto, a maioria vacilou ao tentar compreender esta ideia em detalhe, em comparação com analogias da medicina ou da medicina em geral, em comparação com o uso de um exemplo de economia da medicina, esta analogia vacilou miseravelmente ao explicar este aspecto da negligência da taxa básica: ao usar um exemplo de economia, a maioria vacilou quando se fala em negligência da taxa básica (a negligência da taxa básica é mais fácil).

Tal como acontece com os investidores, quando falo perante uma audiência, experimento fenómenos semelhantes: quando uso exemplos de finanças ou economia para ilustrar, as falácias rapidamente se espalham; mas se eu usar exemplos da biologia eles parecem perdidos - mostrando como os insights não passam facilmente entre os campos - um efeito conhecido como dependência de domínio.

Harry Markowitz ganhou o Prêmio Nobel de Economia em 1990 por sua teoria da "Seleção de Portfólio". Este processo determina a composição ideal de uma carteira, tendo em conta considerações de risco e retorno. Quando aplicado às poupanças do próprio Markowitz – como distribuí-las entre acções e obrigações – ele simplesmente escolheu a distribuição 50/50. Um ganhador do Prêmio Nobel não poderia aplicar seu processo metodológico de maneira eficaz em seus assuntos pessoais; um caso óbvio de dependência de domínio; portanto, não consegue transferir o conhecimento da academia para a vida cotidiana.

Meu amigo é um entusiasta da adrenalina. Ele gosta de escalar penhascos com as próprias mãos e pular montanhas em um wingsuit, entre outras atividades de aventura. Na semana passada ele me contou por que começar um negócio pode ser arriscado; a falência nem sempre pode ser excluída como opção. Quando discutimos o seu ponto de vista, respondi: 'Pessoalmente, prefiro estar falido do que morto!' Ele não gostou do meu raciocínio!

Como autor, entendo a dificuldade de transição de uma área de especialização para outra. Traçar romances e criar personagens é algo fácil para mim; páginas em branco não me assustam! Por outro lado, lidar com caixas e telas vazias é algo completamente diferente.

A decoração interior pode ser assustadora; Posso passar horas olhando para o espaço sem ter uma ideia em mente.

As empresas geralmente dependem da dependência de domínio. Uma empresa de software pode contratar um vendedor de bens de consumo eficaz e descobrir que a transição de seus talentos de vendas de produtos de consumo para vendas de serviços é extremamente desafiadora. Um apresentador que se destaca ao falar para pequenos grupos pode falhar quando seu público ultrapassar 100 pessoas; ou um profissional de marketing experiente pode subitamente perder qualquer criatividade estratégica ao passar da função de CEO.

Markowitz dá-nos um exemplo que destaca o quão difícil pode ser a transição da vida profissional para a vida privada. Conheço CEOs que se destacam como líderes no trabalho, mas parecem conchas vazias quando chega a hora de relações íntimas fora do escritório. Como é frequentemente o caso, os médicos são a profissão mais criminosa quando se trata de fumar cigarros e usar produtos de tabaco. Os policiais tendem a ser duas vezes mais violentos em casa do que os civis, enquanto os críticos literários recebem críticas negativas por seus livros. Os terapeutas de casais tendem a ter casamentos mais tênues do que os seus clientes; de acordo com o professor de matemática Barry Mazur. "Há vários anos eu estava tentando decidir se deveria ou não mudar de Stanford para Harvard." Depois de entediar meus amigos com discussões intermináveis, um deles sugeriu que eu elaborasse uma lista de custos e benefícios, juntamente com minha utilidade esperada para calcular aproximadamente. Sem pensar, minha resposta foi: 'Qual é, Sandy, isso é sério." Sem pensar direito em minha resposta, minha resposta foi:

A transferência de conhecimentos de uma área para outra pode ser um desafio, especialmente entre ambientes académicos e da vida real - e particularmente entre o meio académico e os ambientes da vida real, como o meio académico versus cenários da vida real. Infelizmente, isso se aplica até mesmo ao conhecimento deste livro: você pode ter dificuldade para aplicá-lo na vida diária; mesmo para mim, como escritor, essa transição provou ser difícil! A inteligência dos livros não se traduz facilmente em inteligência das ruas.

Veja também Deformation Professionale (cap. 92); Conhecimento do motorista (cap. 16) e Tendência Twaddle (cap. 57)

O MITO DA IGUALDADE

Qual música você prefere: música dos anos 60 ou 80? Como o público em geral responderia? As pessoas tendem a projetar as suas preferências nos outros; aqueles que amam a década de 1960 podem presumir que a maioria dos outros também; da mesma forma, os entusiastas da década de 1980 podem presumir que a maioria das outras pessoas também compartilha o mesmo gosto musical. Muitas vezes podemos superestimar a unanimidade entre as pessoas ao nosso redor e presumir que todos concordam com nossos pensamentos e crenças – esse fenômeno é conhecido como Efeito de Falso Consenso.

O psicólogo de Stanford, Lee Ross, explorou isso pela primeira vez em 1977, criando uma placa sanduíche estampada com o slogan 'Eat at Joe's' e pedindo a alunos selecionados aleatoriamente que a usassem no campus por trinta minutos, estimando quantos outros alunos se voluntariariam para isso; aqueles dispostos a usar a placa presumiram que a maioria das outras pessoas (62%) concordaria, enquanto aqueles que recusaram educadamente acreditaram que a maioria (67%) acharia a ideia muito estúpida; ambos os grupos de estudantes se imaginavam parte da maioria popular.

O efeito de falso consenso pode ser observado entre grupos de interesse e facções políticas que superestimam consistentemente a popularidade das suas causas, como o aquecimento global. Não importa o quão vital você considere esse problema, provavelmente você acredita que a maioria das outras pessoas compartilha seu ponto de vista sobre ele. Os políticos também tendem a sobrestimar a sua popularidade devido a um viés de optimismo inerente que não pode deixar de os fazer acreditar que as suas perspectivas eleitorais são maiores do que realmente são.

Os artistas estão ainda pior: quando embarcam em novos projetos, os artistas esperam mais sucesso do que nunca. Meu exemplo pessoal foi meu romance Massimo Marini sendo um sucesso absoluto; afinal, ele teve um bom desempenho em comparação com seus antecessores (embora estes também tenham recebido críticas positivas), o que parecia igualmente bom na minha opinião. Infelizmente para mim, porém, a opinião pública discordou e provou que eu estava errado: fenômeno conhecido como efeito de falso consenso.

E isto aplica-se igualmente aos negócios: só porque um departamento de I&D acredita que o seu produto atrairá os consumidores não significa que os consumidores também o façam. Empresas lideradas por profissionais de tecnologia tendem a tomar decisões com esse viés em mente.
Os inventores tendem a ficar fascinados pelos recursos avançados de seus produtos e assumem incorretamente que eles também cativarão os clientes.

O efeito do falso consenso é fascinante por outra razão. Quando as pessoas não partilham as nossas opiniões, rapidamente as rotulamos como anormais ou suspeitas. A experiência de Ross corroborou isso; os alunos que usavam placas sanduíche viam aqueles que não concordavam como arrogantes ou egocêntricos, enquanto os de outro campo os viam como buscadores de atenção ou portadores de cartazes como idiotas e criadores de barulho.

Talvez se lembre da falácia da prova social – a ideia de que uma ideia se torna melhor à medida que mais pessoas a subscrevem – que sugere um efeito de falso consenso semelhante ao observado durante eleições de falso consenso. Não. A prova social é uma estratégia de sobrevivência evolutiva. Seguir a multidão salvou a nossa pele com mais frequência nos últimos 100 mil anos do que seguir sozinho. Embora nenhuma influência externa esteja envolvida na criação de efeitos de falso consenso, eles ainda desempenham uma função social; portanto, a evolução não os eliminou. Nossos cérebros não foram criados para reconhecer a verdade; seu objetivo é, em vez disso, produzir descendentes tantas vezes quanto possível. Quem foi considerado corajoso e convincente (através do efeito do falso consenso) deixou uma primeira impressão impressionante, atraiu mais recursos e aumentou as suas hipóteses de transmitir os seus genes às gerações futuras. Os que duvidavam eram vistos como menos atraentes.

Conclusão: Reconhecer que a sua visão de mundo não ressoa com o sentimento público é apenas metade da batalha - não assuma que aqueles com ideias diferentes são idiotas antes de rejeitá-los completamente e desconfiar deles, primeiro dê uma olhada dura e objetiva em suas suposições e tente desafiar a si mesmo antes de reagir negativamente em relação àqueles com pontos de vista diferentes.

Veja também Prova Social (Cap. 4) e Síndrome do Não-Inventado-Aqui (Cap. 75) para uma discussão mais aprofundada desses conceitos.

AVERSÃO À AMBIGUIDADE

Duas caixas. A caixa A contém 100 bolas: 50 vermelhas e 50 pretas. Na caixa B, não importa qual delas seja escolhida sem olhar, 100 do mesmo tamanho, mas sem saber quais serão bolas vermelhas ou pretas se alguma for puxada de lá por acidente - caso uma bola vermelha saia, você ganha $ 100 ! Qual caixa você escolheria: A ou B? A maioria das pessoas tende a selecionar A como opção.

Jogue novamente usando exatamente as mesmas caixas e tente tirar uma bola preta desta vez por US$ 100! Qual caixa você selecionaria desta vez? Muito provavelmente seria A; no entanto, em termos lógicos, B conteria menos bolas vermelhas (e, portanto, mais bolas pretas), justificando assim a sua escolha desta vez.

O erro é comum; não se preocupe: este fenómeno é conhecido como o Paradoxo de Ellsberg e tem o nome de Daniel Ellsberg, um antigo psicólogo de Harvard (mais tarde ele vazou documentos ultra-secretos do Pentágono para a imprensa, o que acabou por causar a demissão do Presidente Nixon). O Paradoxo de Ellsberg fornece prova empírica de que tendemos a favorecer as probabilidades familiares em detrimento das desconhecidas (caixa A em vez da caixa B).

Voltamos então ao risco e à incerteza (ou ambiguidade) e às suas diferenças. Risco significa que as probabilidades são conhecidas; a incerteza é quando as probabilidades permanecem desconhecidas; ao levar o risco em consideração, você pode decidir se fazer uma aposta faz sentido ou não. A incerteza torna a tomada de decisões ainda mais difícil e muitas vezes leva a resultados catastróficos. Risco e incerteza são facilmente confundidos – muitas vezes levando a repercussões terríveis para qualquer pessoa que tente fazer cálculos entre um e outro. A estatística é uma ciência antiga de 300 anos que examina o risco. Inúmeros professores estudam seus conceitos; no entanto, não existe nenhum manual sobre incerteza; por isso tentamos enquadrar a incerteza em categorias de risco sem que isso faça muito sentido. Abaixo estão dois exemplos onde esta teoria funciona e outro onde não funciona: um da medicina (onde funciona bem) e um da economia (onde não funciona).

Os humanos representam bilhões na Terra. Nossos corpos não variam significativamente, atingindo alturas e idades semelhantes (ninguém jamais atingirá 30 metros de altura). Alguém pode viver 10.000 anos (ou apenas milissegundos!). A maioria dos humanos possui dois olhos, quatro válvulas cardíacas e 32 dentes; isso significa que pareceríamos semelhantes aos ratos da perspectiva de outra espécie. Por isso, quando se trata de doenças que compartilham características semelhantes, como o câncer, faz sentido dizer, por exemplo:

'Há 30% de risco de você morrer de câncer.' Por outro lado, afirmar que "há 30% de probabilidade de o euro entrar em colapso dentro de cinco anos" não faria qualquer sentido. Por que? A economia reside num ambiente de imprevisibilidade. Nenhum histórico monetário nos permite derivar probabilidades com alguma certeza; e a diferença entre risco e incerteza também ilustra a razão pela qual o seguro de vida e os credit default swaps diferem significativamente. Os credit default swaps (CDSs) são apólices de seguro contra inadimplências específicas decorrentes da incapacidade de pagamento das empresas, assim como o seguro de vida cobre riscos de uma forma facilmente calculável; Os CDS introduzem incerteza nas nossas vidas, o que contribuiu para a turbulência financeira de 2008. Quando se ouvem frases como "o risco de hiperinflação é de x por cento" ou "a nossa posição patrimonial está em risco de y por cento", tome nota: elas devem levantar sinais de alerta.

Para evitar julgamentos precipitados, você deve aprender a aceitar a ambigüidade. Infelizmente, esta pode ser uma tarefa desafiadora e intransponível que você não pode influenciar diretamente. A sua amígdala desempenha aqui um papel essencial - esta área do tamanho de uma noz no centro do cérebro, responsável pelo processamento da memória e das emoções, também desempenha aqui um papel fundamental: a sua forma determina a sua capacidade ou falta dela para lidar com a incerteza; as suas inclinações políticas reflectem esta dinâmica, uma vez que a sua tolerância à incerteza difere dependendo da sua construção; em muitos aspectos, isto está relacionado com a frequência com que o seu voto se inclina para o conservadorismo - evidenciado em parte devido a causas biológicas por detrás das suas inclinações políticas!

Quem deseja pensar com clareza deve compreender a distinção entre risco e incerteza. Apenas em certos casos podemos confiar em probabilidades claras - casinos, lançamentos de moeda ou livros de probabilidade podem fornecer tal garantia - muitas vezes ficamos com ambiguidades preocupantes que exigem paciência no tratamento. Aprenda a aceitar tudo isso como parte da vida!

Veja também: Cisne Negro (cap. 75); Negligência da Probabilidade (cap. 26); Negligência da Taxa Básica (cap. 28); Viés de Disponibilidade (cap. 11) e Caminhos Alternativos (cap. 39) para considerações adicionais. (82-91).

POR QUE VOCÊ CONTINUA COM O STATUS QUO

Recentemente, em um restaurante, examinei sua lista de vinhos em desespero: Irouleguy? Harslevelu? Susumaniello? Embora não fosse um especialista, era óbvio que o sommelier deles estava tentando nos impressionar com suas seleções mundanas. Finalmente, na página oito, estava o resgate na forma de "Nosso vinho da casa francês: Reserve du Patron, Bourgogne $ 52". Imediatamente ordenando um pensamento "Certamente isso não pode ser pior...".

Desde que comprei um iPhone, há vários anos, ele me permitiu personalizar tudo - uso de dados, sincronização de aplicativos, configurações de criptografia e níveis de volume do som do obturador da câmera, entre eles - de acordo com minhas especificações exatas. Mas você pode adivinhar corretamente: nenhum ainda foi configurado!

No fundo, não tenho desafios técnicos; em vez disso, sou simplesmente mais uma vítima do "efeito padrão". Quando algo nos parece confortável e convidativo, tendemos a manter a configuração padrão - como o vinho da casa e as configurações de fábrica do celular, nas quais geralmente nos acomodamos com alegria. Assim como eu, muitas outras pessoas preferem opções padrão em vez de escolhas individuais - por exemplo, ao comprar carros novos, muitos compradores tendem a selecionar a cor padrão, independentemente de sua disponibilidade em outros modelos; muitos compradores o selecionam independentemente. Muitos optam pela inadimplência em vez de qualquer outra coisa!

No seu livro Nudge, o economista Richard Thaler e o professor de direito Cass Sunstein ilustram como os governos podem orientar eficazmente os seus cidadãos sem violar a liberdade constitucionalmente protegida. As autoridades só precisam de oferecer algumas opções - incluindo sempre uma "saída" para aqueles que não conseguem decidir entre elas - para que as pessoas possam tomar uma decisão informada sobre as apólices de seguro automóvel para si e para os seus vizinhos. Nova Jersey e Pensilvânia demonstraram isso com duas apólices de seguro automóvel fornecidas aos seus habitantes. Nova Jersey anunciou esta política como sua opção padrão e a maioria das pessoas ficou feliz em aceitar seu custo mais baixo e a renúncia a certos direitos de compensação caso ocorresse um acidente. Os motoristas da Pensilvânia pareciam mais inclinados a escolher a segunda opção, mais cara, como escolha padrão, e rapidamente tornaram esta a sua mais vendida. Este resultado foi bastante notável, dado que os impulsionadores de ambos os estados são geralmente semelhantes.
A cobertura pode ser diferente, dependendo da preferência do indivíduo e do orçamento desejado.

Consideremos esta experiência: há uma escassez aguda de dadores de órgãos, mas apenas 40% optam pela doação de órgãos. Eric Johnson e Dan Goldstein conduziram uma pesquisa perguntando às pessoas se, após a morte, elas queriam optar ativamente pela exclusão. Ao tornar a doação de órgãos a opção padrão, em vez do opt-in/opt-out, a adesão aumentou dramaticamente de 40% para mais de 80%! Isso mostrou a enorme diferença entre uma abordagem padrão de opt-in e uma abordagem padrão de opt-out.

Quando nenhuma opção padrão é especificada, tendemos a nos contentar com qualquer configuração padrão existente e estender e validar seu estado atual. A natureza humana prefere o que sabe; tendo a escolha entre tentar algo novo ou continuar com o que já sabemos, muitos tendem a preferir continuar com o que é familiar, apesar de saberem que qualquer mudança os beneficiaria; meu banco me cobra US$ 60 anualmente para enviar extratos de conta pelo correio; baixá-los economizaria essas despesas, mas de alguma forma esse serviço ainda me irrita; talvez porque pareça seguro o suficiente?

Então, de onde vem o preconceito do status quo? A aversão à perda desempenha um papel fundamental neste fenômeno. As perdas afectam-nos duas vezes mais do que os ganhos e isso torna tarefas como a renegociação de contratos extremamente desafiantes - cada concessão que você dá pesa duas vezes mais do que qualquer coisa que você recebe de volta, criando perdas líquidas através de tais trocas.

Tanto o efeito de incumprimento como o enviesamento do status quo demonstram a nossa forte propensão para nos mantermos como as coisas estão, mesmo que isso nos coloque em desvantagem. Ao alterar o comportamento humano através da definição de configurações padrão de forma diferente, você pode influenciar as decisões humanas com mais sucesso.

"Talvez nossas vidas sigam um conceito grandioso e oculto", sugeri a um acompanhante de jantar, na esperança de provocá-lo a uma profunda discussão filosófica. Em vez disso, depois de provar o vinho Reserve du Patron, ele declarou simplesmente: 'talvez só precise de tempo.'
Veja também Fadiga de Decisão (cap. 53); Paradoxo da Escolha (cap. 21); Aversão à perda (cap. 32).

POR QUE "ÚLTIMA CHANCE" NOS FAZ PÂNICO

Medo do arrependimento || Paul possui ações da empresa A, mas durante o ano estava pensando em vendê-las e comprar ações da empresa B - em última análise, optando por não fazê-lo e percebendo hoje que teria ganho US$ 1.200 extras se tivesse feito isso. Enquanto isso, George possuía ações da empresa B, mas as vendeu para comprar ações A; hoje, os dois homens percebem que poderiam ter se saído melhor com B e obter um lucro extra de $ 1.200 se tivessem resistido por mais tempo; quem sente mais arrependimento? Paulo ou Jorge?

Arrependimento é o sentimento de tomar a decisão errada, desejando que alguém nos desse outra chance. Quando questionados sobre quem se sentiria pior depois de fazer uma escolha errada, apenas 8% escolheram Paul, enquanto 92% escolheram George, apesar de ambas as situações serem idênticas: tanto Paul quanto George fizeram escolhas erradas de ações que os deixaram sem dinheiro na mesma proporção; Paul já possuía ações da A, enquanto George teve que comprá-las ele mesmo, Paul sendo passivo enquanto George agia ativamente - parece que aqueles que não seguem a lógica dominante sentem mais arrependimento.

Nem sempre agir é fonte de arrependimento; às vezes, a inação pode criar mais impacto emocional do que fazer algo a respeito. Tomemos, por exemplo, uma editora que se recusa sozinha a publicar e-books da moda; seu proprietário afirma que os livros devem permanecer impressos em papel, conforme manda a tradição. Pouco depois, nove editoras com planos para lançar estratégias de e-books fracassaram; isto deixou apenas os editores de papel convencionais em pé antes de falirem - incluindo um que tentou, mas acabou por desistir e seguiu o caminho do editor convencional, sendo as editoras tradicionais a vítima final; em última análise, quem se sentiu mais com esta série de decisões tomadas? E quem conquistou mais apoio? À direita: a editora convencional apenas em papel com a sua posição tradicional contra a publicação de e-grumbler da moda!

Considere o livro de Daniel Kahneman, Thinking, Fast and Slow, como exemplo: depois de cada acidente de avião, ouvimos falar de um indivíduo que pretendia voar um dia antes ou depois, mas por qualquer motivo mudou a sua reserva no último minuto - criando uma exceção que acumula o nosso mais simpatia do que os passageiros "normais" a bordo do malfadado voo desde o início.

O medo do arrependimento pode nos fazer agir irracionalmente; para evitar o seu domínio indesejável sobre nós, muitas vezes agimos de forma conservadora para não nos desviarmos muito daquilo que os outros esperam de nós. Ninguém está imune; mesmo os traders extremamente confiantes tendem a vender ações mais exóticas em 31 de dezembro (dia D para avaliações de desempenho e cálculos de bônus) apenas para não se desviarem muito do rebanho. Da mesma forma, o medo do arrependimento (conhecido como efeito de doação) impede as pessoas de descartar itens que não são mais necessários - temendo as repercussões do arrependimento caso você descubra que, afinal, você precisava daqueles tênis gastos!

O remorso pode ser particularmente avassalador quando associado a uma oferta de "última oportunidade", como brochuras de safari que afirmam proporcionar "a sua última oportunidade de ver um rinoceronte antes da sua espécie se extinguir". Mas porque é que alguém voaria desde a Europa agora mesmo com um propósito tão irracional?

Então, digamos que você há muito sonha em ter sua própria casa, mas os terrenos estão se tornando escassos e restam apenas alguns terrenos com vista para o lago; três vieram e se foram, deixando apenas um como sua última chance! Em pânico com o que parece ser a última oportunidade disponível, você compra este terreno por um preço exorbitante, acreditando que pode ser isso; na realidade, embora os imóveis com vistas deslumbrantes para o lago continuem a aparecer no mercado; últimas chances podem nos deixar em pânico, levando-nos por esse caminho - mesmo para negociadores experientes!

Veja também Erro de Escassez (cap. 27); Efeito Dotação (cap. 23); Caminhos Alternativos (cap. 39) e Enquadramento (cap. 42

Imagine por um momento que a maconha tem sido o foco do discurso da grande mídia já há algum tempo, com programas de televisão retratando maconheiros, produtores e traficantes clandestinos; a imprensa sensacionalista imprimiu fotos de meninas de 12 anos fumando baseado; panfletos explorando aspectos médicos, bem como considerações filosóficas sobre o uso de maconha - todo mundo parece falar sobre isso! Vamos supor que fumar não tenha nenhum impacto negativo na direção - qualquer motorista pode acabar envolvido em um acidente em algum momento apenas por coincidência; da mesma forma, motoristas com articulações podem acabar envolvidos em acidentes de vez em quando, como qualquer outra pessoa - inteiramente por acaso!

Kurt é um jornalista local. Uma noite, enquanto dirigia para casa, ele se depara com um local de acidente com um carro enrolado em um tronco de árvore. Devido ao seu relacionamento com as autoridades locais, ele descobre que encontraram maconha escondida no banco de trás do carro - o que o leva a voltar correndo para a redação com a seguinte manchete: 'Maconha mata mais um motorista'.

Como discutido anteriormente, assumimos que não há relação estatística entre o uso de maconha e os acidentes de carro e seus respectivos acidentes, deixando a manchete de Kurt injustificada e suas afirmações sem suporte de fatos. Kurt foi vítima de algo chamado efeito de saliência - no qual características ou atributos proeminentes ganham mais atenção do que merecem; o fato da maconha ser tão óbvia aqui o fez acreditar que o incidente foi causado por ela.

Assim que Kurt entra no jornalismo empresarial, ocorre um acontecimento importante: uma das maiores empresas do mundo acaba de anunciar que promoverá uma mulher a CEO! Kurt, entusiasmado com este desenvolvimento, imediatamente começa a escrever seu comentário: a mulher provavelmente foi promovida por ser mulher - quando na realidade isso provavelmente não teve nada a ver com gênero (já que os homens normalmente ocupam a maioria dos cargos de destaque); se a liderança feminina tivesse sido considerada tão importante por outras empresas que já atuam, estas provavelmente já o teriam feito há muito tempo; só nesta notícia o gênero se torna proeminente, ganhando assim um peso extra de Kurt e de seu leitor.

Os jornalistas não estão sozinhos quando se trata de serem vítimas do efeito de saliência – todos nós estamos. Dois homens roubam uma loja.
Imigrantes nigerianos roubam um banco, são imediatamente presos e revelados como tal após interrogatório por agentes da lei pouco depois. Embora nenhum grupo étnico específico possa ser responsabilizado desproporcionalmente por assaltos a bancos, ainda

associamos imigrantes nigerianos sem lei a assaltos a bancos; distorce nosso pensamento; presumimos que eles sejam imigrantes sem lei de novo! Da mesma forma, se um armênio comete estupro, muitas vezes a culpa é dele, e não de outros fatores presentes entre os americanos que existem entre os americanos, em vez de outros fatores presentes que existem dentro dos americanos, o que também contribui para a formação de preconceitos, apesar da grande maioria que vive vidas legais ser esquecida - lembramos incidentes particularmente dignos de nota que envolvem imigrantes assim que ouvimos falar de algo relacionado com eles e geralmente começa primeiro com incidentes negativos marcantes!

O efeito de saliência pode moldar tanto a nossa percepção dos acontecimentos passados como a forma como visualizamos o futuro. Daniel Kahneman e Amos Tversky descobriram que muitas vezes atribuímos peso indevido a informações relevantes quando fazemos previsões, o que pode explicar por que os investidores reagem mais fortemente a notícias sensacionais (como demissões de CEO) do que a informações menos marcantes, como projeções de crescimento dos lucros a longo prazo. Mesmo os analistas profissionais nem sempre conseguem contornar a sua influência.

Conclusão: Informações importantes têm uma influência enorme em nossos pensamentos e ações. Tendemos a ignorar factores de desenvolvimento lento com efeitos a longo prazo que tendemos a negligenciar completamente. Não se deixe cegar pelas irregularidades; por exemplo, um livro com uma capa vermelha vibrante e atraente entra na lista dos mais vendidos, levando os leitores a atribuir seu sucesso apenas à arte da capa - não caia nessa tentação: reúna força mental suficiente para lutar contra explicações aparentemente óbvias!

Veja também O Efeito Halo (cap. 38); Efeitos de primazia e atualidade (cap. 73); Viés de confirmação (caps 7-8); Indução (cap. 31); Erro fundamental de atribuição (cap. 36) e heurística de afeto (cap. 66)

POR QUE O DINHEIRO NÃO ESTÁ NU.

Num dia de outono, no início da década de 1980, ventava muito e as folhas molhadas giravam. Empurrando minha bicicleta morro acima em direção à escola, notei algo estranho aos meus pés: uma folha grande e marrom-ferrugem foi revelada como valendo notas de 500 francos suíços - aproximadamente US$ 250 hoje; uma fortuna absoluta naquela época para um estudante do ensino médio! Esse dinheiro logo desapareceu do meu bolso; Eu rapidamente usei-o para comprar um dos modelos top disponíveis com freios a disco e marchas Shimano (embora minha bicicleta anterior funcionasse bem!), embora minha bicicleta antiga ainda funcionasse bem como antes!

Embora eu não estivesse completamente sem um tostão naquela época, tendo conseguido economizar algumas centenas de francos cortando a grama no meu bairro, nunca me passou pela cabeça o pensamento de desperdiçar tanto dinheiro suado em algo tão frívolo como ir ao cinema ou fazer compras. - meus gastos não foram excessivos e fizeram mais sentido ao refletir sobre esse comportamento; o dinheiro só pode ser percebido de forma diferente dependendo da sua fonte; portanto, vem com associações emocionais que acrescentam camadas extras.

Duas questões. Vamos imaginar que depois de trabalhar duro por um ano, e no final você descobrir que tem $ 20.000 adicionais em sua conta do que no início, o que você faria com isso? A) Deixe-o no seu banco. B) Invista. C) Use-o para melhorias necessárias, como reformar uma cozinha mofada ou substituir pneus gastos. D) Mime-se com um cruzeiro de férias extravagante.

Como é típico da maioria das pessoas, você provavelmente escolherá A, B ou C como resposta.

Segunda questão. O que você faria se ganhasse $ 20.000 na loteria? Escolha entre A, B, C ou D conforme acima; a maioria das pessoas agora escolhe C ou D, o que revela um pensamento falho; embora você seja livre para contá-lo como quiser; $ 20.000 permanecem $ 20.000.

Os cassinos nos fornecem muitos exemplos de delírios semelhantes a este. Um amigo coloca US$ 1.000 em uma mesa de roleta - apenas para perder tudo - e depois afirma: 'Eu não joguei US$ 1.000; Ganhei tudo isso antes. Quando questionado por outras pessoas sobre suas perdas, ele responde: 'Mas é a mesma quantia!' e insiste: 'De jeito nenhum!
"Não me diga!" Ele ri. Tratamos o dinheiro que ganhamos, descobrimos ou herdamos com mais descuido do que o dinheiro ganho através do trabalho duro; o economista Richard Thaler denominou esse efeito de efeito casa-dinheiro; leva-nos a correr riscos maiores; os

ganhadores da loteria muitas vezes ficam em pior situação quando descontam seus ganhos; neste sentido, o velho ditado – ganhar alguns, perder alguns – só pode servir para minimizar perdas reais.

Thaler dividiu seus alunos em dois grupos. Alguém descobriu que havia ganhado US$ 30 e poderia participar de um sorteio em que coroa significava US$ 9 em retorno e cara resultaria em perdas de US$ 9; 7 em cada 10 alunos decidiram arriscar e participar. Por outro lado, outro grupo descobriu que não havia ganhado nada à primeira vista, mas tinha a opção entre receber US$ 30 conforme prometido ou participar de outro sorteio, onde cara ganhava US$ 21, enquanto coroa ganhava US$ 39. No entanto, apenas 43% escolheram qualquer uma das opções, embora ambas oferecessem o mesmo valor esperado: US$ 30

Os estrategistas de marketing entendem o poder do efeito dinheiro doméstico. Os sites de jogos de azar online recompensam você com um crédito de US$ 100 ao se inscrever, as empresas de cartão de crédito oferecem crédito para chamadas gratuitas ao preencher formulários de inscrição, as companhias aéreas oferecem milhas ao ingressar em clubes de passageiro frequente e as companhias telefônicas fornecem crédito para chamadas para ajudar as pessoas a se acostumarem a fazer chamadas. com mais frequência - tudo graças a esta estratégia subtil conhecida como efeito dinheiro da casa! Grande parte da mania dos cupons decorre desse fenômeno.

Conclusão: tenha cuidado ao ganhar dinheiro ou obter algo de graça de uma empresa. As chances são altas de que você pague com juros por pura exuberância; portanto, é melhor retirar qualquer opulência desse dinheiro aparentemente gratuito, convertê-lo em roupas de trabalho, depositá-lo em sua conta bancária ou devolvê-lo à sua própria empresa o mais rápido possível.

Veja também: Efeito Dotação, Erro de Escassez e Aversão à Perda nos Capítulos 23-32 para uma análise mais aprofundada de resoluções que não funcionam (capítulos 23-25 e 32-33)

Meu amigo é um artista; seus livros contêm cerca de 100 páginas a cada sete anos e produzem duas linhas impressas por dia - no máximo! Quando questionado sobre sua péssima produtividade, ele respondeu: "Pesquisar é muito mais agradável do que escrever". Como tal, ele fica sentado em sua mesa, navegando na web por horas a fio ou debruçado sobre livros obscuros em busca de grandes e esquecidas histórias para escrever antes de se convencer de que não faria sentido até que estivesse "no humor certo". Infelizmente, isso acontece raramente o suficiente para justificar a procrastinação de sua escrita, pois ele se convenceu de começar apenas quando o "clima certo" aparecesse e se instalasse - raramente ocorrendo!

Outro amigo tentou diariamente, durante os últimos dez anos, parar de fumar; cada cigarro pode ser o último. Enquanto isso, minhas declarações de impostos estão inacabadas em minha mesa há seis meses; embora eu não tenha perdido a esperança de que eles eventualmente se preencham.

A procrastinação é a tendência de adiar a realização de ações que exigem sacrifício - ir à academia, trocar apólices de seguro por apólices mais baratas ou escrever cartas de agradecimento são apenas alguns exemplos de tarefas que podem precisar ser realizadas e as resoluções não ajudarão nessas tarefas. instâncias.

A procrastinação é uma loucura, visto que nenhuma tarefa se completa sozinha. Sabemos que eles são úteis, então por que os deixamos para outra hora? Porque o tempo decorre entre a sementeira e a colheita. O professor de psicologia Roy Baumeister demonstrou essa ideia através de um experimento brilhante. Ele colocou os alunos em frente a um forno cheio de biscoitos de chocolate sendo assados, espalhando seu aroma irresistivelmente perfumado pela sala. Ele então colocou uma tigela cheia de rabanetes perto do forno e instruiu os alunos que poderiam consumir quantos quisessem sem restrições; os cookies, entretanto, estavam estritamente fora dos limites. Ele os deixou sozinhos no quarto por trinta minutos. Os alunos de um segundo grupo foram autorizados a devorar biscoitos à vontade antes que ambos os grupos tentassem um difícil problema de matemática envolvendo biscoitos; aqueles que foram proibidos de comer desistiram duas vezes mais rápido do que aqueles que tiveram permissão para consumir biscoitos ilimitados; esse período de autocontrole passou com sucesso.
A força de vontade se esgotou, deixando-os sem energia mental ou força de vontade suficiente para enfrentar a tarefa em questão. A força de vontade atua como uma bateria; uma vez esgotados, os desafios futuros poderão revelar-se intransponíveis.

O autocontrole nem sempre pode estar disponível o tempo todo; precisa de tempo e espaço para rejuvenescimento. Felizmente, para atingir esse objetivo, basta reabastecer o açúcar no sangue e relaxar – duas estratégias simples, mas importantes!

Embora comer o suficiente e fazer pausas regulares sejam componentes essenciais para o sucesso, o próximo elemento crucial é usar vários truques para permanecer no caminho certo. Isto pode envolver a eliminação de distrações - por exemplo, quando escrevo romances, muitas vezes desativo o acesso à Internet para não me desviar ao chegar a uma parte complicada da escrita. Mas a técnica mais poderosa de todas é estabelecer prazos; o psicólogo Dan Ariely descobriu que autoridades externas – como professores ou funcionários do IRS – tendem a funcionar melhor. Prazos autoimpostos só funcionam se a tarefa tiver sido dividida passo a passo, com cada parte recebendo seu próprio prazo; daí estas nebulosas resoluções de Ano Novo fadadas ao fracasso!

A procrastinação é humana e irracional; portanto, para combatê-lo de forma eficaz, utilize uma abordagem integrada. Minha vizinha conseguiu escrever sua tese de doutorado em três meses usando esta estratégia: alugar uma pequena sala sem telefone ou conexão com a Internet e definir três datas por parte de seu trabalho para cada prazo que ela anunciasse para quem quisesse ouvir (inclusive imprimi-los em seu trabalho cartões!) Ela se reabastecia durante a hora do almoço ou à noite, lendo revistas de moda ou dormindo.

Veja também: Viés de Omissão (cap. 44); Falácia do planejamento (cap. 91); Viés de ação (cap. 43); Desconto hiperbólico (cap. 51); Efeito Zeigarnik (cap. 93)

CONSTRUA SEU PRÓPRIO CASTELO

Inveja O que te deixaria com mais ciúme? Existem três cenários de inveja que podem irritá-lo: A) Quando os salários dos seus amigos aumentam enquanto os seus permanecem os mesmos. B) O salário médio deles diminui enquanto o seu diminui. C) Seus salários médios diminuem e vice-versa.

Se sua resposta foi A, não se preocupe: isso é normal: apenas mais uma vítima do monstro de olhos verdes!

Aqui está uma história russa: Um fazendeiro encontra uma lâmpada mágica. Depois de esfregá-lo, surge do nada um gênio sem nome, prometendo-lhes um desejo. Depois de pensar durante algum tempo e considerar as suas opções, o agricultor finalmente decide: O meu vizinho tem uma vaca; portanto, espero que ela morra para que eu possa herdar o dela".

Por mais absurdo que possa parecer, você provavelmente se identifica com o agricultor. Admita: pensamentos semelhantes devem ter passado pela sua cabeça em algum momento da vida. Considere o seu colega que ganha um grande bônus enquanto você recebe apenas um vale-presente: a inveja pode levar a ações imprudentes, como recusar-se a ajudá-lo mais e até mesmo furar os pneus de seu Porsche; deleitar-se secretamente quando sua perna quebra esquiando é um resultado pelo qual você secretamente se alegra.

A inveja se destaca entre todas as emoções por ser fácil de se livrar, ao contrário da raiva, da tristeza ou do medo. De acordo com a análise de Balzac da inveja como vício - pois não há um único benefício que ela traga consigo - a inveja só pode servir a um propósito - lisonja sincera; caso contrário, é tempo perdido.
A inveja pode surgir de várias formas: propriedade, status, saúde, talento juvenil, popularidade, beleza. Como as reações físicas de ambos são semelhantes, a inveja pode facilmente ser confundida com ciúme; a diferença está em qual é o seu assunto (status, dinheiro, saúde, etc.). Para que o ciúme ocorra, são necessárias pelo menos duas partes envolvidas, enquanto a inveja requer pelo menos três (Peter está com ciúmes porque Sam não atende o telefone enquanto a linda garota da porta ao lado liga para ele).

A inveja muitas vezes pode nos levar a um caminho prejudicial, voltando-se contra aqueles que são mais semelhantes a nós em idade, carreira e residência. Mas por que sentimos ressentimento em relação aos empresários de outro século, às plantas ou aos animais que não representam ameaças ou não têm status social - nada disso merecia inveja em qualquer caso! Como escritor, não invejo milionários de todo o mundo; antes aqueles dentro da minha cidade. Músicos, empresários ou dentistas vêm em primeiro lugar. Os CEOs invejam outros grandes CEOs; as supermodelos invejam as supermodelos mais bem-sucedidas; como Aristóteles disse melhor: 'Os ceramistas invejam os ceramistas'.

Suponha, por exemplo, que seu sucesso financeiro permita que você se mude de um dos bairros mais violentos de Nova York para o Upper East Side de Manhattan. A princípio, esse movimento pode parecer ótimo; amigos podem admirar seu apartamento e endereço. Mas rapidamente depois disso, você percebe que há apartamentos de diferentes proporções ao seu redor, juntamente com novos grupos de pares compostos por indivíduos muito mais ricos em comparação com o seu antigo grupo de pares, fazendo com que novos problemas surjam - inveja e ansiedade de status entre eles.

Como você pode combater a inveja? Primeiro, pare de se comparar com os outros. Em segundo lugar, encontre o seu círculo de competência e preencha-o sozinho; crie uma área na qual você brilhe - não importa quão pequena seja - para que todos saibam que VOCÊ é o dono daquele castelo.

Como todas as emoções, a inveja tem raízes na evolução humana. Se o hominídeo da caverna ao lado consumiu mais carne do mamute do que era justo para nós, perdedores, a inveja nos motivou a fazer algo a respeito; caçadores-coletores negligentes morreram de fome enquanto outros festejaram. Hoje, porém, a inveja não desempenha mais um papel tão integral. Se o meu vizinho comprar um Porsche, isso não significa menos para mim!

Quando sinto minha inveja aumentar, minha esposa me lembra: 'Não há problema em invejar aqueles que você aspira ser.'

Veja também Viés de comparação social (cap. 72); Esteira Hedônica (Cap. 46).

Personificação Durante 18 anos, a mídia americana foi proibida de exibir fotografias de caixões de soldados caídos. Quando o secretário da Defesa, Robert Gates, levantou esta proibição em Fevereiro de 2009, milhares de imagens foram espalhadas pela Internet. Oficialmente, os membros da família precisam dar aprovação antes que qualquer coisa possa ser publicada; mas, na realidade, esta regra não pode ser aplicada de forma eficaz. Esta restrição tinha um objectivo - encobrir os verdadeiros custos da guerra - disfarçando os seus verdadeiros números como estatísticas, enquanto pessoas reais evocam emoção em todos nós.

Por que isso acontece? Durante milénios, os grupos foram essenciais para a nossa sobrevivência, por isso, ao longo dos últimos 100.000 anos, desenvolvemos uma capacidade incrível de ler a mente de outras pessoas - este termo científico é conhecido como "a teoria da mente". Aqui está uma experiência para demonstrar isso: você recebe $ 100 e deve dividi-lo com alguém, sendo considerada sua sugestão se ele/ela aceitar sua oferta, o dinheiro será dividido adequadamente ou devolvido - caso a outra pessoa não concorde, você deve devolver tudo isso sem receber nada em troca - como isso vai acontecer?

À primeira vista, faria sentido dar muito pouco a um estranho desconhecido - como apenas US$ 1 - porque qualquer coisa seria melhor do que nada. No entanto, os economistas que conduziam experiências utilizando jogos de ultimato (o termo técnico) observaram que os sujeitos se comportavam de forma bastante diferente quando participavam. Eles ofereceriam entre 30% e 50%, qualquer valor abaixo do qual seria considerado injusto - um exemplo da nossa empatia para com outro ser humano. O jogo do ultimato pode servir para revelar como nossas percepções diferem dependendo de quem está olhando.

Porém, com uma pequena modificação é possível diminuir significativamente essa sensação: mover os jogadores para salas separadas. Quando as pessoas já não conseguem ver ou nunca conheceram os seus homólogos - ou nunca souberam deles - simular os seus sentimentos torna-se muito mais difícil; eventualmente se tornando uma abstração e sua participação cai abaixo de 20% em média.

Paul Slovic conduziu outra experiência solicitando doações. Um grupo viu uma fotografia de Rokia, do Malawi – uma criança subnutrida que vive de caridade – antes de lhe ser mostrada a fotografia e de quanto dinheiro ajudaria.
Depois de terem sido mostradas estatísticas sobre a fome no Malawi, as pessoas de um grupo doaram em média 2,83 dólares dos 5 dólares que receberam para completar um breve inquérito; depois de terem sido mostradas estatísticas detalhando mais de três milhões de crianças desnutridas afetadas, a média das doações caiu 50%; isto parecia contra-intuitivo,

pois alguém poderia pensar que a generosidade das pessoas aumentaria com o conhecimento da sua escala; infelizmente, este não parece ser o caso; são as pessoas e não as estatísticas que orientam as nossas ações!

As organizações de mídia há muito reconheceram que relatórios factuais e gráficos de barras enfadonhos não atraem os leitores; como resultado, sua diretriz para relatar histórias sempre foi dar uma "imagem" a cada evento. Ao reportar sobre uma empresa ou estado que aparece nas notícias, por exemplo, uma foto do seu CEO geralmente aparece ao lado (sorrindo ou fazendo caretas, dependendo da demanda do mercado), com presidentes ou governadores estaduais se tornando ícones nessas histórias; quando ocorre algo como um terremoto, suas vítimas se tornam o rosto de tudo.

Esta obsessão explica o sucesso de uma das grandes invenções da cultura: o romance. Este "aplicativo matador" literário projeta conflitos individuais e interpessoais em destinos individuais. Em vez de um acadêmico escrever uma dissertação exaustiva sobre tortura psicológica na Nova Inglaterra puritana, ainda lemos The Scarlet Letter, de Hawthorne; da mesma forma para a Grande Depressão? Embora suas estatísticas possam parecer distantes para a maioria de nós, conforme vivenciadas em As Vinhas da Ira, de Steinbeck, elas permanecem vivas na memória.

Conclusão: tenha cuidado ao encontrar histórias humanas. Informe-se sobre seus fatos e distribuição estatística para contextualizar melhor sua narrativa. No entanto, se você deseja comover ou motivar as pessoas para seus próprios fins, certifique-se de que sua história inclua nomes e rostos, pois isso tornará a narrativa mais poderosa.

Veja também Story Bias (cap. 13); Ilusão de notícias (cap. 99); Vinculando preconceitos (cap. 22)

Após fortes chuvas no sul da Inglaterra, um rio transbordou. A polícia fechou e desviou o trânsito no seu cruzamento durante duas semanas - mas pelo menos uma vez por dia pelo menos um carro passou por sinais de alerta e entrou na água corrente, completamente inconsciente do que estava diretamente à sua frente.

Os psicólogos de Harvard Daniel Simons e Christopher Chabris conduziram um experimento no qual dois times de estudantes passaram uma bola de basquete para frente e para trás entre times vestindo camisetas pretas ou brancas - com os pretos vestindo camisetas pretas sendo mais eficientes no passe de bola para trás do que seus colegas em passando-os para trás. Este pequeno clipe conhecido como 'The Monkey Business Illusion' pode ser visto on-line (assista antes de ler mais!). Dê uma olhada aqui antes de ler mais!) Os espectadores são solicitados a contar com que frequência os jogadores com camisetas brancas passam a bola entre ambas as equipes serpenteiam em círculos, entrando e saindo, indo e voltando. Em um ponto do vídeo, algo inesperado ocorreu: um estudante vestido de gorila entrou de repente e começou a bater no peito antes de sair rapidamente novamente. Você é questionado em no final se você notou algo incomum; metade dos espectadores responderam incrédulos de que houve algum comportamento estranho; eles não conseguiram compreender tal presença - certamente nenhum gorila está presente aqui?

O Monkey Business Test é um dos experimentos mais conhecidos da psicologia e destaca o que os psicólogos chamam de ilusão de atenção: pensamos que percebemos tudo o que acontece ao nosso redor quando, na realidade, tendemos a notar apenas aquilo em que estamos nos concentrando - aqui, o passes feitos pelo Time Branco; interrupções não anunciadas podem até ser tão grandes e visíveis quanto um gorila!

Às vezes, fazer ligações enquanto dirigimos pode colocar em risco nossa percepção de atenção. Na maioria das vezes isso não apresenta nenhum problema; fazer chamadas geralmente não tem impacto adverso nas tarefas de direção, como manter-se nas faixas e frear quando necessário. Mas quando algo inesperado ocorre - como uma criança atravessando a rua correndo - sua atenção fica muito limitada para reagir adequadamente a tempo; estudos mostram que isso é verdade com o envolvimento de telefones celulares ou álcool.
Não importa como você segura ou usa um telefone, o impacto no tempo de resposta a eventos inesperados permanece limitado.

Você reconhece a frase 'O elefante na sala?' Refere-se a um tópico óbvio que ninguém quer discutir; um tabu tácito. Por outro lado, poderíamos definir "O gorila na sala" como: uma questão que deve ser discutida imediatamente, mas que está sendo negligenciada ou desconsiderada porque ninguém sabe sobre ela.

A Swissair era uma companhia aérea tão focada na expansão que ignorou a sua liquidez em rápida diminuição, levando à sua falência em 2001 e 2002. Ou consideremos a má gestão dentro dos países do Bloco de Leste que levou à sua separação, levando à queda do Muro de Berlim e aos riscos nas contas dos bancos que ninguém se importava muito antes de 2007. Esses exemplos nos mostram quantas vezes os gorilas vagam entre nós sem que percebamos.

Nem todo acontecimento extraordinário nos escapa; antes, o que deixamos de perceber passa despercebido e não é visto por nós; deixando-nos assim inconscientes de quaisquer itens significativos que estamos negligenciando e dando origem à falsa crença de que tudo de importante está sendo observado por nós.

De vez em quando, liberte-se da ilusão da atenção. Pense em todos os cenários possíveis e aparentemente improváveis - podem surgir eventos inesperados dos quais ninguém está falando; questões ocultas que ninguém aborda não estão sendo abordadas; esteja atento ao silêncio tanto quanto ao ruído; verificar áreas periféricas em vez de apenas centrais; antecipe algo incomum, mas enorme – ser enorme não garante ser notado; também deve-se esperar que algo incomum apareça!

Veja também: Efeito Positivo de Característica (cap. 95); Viés de confirmação (caps 7-8), preconceito de disponibilidade (capítulo 11) e efeitos de primazia e atualidade (capítulo 73)

Imagine se candidatar ao emprego dos seus sonhos: você aprimora seu currículo até que ele brilhe, brilha durante uma entrevista e destaca todas as suas conquistas e habilidades enquanto minimiza quaisquer fraquezas ou contratempos. Quando perguntam se você poderia aumentar as vendas em 30% e ao mesmo tempo reduzir os custos em 30%, sua resposta deveria ser: 'Considere isso feito.' Independentemente de qualquer preocupação dentro de você sobre como isso pode acontecer, concentre-se primeiro em impressionar os entrevistadores; os detalhes siga mais tarde; qualquer tentativa de fornecer respostas não fantasiosas pode potencialmente colocá-lo fora de disputa e, em última análise, resultar em desqualificá-lo para uma consideração mais aprofundada pelos entrevistadores; dê respostas até mesmo semi-realistas que possam colocá-lo fora de consideração - não importa o quão boas elas pareçam em troca.

Imagine-se como um jornalista com uma excelente ideia para um livro sobre a qual todos falam. Depois de encontrar um editor interessado e disposto a pagar um adiantamento, ele pergunta quando pode esperar o manuscrito (pode ficar pronto em seis meses?) Você gagueja: 'Hmm... Não faço ideia. Quanto tempo demorei da última vez?" Você responde: 'Considere feito.' Depois que o contrato estiver assinado e o dinheiro estiver na conta bancária, sempre há tempo para outros projetos e escrever histórias!

A deturpação estratégica é o termo oficial para tal comportamento: quanto maiores forem os riscos, mais exageradas deverão tornar-se as suas afirmações. Embora a deturpação estratégica não funcione em todos os lugares - por exemplo, se um oftalmologista promete cinco vezes consecutivas que lhe dará uma visão perfeita, apenas para obter resultados piores do que antes após cada procedimento, eventualmente você pode parar de acreditar completamente em suas promessas - a deturpação estratégica ainda pode ser valioso ao tentar esforços únicos, como entrevistas (onde uma empresa não o contratará mais de uma vez!). No entanto, também não deveria funcionar aqui; em vez disso, pode muito bem funcionar quando confrontado com tentativas únicas ou tentativas únicas envolvendo tentativas únicas - algo que um oftalmologista não faria.

Os megaprojectos são particularmente susceptíveis de serem deturpados quando a sua responsabilização é difusa, como quando o governo que os financiou originalmente já não detém o poder, muitas empresas participam e muitas vezes apontam o dedo, ou a data final ainda está a alguns anos de distância.
Bent Flyvbjerg, de Oxford, conhece intimamente projetos de grande escala. Exceder custos e prazos é comum porque as ofertas vencedoras nem sempre refletem a excelência geral; em vez disso, tudo se resume ao que parece melhor no papel - algo que Flyvbjerg chama de "darwinismo reverso": aquele que produz mais ar quente geralmente vencerá. A deturpação

estratégica é simplesmente uma prática enganosa? Não necessariamente; assim como as mulheres que usam maquiagem são enganosas, enquanto os homens que alugam Porsches para mostrar suas proezas financeiras são enganosos - enganosos, mas socialmente aceitáveis, para que não fiquemos chateados com isso - o mesmo acontece com as práticas de deturpação usadas quando as mulheres usam maquiagem ou os homens que alugam Porsches para mostrar as proezas financeiras são objetivamente enganadas, mas socialmente aceitáveis, por isso também não ficamos chateados com isso! O mesmo se aplica aos esquemas estratégicos de deturpação utilizados durante as negociações - mesmo que apenas uma parte saiba das tácticas de deturpação utilizadas contra outra parte, mas possa escapar impune ao ser deturpada durante as negociações; as mesmas contagens quando aplicadas estrategicamente a deturpação pode ser desonrosa quando aplicada em termos de engano, quando aplicada estrategicamente também - como homens que alugam Porsches como um sinal de capacidade financeira para sinalizar proezas financeiras estão simplesmente mentindo a esse respeito, responsabilidade, mas não fique chateado com socialmente aceitável para que não nos preocupemos com a deturpação estratégica. O mesmo se aplica à deturpação estratégica usada contra eles, tanto usada de forma enganosa contra um ou outro do que o esperado ou tratada de forma diferente, dependendo do que é esperado. O mesmo com deturpado quando usado quando deturpado.

A deturpação estratégica nem sempre pode ter repercussões graves; no entanto, quando se trata de assuntos que realmente importam, como sua saúde ou futuros funcionários, tenha cuidado. Ao lidar com pessoas (sejam candidatos a cargos, autores ou oftalmologistas), não confie no que elas afirmam; em vez disso, observe seu desempenho anterior. Ao lidar com projetos (sejam projetos semelhantes ou novas propostas que pareçam irrealisticamente otimistas). Desconfie de qualquer pessoa que pareça excessivamente otimista; peça a um contador para examinar minuciosamente os planos; adicionar uma cláusula nos contratos que estipule penalidades caso ocorram; e transferir esse dinheiro diretamente para uma conta de garantia para salvaguardar a sua conta de garantia como uma medida adicional contra custos excessivos.

Veja também Efeito de Excesso de Confiança (cap. 15) para detalhes e onde está o botão para desligar.

PENSAR DEMASIADO

Era uma vez uma centopéia inteligente que estava sentada preguiçosamente na beirada de uma mesa quando notou um delicioso grão de açúcar do outro lado da sala. Ele rapidamente avaliou suas opções: em qual perna da mesa ele deveria subir ou descer primeiro? Em seguida, ele teve que determinar quem deveria dar o primeiro passo e em que ordem. Como era adepto da matemática, realizou todos os cálculos necessários e escolheu um caminho entre todos os outros antes de finalmente dar o passo inicial. Infelizmente, embora seu cálculo e contemplação tenham feito com que ele se enroscasse no ar, o que o fez parar antes que mais progresso pudesse ser alcançado; na verdade, deixou-o passar fome e, eventualmente, deixou-o morrer de fome antes que o progresso pudesse ter sido alcançado e morreu de fome antes de chegar mais perto ou mais longe na vida do que jamais se imaginou antes e morreu de fome devido a pensar demais.

No torneio de golfe British Open de 1999, o golfista francês Jean Van de Velde jogou perfeitamente até o buraco final, onde liderou por três tacadas. Mesmo com aquela vantagem de três tacadas, ele poderia confortavelmente permitir duas tacadas acima do par sem ficar aquém; fazendo a entrada nas grandes ligas a poucos minutos de distância! Quando Van de Velde entrou no percurso, gotas de suor começaram a se formar em sua testa. Seu primeiro golpe acabou voando para os arbustos a seis metros do alvo e deixou Van de Velde cada vez mais nervoso para os tiros subsequentes, o que só serviu para aumentar a sensação de ansiedade. Van de Velde bateu a bola na grama na altura do joelho antes de jogá-la na água, tirando os sapatos para passar. Por um momento ele pensou em atirar do lago; eventualmente, ele decidiu cobrar um pênalti na areia; depois de atirar sete vezes, ele finalmente conseguiu chegar ao green e entrar no buraco; Van de Velde perdeu o British Open, mas garantiu um lugar na história do esporte através deste agora famoso desempenho de triplo bogey.

A Consumer Reports conduziu um experimento de degustação com provadores experientes na década de 1980, envolvendo 45 variedades de geleia de morango. Mais tarde, os professores de psicologia Timothy Wilson e Jonathan Schooler conduziram testes semelhantes com estudantes da Universidade de Washington; surgiram resultados semelhantes, com especialistas e estudantes favorecendo sabores semelhantes de geleia. Mas Wilson foi mais longe: realizou outro teste com outro grupo de alunos que preferiam opções diferentes das anteriores - só que desta vez escolheram opções completamente diferentes! No primeiro grupo, os participantes preencheram um extenso questionário justificando detalhadamente as suas classificações e chegaram a classificações completamente desiguais, apresentando algumas das melhores variedades na parte inferior.

Fundamentalmente, pensar demais impede o acesso à sabedoria das emoções. Embora esta afirmação possa parecer incomum vinda de alguém como eu, que se esforça para eliminar a irracionalidade dos meus processos de pensamento, as emoções se formam exatamente como pensamentos racionais cristalinos; as emoções representam simplesmente uma forma diferente de processamento de informações que pode fornecer conselhos mais sábios do que os racionais.

Isto leva a uma questão importante: quando alguém deve ouvir a sua cabeça ou o seu instinto? A regra prática pode incluir isto: quando se trata de atividades como habilidades

motoras (centopéia, Van de Velde ou aprender um instrumento musical) e questões que você
já abordou muitas vezes antes (como o "círculo de competência" de Warren Buffett), é
melhor não analisar demais de perto. A tomada de decisão deliberativa prejudica suas
habilidades intuitivas para resolver problemas. Tal como nos tempos da Idade da Pedra, ao
tomar decisões relacionadas com a alimentação e amizades, as chamadas heurísticas eram
superiores ao pensamento racional. No entanto, com questões complexas como as decisões
de investimento que exigem uma reflexão sóbria, a evolução não nos preparou para tais
considerações, pelo que a lógica supera sempre a intuição.

Veja também Action Bias (Cap. 43); Viés de informação (cap. 59)

POR QUE VOCÊ ASSUME MUITA DÍVIDA (Capítulo 91).

Falácia do planejamento

Todas as manhãs, ao fazer sua lista de tarefas, você costuma ter sucesso ao marcar tudo no final de cada dia? Com que frequência isso acontece com a maioria das pessoas? A maioria só pode atingir esse estado uma vez a cada poucos meses. Simplificando, você assume responsabilidades demais. Seus planos são irrealisticamente ambiciosos - algo que seria perdoado se esta fosse sua primeira vez compilando listas de tarefas, mas esse comportamento se tornou parte de sua rotina com o tempo. Assim, você está intimamente familiarizado com suas capacidades e é improvável que as superestime diariamente. Isto não é motivo de riso: em outras áreas da vida aprendemos com a experiência - por que não existe uma quando se trata de planejamento? Mesmo que a maioria de seus esforços anteriores fossem otimistas demais para a realidade de hoje. Daniel Kahneman refere-se a este fenómeno como a falácia do planeamento.

Roger Buehler e sua equipe de pesquisa pediram à turma do último ano, liderada pelo psicólogo canadense Roger Buehler, que identificasse duas datas de envio: uma era realista, enquanto a segunda refletia uma data improvável do pior cenário. Apenas 30% cumpriram prazos realistas, embora normalmente precisassem de 50% de tempo extra do que o inicialmente planeado e de sete dias adicionais do que o previsto para as datas de apresentação definidas nos piores cenários.

A falácia do planeamento é particularmente evidente quando as pessoas colaboram, seja nos negócios, na ciência ou na política. Os grupos tendem a sobrestimar a duração e os benefícios, subestimando sistematicamente os custos e os riscos. Um excelente exemplo é a Sydney Opera House, que foi planejada em 1957, com conclusão prevista para 1963, a um custo inicial estimado de US$ 7 milhões, mas acabou inaugurada por US$ 102 milhões; 14 vezes maior do que o esperado!

Por que não parecemos planejadores naturais? Pode haver duas razões para a nossa capacidade de planejamento ineficaz. Uma delas é a ilusão: nos esforçamos para ter sucesso em tudo que assumimos. Dois: Muitas vezes, concentramo-nos demasiado no nosso projeto enquanto negligenciamos influências externas, como eventos inesperados que surgem inesperadamente (isto também pode acontecer com horários diários, por exemplo, a sua filha querendo alguma coisa) que nos levam por um caminho imprevisível; ou pouca atenção dada a estes eventos devido ao foco muito restrito neles (isto pode até se aplicar aqui - durante o planejamento).
Seu cachorro engole uma espinha de peixe. A bateria do seu carro acaba inesperadamente. Uma oferta de uma casa aparece e precisa ser considerada urgentemente em sua mesa - como resultado, os planos dão errado! A preparação passo a passo seria alguma solução?

Não; a preparação passo a passo apenas amplia as falácias do planejamento, estreitando ainda mais o foco, diminuindo assim sua capacidade de antecipar surpresas na vida.

Então o que você deveria fazer? Mude seu foco de coisas internas – como seu projeto – para coisas externas, como projetos semelhantes. Revise a taxa básica e avalie os esforços anteriores. Se empreendimentos semelhantes duraram três anos e consumiram US$ 5 milhões, isso provavelmente também se aplicará ao seu projeto – não importa quão cuidadosamente planejado. Portanto, antes de tomar decisões sobre qualquer decisão relacionada a ela, é crucial que uma sessão "pré-morte" (que significa literalmente "antes da morte") seja realizada antes de fazer essas escolhas importantes. Gary Klein sugere fazer este breve discurso a qualquer equipe reunida: 'Imagine que se passou um ano e que tudo correu conforme o planejado, mas em seu lugar houve um desastre - reserve cinco ou dez minutos para escrever sobre esta catástrofe - as histórias mostrarão como as coisas podem evoluir."

Veja também Procrastinação (cap. 85); Ilusão de previsão (cap. 40); Efeito Zeigarnik (cap. 93); Groupthink (cap. 25) para mais informações.

MARTELOS SELVAGENS SÓ VÊEM PREGOS

Sɪsᴛᴇᴍᴀ ᴅᴇ DᴇғᴏʀᴍᴀçÃᴏ Pʀᴏғɪssɪᴏɴᴀʟ

Um indivíduo contrai um empréstimo e abre sua própria empresa, mas logo depois declara falência.

Ele sofre de depressão e depois comete suicídio.

Você está lendo esta história como analista de negócios? Como tal, como parte do seu trabalho, você deve tentar avaliar por que essa ideia não deu certo: ele era um líder ineficaz, a estratégia estava errada, o mercado era muito pequeno ou a concorrência era muito acirrada? Como profissional de marketing, você pode presumir que as campanhas foram mal organizadas ou que ele não conseguiu atingir o público-alvo pretendido. Os peritos financeiros podem questionar se o empréstimo é o instrumento financeiro adequado; os jornalistas locais veem uma oportunidade nesta história: que sorte que ele tirou a própria vida! Como escritor, você pode refletir sobre como um incidente pode se tornar uma antiga tragédia grega. Os banqueiros podem suspeitar que ocorreu um erro no departamento de empréstimos. Os socialistas tendem a culpar o fracasso do capitalismo; os conservadores religiosos podem ver este evento como um castigo divino ou os psiquiatras reconheceriam os baixos níveis de serotonina. Então, qual ponto de vista deve prevalecer?

Nenhum. Mark Twain observou certa vez: 'Se todas as suas ferramentas forem martelos, todos os seus problemas serão pregos.' Charlie Munger, parceiro de negócios de Warren Buffett e autor de The Snowball Effect, comentou com Charlie Munger o seguinte efeito de usar apenas um modelo: 'Mas esta pode ser uma forma totalmente desastrosa de pensar e operar no mundo; portanto, vários modelos devem vir de diferentes campos, pois nem toda a sabedoria reside num único departamento académico'

Aqui estão alguns exemplos de deformação profissional: os cirurgiões procuram resolver todos os problemas médicos com cirurgia; os exércitos tendem a favorecer primeiro as soluções militares; engenheiros especializam-se em trabalhos estruturais; os gurus das tendências costumam fazer previsões absurdas – resumindo: quando questionados sobre um assunto, a maioria das respostas geralmente está relacionada a uma de suas áreas de especialização.

Por que os alfaiates não deveriam praticar a alfaiataria como sabem melhor? A deformação profissional ocorre quando as pessoas aplicam seus processos especializados em áreas que não deveriam. Sem dúvida você já viu isso acontecer?

Professores repreendendo amigos como estudantes. Novas mães tratando seus maridos como filhos. Ou pegue as planilhas do Excel - nós as usamos mesmo quando seu uso não faz sentido, como ao projetar projeções financeiras para startups ou comparar potenciais amantes que encontramos em sites de namoro - elas podem muito bem ser uma das invenções mais perigosas desde os computadores .

Mesmo dentro de seus próprios domínios, os revisores literários tendem a usar excessivamente o martelo. Os revisores são treinados para detectar referências, símbolos e mensagens ocultas nos livros; como romancista, considero essa prática irritante, pois os críticos evocam tais dispositivos onde eles não existem. Não muito diferente do que fazem os jornalistas de negócios - que vasculham até mesmo os comentários menores feitos pelos governadores dos bancos centrais em busca de qualquer indício de mudanças na política fiscal através da análise das palavras ditas em voz alta por eles.

Conclusão: Ao consultar um especialista, não espere a melhor solução geral; esperamos antes uma abordagem que possa ser resolvida usando a sua caixa de ferramentas. Lembre-se de que nossas mentes não são computadores centralizados, mas contêm múltiplas ferramentas especializadas que podem precisar ser empregadas em vários pontos ao longo de sua jornada. Infelizmente, nossas "canivetes" estão incompletas. Devido às experiências de vida e expertise profissional, já possuímos algumas lâminas. Mas, para aprimorar ainda mais o nosso conjunto de habilidades, é necessário adicionar duas ou três ferramentas – modelos mentais que estão fora da nossa área de especialização – à nossa caixa de ferramentas. Nos últimos anos, adotei uma perspectiva biológica da vida e obtive novos insights sobre sistemas complexos. Faça um balanço de suas deficiências e busque conhecimentos e metodologias adequadas para solucioná-las; fazer isso leva cerca de um ano de esforço, mas renderá dividendos: seu canivete ficará maior e mais versátil, sua mente mais aguçada!

Veja também Loucura do Voluntário (cap. 65); Dependência de Domínio (cap. 76) e Falácia do Jogador (cap. 29)

MISSÃO CUMPRIDA

Efeito Zeigarnik

Berlim, 1927: Vários estudantes universitários e professores visitam um restaurante onde o garçom anota pedido após pedido sem nenhuma documentação anotada, preocupando-os com a possibilidade de algo ruim acontecer. No entanto, após apenas uma breve espera, todos os clientes receberam exatamente o que solicitaram. No entanto, do lado de fora, na rua, depois do jantar, a estudante russa de psicologia Bluma Zeigarnik percebeu que havia deixado o cachecol no restaurante. De volta ao restaurante, ela encontra o garçom conhecido por sua memória incrível e pergunta se ele viu aquilo. No entanto, ele permanece inconsciente dela ou de onde ela se sentou; ao que ela responde indignada perguntando como foi possível que ele tenha esquecido quem ou onde eles estavam sentados quando sua memória é tão incrível! 'Como você pôde me esquecer?' respondeu secamente: 'Guardo todos os pedidos até serem servidos' 'O garçom respondeu secamente: 'Guardo todos os pedidos na cabeça até serem servidos' e também não se lembrava dos meus pedidos anteriores' (c).

Zeigarnik e Kurt Lewin estudaram esse comportamento misterioso e concluíram que as pessoas geralmente funcionam como garçons: nunca esquecemos tarefas inacabadas; eles incomodam nossa consciência até que lhes demos atenção; uma vez concluídos, entretanto, esses itens desaparecem completamente da memória.

Os pesquisadores agora se referem a esse fenômeno como efeito Zeigarnik. A sua investigação, no entanto, revelou alguns casos incomuns: por exemplo, alguns indivíduos permaneceram completamente tranquilos apesar de terem vários projetos em andamento. Roy Baumeister e sua equipe de pesquisa da Florida State University lançaram recentemente alguma luz sobre esse fenômeno. Ele dividiu os alunos que estavam perto de fazer os exames finais em três grupos; O Grupo 1 consistiu em festas realizadas durante este semestre, enquanto os Grupos 2 a 4 se concentraram em exames formais. O Grupo 2 teve que se concentrar no próximo exame, enquanto o Grupo 3 precisava criar um plano de estudo detalhado. Baumeister então pediu aos alunos dos Grupos 2, 3 e 4 que completassem palavras sob pressão de tempo - alguns viram "Pânico", enquanto outros pensaram em "Festa" ou Paris. Este exercício foi extremamente esclarecedor; o grupo 1 pareceu relaxado em fazer o exame enquanto aqueles no grupo 2 não conseguia pensar em mais nada, mas o que mais se destacou foi o grupo 3, onde os resultados foram realmente surpreendentes! Embora esses alunos tivessem que se concentrar em um exame que estava por vir, suas mentes permaneciam relaxadas e livres de ansiedade. Experimentos subsequentes confirmaram esta observação: tarefas pendentes tendem a nos atormentar apenas até que tenhamos um plano organizado de como iremos resolvê-las; Zeigarnik acreditou erroneamente que completar tarefas seria suficiente nesse sentido; em vez disso, uma abordagem estratégica deveria ser suficiente.

O livro best-seller de David Allen, Getting Things Done (GTD), proclama seu objetivo como ter uma mente tão clara quanto a água. Para atingir esse objetivo, não é necessário ter uma vida em perfeita ordem, mas é preciso criar um plano de ação para resolver os problemas não planejados da vida e anotá-los em tarefas passo a passo – só então sua mente poderá encontrar paz de espírito. A deliberação no planejamento é fundamental; objetivos vagos como "organizar a festa de aniversário da minha esposa" ou "encontrar um novo emprego" não podem proporcionar alívio; Allen força seus clientes a dividir esses projetos em vinte a cinquenta tarefas individuais antes de iniciar tais projetos, se possível, a fim de garantir o sucesso e alcançar a paz de espírito. mente.

A recomendação de Allen pode ir contra a falácia do planejamento (capítulo 91): o planejamento detalhado pode fazer com que ignoremos fatores externos que podem inviabilizar os projetos, mas é aí que reside a chave: para ter tranquilidade, opte pela abordagem de Allen, enquanto para estimativas mais precisas dos custos , benefícios, duração e outros aspectos do projeto procuram projetos semelhantes em vez de criar um plano detalhado. Ou faça os dois!

No entanto, você não precisa de nenhum dispositivo de alta tecnologia para fazer isso sozinho - basta manter um bloco de notas ao lado da cama e usá-lo quando não conseguir dormir para anotar tarefas pendentes e como irá resolvê-las - isso deve ajudar a silenciar o interior. vozes que continuam gritando: 'você quer Deus, mas não tem mais comida de gato', como disse Allen - seu conselho permanece válido mesmo se você já encontrou Deus ou não possui nenhum animal de estimação!

Veja também Procrastinação (cap. 85); Falácia do planejamento (cap. 91) para considerações adicionais.

A construção de barcos é mais crucial do que remar

Por que existem tão poucos empreendedores em série

Por que parece haver tão poucos empreendedores em série – empresários que iniciam múltiplas empresas lucrativas consecutivamente? Claro, Steve Jobs e Richard Branson existem – mas eles representam uma pequena minoria. Os empreendedores em série representam menos de um por cento de todos os fundadores de startups. Mas será que todos esses empreendedores em série se retiram para iates particulares depois de experimentarem o sucesso, como fez o cofundador da Microsoft, Paul Allen? Sem chance. Os verdadeiros empresários possuem energia demais para ficar sentados em uma cadeira de praia por horas a fio. Talvez isto se deva ao facto de não quererem abrir mão e cuidar das suas empresas até completarem 65 anos, embora a maioria dos fundadores vendam as suas ações no prazo de 10 anos após a fundação das suas empresas. Poder-se-ia pensar que pessoas dotadas de talento, de uma extensa rede pessoal e de credenciais sólidas seriam capazes de fundar inúmeras outras start-ups – mas muitas não conseguem fazê-lo. Por que eles param? Eles não pararam; eles simplesmente falharam em fazê-lo com sucesso. A sorte desempenha um papel mais importante do que a habilidade quando se trata de sucesso empresarial, algo sobre o qual nenhum empresário gosta de ouvir falar. Lembro-me de me sentir desconfortável quando soube dessa ideia pela primeira vez; meu pensamento imediato foi: 'Meu sucesso foi apenas aleatório?". A princípio, pode parecer ofensivo que a sorte tenha desempenhado um papel tão importante.

Vamos adotar uma abordagem honesta e realista para o sucesso empresarial. Quanto disso se resume a trabalho duro e talento distinto versus sorte? Infelizmente, esta questão pode facilmente levar a percepções erradas; embora o talento desempenhe um papel essencial na história de sucesso de qualquer empresa, o trabalho árduo não pode alcançar resultados por si só. Infelizmente, nem as competências nem o trabalho árduo por si só são suficientes para alcançar o sucesso; ambos os elementos são fatores necessários – mas não suficientes. Como podemos saber isso? Existe um teste fácil e direto: quando alguém desfruta de sucesso a longo prazo em comparação com pares menos qualificados, o talento torna-se primordial. Infelizmente isto não se aplica aos fundadores de empresas; caso contrário, a maioria dos empreendedores de sucesso continuaria a lançar múltiplas startups após o sucesso inicial ter sido alcançado.

Qual o papel dos líderes corporativos no sucesso de uma empresa? Os pesquisadores identificaram características associadas a ser um CEO forte – procedimentos de gestão e brilho estratégico anterior como exemplos.
Os investigadores mediram então a correlação entre os comportamentos dos CEO, por um lado, e o crescimento do valor da empresa durante o seu mandato, por outro. A conclusão

deles: se duas empresas forem comparadas aleatoriamente, em 60% dos casos o CEO mais forte lidera a empresa mais poderosa. Kahneman descobriu que em 40% dos casos, CEOs mais fracos lideravam empresas mais fortes; isto representou apenas 10 pontos percentuais a mais do que nenhuma relação. Ele concluiu observando como as pessoas geralmente não compram com entusiasmo livros escritos sobre líderes empresariais que são apenas um pouco melhores que a média; mesmo Warren Buffett não vê sentido em promover certos CEOs; sua opinião? '[?...?] Um bom histórico gerencial depende mais do barco em que se entra do que da eficácia com que se dirige'

Certas áreas não dependem de habilidade alguma. Kahneman descreveu em seu livro Thinking, Fast and Slow sua visita a uma empresa de gestão de ativos que lhe enviou uma planilha com o desempenho de cada consultor ao longo de oito anos como parte de seu briefing. A partir desses dados, Kahneman atribuiu a cada grupo uma classificação: 1, 2, 3 etc. em ordem decrescente. Ele calculou rapidamente a relação deles ao longo das classificações dos anos. Ele então calculou a correlação das classificações do ano 1 ao ano 8 – com consultores ocasionalmente em cada extremidade. Acabou sendo um puro acaso; às vezes eles apareciam até mais perto do topo do que às vezes da base. O desempenho do consultor foi independente dos anos anteriores ou subsequentes – a correlação foi zero! Mesmo assim, esses consultores receberam bônus por suas realizações. Em outras palavras, a empresa estava recompensando a sorte em vez da habilidade.

Conclusão: Certas profissões dependem fortemente do uso de suas habilidades por pessoas, como pilotos, encanadores e advogados. Outras áreas exigem habilidade, mas não são críticas – como empreendedores e líderes. E às vezes o acaso decide tudo, como nos mercados financeiros; aqui, a ilusão de habilidade pode reinar suprema. Portanto, mostre respeito pelos encanadores enquanto desfruta de bobos financeiros de sucesso!
Veja também Sorte de Iniciante (cap. 49); Viés de sobrevivência (cap. 1), Viés de autoridade (cap. 9), Efeito de excesso de confiança, Ilusão de controle e Viés de resultado nos capítulos subsequentes (20 e 21, respectivamente).

À primeira vista, a série A parece bastante simples. Todos os seus números têm algo em comum – 394, 411, 054, 646 estão ligados por quatro características, o que torna esta série relativamente simples de resolver. Em seguida vem a série B; todos os seus números utilizam seis recursos em algum momento. O que você pode aprender com isso? A ausência muitas vezes pode ser mais difícil de detectar do que a presença; tendemos a dar maior importância às coisas que existem do que às que não existem.

Na semana passada, enquanto saía para uma caminhada, percebi: nada doeu. Isso foi bastante surpreendente, visto que raramente sinto dor e, quando ocorre, pode ser sentida intensamente; mas raramente reconhece a sua ausência; tal era a sua beleza que por apenas um instante trouxe alegria - apenas para que tudo rapidamente desaparecesse da mente novamente!

Num recital de música clássica, uma orquestra executou a Nona Sinfonia de Beethoven, com grande aclamação, numa sala de concertos entusiasmada. Lágrimas podiam ser vistas brotando durante a ode do quarto movimento, fazendo com que alguém se sentisse grato por ela existir; mas isso é verdade? Sem dúvida não; se a obra não tivesse sido composta, ninguém sentiria falta e o diretor não receberia ligações furiosas exigindo que essa obra fosse escrita e executada imediatamente - esse fenômeno conhecido como efeito recurso-positivo é o que realmente nos deixa felizes hoje.

As campanhas de prevenção utilizam esta estratégia de forma eficaz; por exemplo, "Fumar causa câncer de pulmão" é muito mais persuasivo do que "Não fumar leva a uma vida livre de câncer de pulmão". Os auditores e outros profissionais que dependem de listas de verificação sucumbem frequentemente a este efeito positivo: as declarações fiscais pendentes aparecem imediatamente nas suas listas, enquanto as actividades fraudulentas, como as da Enron ou do esquema Ponzi de Bernie Madoff, não o fazem. Também faltam nessas listas os empreendimentos de "comerciantes desonestos", como Nick Leeson e Jerome Kerviel, que causaram caprichos financeiros como estes - escondendo assim tais actividades do escrutínio público.
Não existe nenhuma lista de verificação para acompanhar as desvalorizações; e embora actos ilegais possam ser considerados pelos bancos hipotecários, a desvalorização devido às instalações de incineração pode ocorrer sem que a sua monitorização seja notada.

Imagine criar um produto indesejável como molho para salada com elevado teor de colesterol, mas você deseja que os consumidores se sintam seguros quanto ao seu uso? Ao rotular tal produto, destaque todas as suas características positivas. Os clientes não notarão a sua ausência; enquanto as características positivas garantirão que os consumidores permaneçam informados.

A pesquisa acadêmica freqüentemente exibe o efeito positivo do recurso. A confirmação de hipóteses normalmente leva a publicações e pode até ganhar prêmios Nobel; enquanto a falsificação de hipóteses, embora cientificamente benéfica, é muito mais difícil de publicar e nunca recebeu este tipo de reconhecimento de prestígio. Outro resultado do efeito positivo da característica é a nossa tendência de aceitar conselhos positivos - como fazer X - em vez de conselhos negativos (esqueça Y). Isso nos torna muito mais receptivos a conselhos positivos do que a sugestões negativas (como esquecer Y).

Conclusão: Os seres humanos muitas vezes lutam para perceber os não eventos com precisão. Tendemos a ignorar o que não existe. Por exemplo, reconhecemos se há guerra, mas não apreciamos a sua ausência em tempos de paz; da mesma forma, raramente consideramos estar doentes quando saudáveis; da mesma forma, depois de chegar a Cancún sem ter sofrido um acidente de avião! Cultivando mais atenção plena em torno da ausência, poderemos muito bem nos tornar mais felizes; embora fazer isso exija muito trabalho mental e reflexão - uma ferramenta útil é questionar por que algo existe em vez do nada, já que essa pergunta serve como uma forma útil de combater os efeitos positivos dos recursos!

Veja também Efeito Forer (cap. 64); Viés de confirmação (caps. 7-8); Viés de autosseleção (cap. 47); Viés de disponibilidade (cap. 11); Ilusão de Atenção (cap. 88)

VIÉS DE CONFIRMAÇÃO ENTRE ARROW E SPARROW

Os hotéis apresentam-se da melhor forma online. Fotos que retratam imagens belas e majestosas são cuidadosamente selecionadas; quaisquer ângulos pouco lisonjeiros, canos com vazamento ou salas de café da manhã pouco atraentes são simplesmente escondidos por carpetes esfarrapados - é claro que você sabe que isso é verdade quando se depara com um lobby feio pela primeira vez; em vez disso, você simplesmente dá de ombros e se dirige ao balcão de registro o mais rápido possível.

A escolha seletiva, praticada pelos hotéis, envolve selecionar e enfatizar apenas características atraentes enquanto oculta outras. Você deve abordar outras experiências da mesma forma: folhetos de carros, imóveis ou escritórios de advocacia são outra coisa que você precisa abordar com cautela - saber como eles funcionam não nos deixa em transe!

Mas tendemos a reagir de forma diferente quando lemos relatórios anuais de empresas, fundações e organizações governamentais. Aqui você tende a esperar representações objetivas; infelizmente você estaria errado: esses órgãos muitas vezes escolhem a dedo: as metas alcançadas são comemoradas enquanto os contratempos passam despercebidos.

Imagine-se como o chefe de um departamento. Seu conselho o convida a apresentar a situação do seu time. Como você abordaria esta apresentação? Enfatizando suas vitórias e ao mesmo tempo incluindo alguns slides que destacam desafios. Quaisquer conquistas não alcançadas são facilmente esquecidas.

As anedotas apresentam um desafio único quando se trata de escolher a dedo. Imagine ser o diretor administrativo de uma empresa que fabrica dispositivos técnicos. Depois de realizar uma pesquisa de satisfação do cliente, fica evidente que a maioria dos clientes não consegue usar seu gadget devido à sua natureza complexa. Agora o gerente de RH intervém: 'Meu sogro recebeu isso ontem e aprendeu imediatamente como trabalhar. Quanto peso você atribuiria a esta cereja em particular? Perto de zero." Refutar uma anedota pode ser um desafio porque envolve mini-histórias que apelam ao nosso cérebro. Para contrariar este efeito, líderes qualificados treinam-se ao longo das suas carreiras para se tornarem hipersensíveis às anedotas que surgem no seu caminho e respondem imediatamente com tiros disparados. contra quaisquer histórias que surjam.

A escolha seletiva torna-se mais aparente à medida que mergulhamos em campos mais elevados ou de elite. Em Antifrágil, Taleb detalha como todas as áreas de investigação – da filosofia à medicina e à economia – se vangloriam dos seus resultados: "Tal como os políticos, a academia é adepta de nos dizer o que fizeram por nós em vez do que não fizeram; provando assim os seus métodos indispensáveis ." Isto pode muito bem ser uma escolha seletiva, mas o nosso respeito pelos académicos torna-o impossível de detetar.

Ou consideremos a profissão médica: dizer às pessoas para não fumarem é a maior conquista médica desde o fim da Segunda Guerra Mundial, segundo o médico Druin Burch no seu livro Taking the Medicine. Alguns antibióticos tipo cereja servem como distração e, portanto, os pesquisadores de drogas tendem a ser celebrados, enquanto os ativistas antitabagismo não.

Os departamentos administrativos das grandes empresas tendem a comportar-se como hoteleiros, glorificando-se ao elogiar tudo o que realizaram, mas nunca comunicando o que não foi realizado para o negócio. O que você pode fazer em relação à isso? Ao servir no conselho de supervisão de uma organização, certifique-se de perguntar sobre as 'cerejas restantes', como projetos fracassados ou metas perdidas - você aprenderá muito mais com isso do que com os sucessos! É surpreendente como raramente tais questões são levantadas! Segundo: em vez de empregar um exército de controladores financeiros para calcular os custos até ao último cêntimo, reserve algum tempo para rever regularmente os objectivos. Você pode se surpreender ao descobrir que, com o tempo, alguns objetivos originais tornaram-se menos tangíveis e foram substituídos por objetivos auto-impostos que permanecem sempre alcançáveis; sempre que tais alvos surgirem, deverão levantar bandeiras vermelhas; seria o equivalente a atirar uma flecha e criar um alvo em torno de onde ela cai!

Notas sobre preconceitos (cap. 13); Preconceitos egoístas (cap. 45);

A caça aos bodes expiatórios na idade da pedra

Falha na análise de causa única

Chris Matthews é um dos principais jornalistas da MSNBC. Em seu noticiário, especialistas políticos são entrevistados. Nunca compreendi o que o seu trabalho implicava ou porque é que tais carreiras existem, embora em 2003 a invasão do Iraque pelos EUA estivesse na frente e no centro. Chris Matthews perguntou a especialista após especialista sobre os seus motivos - desde as teorias do retorno do 11 de Setembro até às armas de destruição maciça que estão por detrás deste conflito - tão importantes foram as suas perguntas: 'Qual é a motivação para a guerra? ', para "por que invadimos o Iraque, além de discursos de vendas." E assim por diante... e assim por diante... e assim por diante... e assim por diante...

Perguntas como essa não me agradam mais; reflectem um dos erros mentais que ocorrem com mais frequência - algo para o qual não existe um termo quotidiano; portanto, usarei uma linguagem estranha como "a falácia da causa única".

Cinco anos mais tarde, em 2008, o pânico reinou novamente nos mercados financeiros e os bancos entraram em colapso, forçando os contribuintes a resgatá-los com dinheiro dos impostos. Investidores, políticos e jornalistas investigaram todos os aspectos deste colapso financeiro: a política monetária frouxa de Greenspan? Estupidez do investidor? Agências de classificação duvidosas? Auditores corruptos? Maus modelos de risco ou pura ganância eram causas possíveis – todas eram igualmente culpadas. Nenhum factor pode assumir a responsabilidade exclusiva, mas todos podem contribuir significativamente.

Um verão indiano idílico, o divórcio de um amigo, a Primeira Guerra Mundial, o câncer, um tiroteio na escola, o sucesso mundial de uma empresa ou mesmo a própria escrita são eventos causados por múltiplos fatores que contribuem para eles - mas ainda tentamos atribuir toda a culpa a um indivíduo ou coisa sozinha.

O que faz com que uma maçã amadureça e caia não está claro: é a gravidade que a atrai para a terra, é o seu caule murchando sob os raios secos da luz solar, que o seu peso aumentou, que as rajadas de vento provocam a sua queda ou que uma criança ansiosa que está por baixo quer para petiscar? Nenhum factor isolado explica a sua queda. Em Guerra e Paz, de Tolstoi, esta passagem ilustra isso lindamente.
Imagine ser gerente de produto de uma marca icônica de cereais matinais e ter lançado recentemente uma variedade orgânica com baixo teor de açúcar que se revela um fracasso esmagador após um mês de vendas. Como você investigaria suas causas? Em primeiro lugar, entenda que nenhum fator será responsável por esta falha; cada fator desempenha seu

próprio papel. Pegue uma folha de papel e esboce todos os possíveis motivos, juntamente com suas causas básicas. Ao terminar, você terá criado uma elaborada rede de influenciadores em potencial. Em seguida, identifique aqueles que você pode mudar (como a natureza humana) e descarte aqueles que não podem. Finalmente, realizar testes empíricos variando os factores destacados nos mercados – isto leva tempo e dinheiro, mas é necessário se quisermos ir além de suposições superficiais.

A falácia da causalidade única é antiga e perigosa. Ao longo dos milénios, passámos a acreditar que as pessoas são donas dos seus próprios destinos - Aristóteles fez esta afirmação há mais de dois milénios! Agora entendemos que isso está incorreto e que o livre arbítrio é uma questão em aberto. As nossas acções são determinadas por uma rede complexa de factores que vão desde a predisposição genética e o ambiente, a educação, a concentração hormonal nas células cerebrais e ainda assim nos apegamos firmemente a uma imagem ultrapassada de autogoverno. Esta prática é prejudicial e moralmente questionável. Enquanto acreditarmos em razões singulares para acontecimentos ou desastres, será sempre possível atribuir a culpa aos indivíduos. Além disso, há muito que as pessoas jogam este jogo de encontrar alguém ou algo que culpem - criando a percepção de que o poder deve ser exercido através de um indivíduo ou grupo em detrimento de outro.

Mesmo assim, Tracy Chapman foi capaz de construir todo o seu sucesso mundial com base nisso - principalmente por meio da música 'Give Me One Reason'. Mas não havia outros fatores envolvidos também?

Veja também Justificação 'Porque' (cap. 52); Falsificação da História (cap. 78); Viés retrospectivo (cap. 14) e erro fundamental de atribuição (cap. 36) para obter mais explicações.

Embora possa ser difícil de acreditar, os demônios da velocidade, na verdade, dirigem com mais segurança do que os chamados motoristas "cuidadosos". Considere o seguinte: de Miami a West Palm Beach são aproximadamente 75 milhas. Os motoristas que percorrem uma distância em menos de uma hora são classificados como imprudentes porque sua velocidade média excede 120 km/h; todos os outros se enquadram no nosso grupo de motoristas cuidadosos. Qual grupo sofre menos acidentes? Teriam que ser os motoristas imprudentes. Os três motoristas completaram o trajeto em uma hora e, portanto, não deveriam ter se envolvido em nenhum acidente; qualquer pessoa que se envolveu em acidentes cai automaticamente na categoria de motoristas mais lentos. Este exemplo exemplifica uma falácia insidiosa conhecida como erro de intenção de tratar, que infelizmente carece de um nome atraente.

Isto pode parecer semelhante ao preconceito de sobrevivência (capítulo 1), mas há uma diferença importante. Com o viés de sobrevivência, você só vê projetos bem-sucedidos ou carros envolvidos em acidentes, enquanto com o erro de intenção de tratar esses projetos ou carros fracassados aparecem com destaque, mas simplesmente sob uma categoria inadequada.

Recentemente, foi-me mostrado um estudo revelador realizado por um banqueiro que revelou um facto interessante: empresas com dívida nos seus balanços tendem a ser significativamente mais lucrativas do que empresas que apenas detêm capital próprio como instrumentos financeiros (ou seja, sem dívida no balanço). . O banqueiro insistiu que cada empresa deveria contrair empréstimos à vontade, sendo o seu banco o melhor lugar para esse fim. Examinei seu estudo mais de perto. Como isso poderia ser? De 1.000 empresas escolhidas aleatoriamente, aquelas que receberam grandes empréstimos produziram retornos mais elevados, tanto sobre o capital próprio como sobre o capital total, do que as empresas financiadas de forma independente. Eles tiveram mais sucesso. A constatação veio rapidamente: as empresas não lucrativas não se qualificam para empréstimos empresariais e, portanto, enquadram-se num grupo "apenas de capital", onde as empresas com maiores reservas de caixa tendem a permanecer em funcionamento durante mais tempo e a continuar a fazer parte deste estudo, apesar de quaisquer problemas de saúde que possam apresentar. Por outro lado, as empresas que contraem empréstimos elevados tendem a falir mais rapidamente. Quando já não conseguem pagar os juros das suas dívidas, os bancos assumem e vendem esses negócios; aqueles que permanecem dentro do "grupo da dívida" tendem a permanecer relativamente saudáveis, independentemente do montante da dívida nos seus balanços.
Tenha cuidado se você acha que entende. Reconhecer o erro na intenção de tratar pode ser um desafio; vamos usar a medicina como exemplo: uma empresa farmacêutica criou um

novo medicamento para combater doenças cardíacas. Um estudo "prova" que este medicamento reduz significativamente as taxas de mortalidade dos pacientes em comparação com a toma isolada de comprimidos de placebo; entre os utilizadores regulares, a taxa de mortalidade a cinco anos desce de 15% para 11% em cinco anos, e duas vezes mais elevada entre os utilizadores irregulares que o tomaram em quantidades diferentes; então poderia realmente ser considerado um sucesso ou um fracasso?

O problemático é que os comprimidos podem não ser o fator determinante; em vez disso, é o comportamento do paciente que importa. Talvez os pacientes tenham descontinuado o tratamento devido a efeitos colaterais graves e se encontrem na categoria de "ingestão irregular" ou estejam muito doentes para continuar a tomá-lo regularmente; de qualquer forma, apenas indivíduos relativamente saudáveis permaneceram no grupo de "consumo regular", fazendo com que o medicamento parecesse muito mais eficaz do que realmente é; aqueles pacientes verdadeiramente doentes que não podiam tomar doses regulares eram os que povoavam as coortes de "ingestão irregular".

Estudos respeitáveis permitem que pesquisadores médicos analisem dados de todos os pacientes que inicialmente pretendiam tratar; independentemente de terem participado ou não no julgamento. Infelizmente, porém, muitos estudos ignoram esta regra, intencionalmente ou acidentalmente; fique atento: verifique sempre se as cobaias - motoristas envolvidos em acidentes, empresas falidas e pacientes gravemente enfermos desapareceram por algum motivo da sua população amostral e arquive o estudo onde ele pertence: na lata de lixo.

Veja também: Viés de Sobrevivência (cap. 1); Fenômeno Will Rogers (cap. 58);

Notícias Ilusão Terremoto em Sumatra. Acidente de avião na Rússia. Homem mantém filha em cativeiro em porão por 30 anos; Heidi Klum termina com Seal; salários recordes no Bank of America; ataque no Paquistão; demissão do Presidente do Mali; novo recorde mundial no arremesso de peso.

Você realmente precisa desse conhecimento?

Estamos extraordinariamente bem informados, mas continuamos muito ignorantes. Isto porque há dois séculos inventámos uma forma tóxica de conhecimento chamada notícias, que apela à mente tal como o açúcar faz ao corpo – deliciosa mas potencialmente destrutiva ao longo do tempo.

Há três anos, conduzi um experimento. Parei de ler e ouvir notícias e cancelei todas as assinaturas de jornais e revistas; canais de televisão e rádio foram cortados da minha programação; os aplicativos de notícias do meu iPhone foram totalmente excluídos. No começo foi difícil, pois eu me sentia constantemente ansioso com a possibilidade de que algo importante pudesse escapar do meu alcance; mas depois de algum tempo desenvolvi uma perspectiva diferente. Três anos depois, meus esforços foram recompensados com pensamentos mais claros, insights mais profundos, melhores decisões e muito mais tempo livre. O melhor de tudo é que nada de importante foi perdido devido à minha rede social do mundo real atuar como um filtro de informações e me manter atualizado.

Em primeiro lugar, o nosso cérebro reage desproporcionalmente a vários tipos de informação: detalhes escandalosos e chocantes estimulam-nos; detalhes abstratos, complexos ou não processados têm pouco efeito. Os produtores de notícias compreendem perfeitamente esta dinâmica – as suas histórias emocionantes, imagens berrantes e "factos" sensacionais captam a nossa atenção enquanto os anunciantes compram espaço para que os seus anúncios sejam vistos; portanto, todas as histórias subtis, complexas ou profundas devem ser cuidadosamente filtradas, mesmo que possam ter muito mais impacto para a sociedade como um todo.
O consumo de notícias distorce a nossa compreensão do mundo, levando-nos a viver com uma representação imprecisa dos riscos e ameaças que realmente enfrentamos.

Em segundo lugar, as notícias são irrelevantes. Nos últimos doze meses, você pode ter consumido aproximadamente 10 mil trechos de notícias (talvez até trinta por dia). Seja honesto: cite uma que o ajudou a tomar melhores decisões na vida, na carreira ou nos negócios, em comparação com não ter essa notícia em comparação com não tê-la - entre 10.000 histórias consumidas. Ninguém a quem perguntei poderia citar mais do que duas peças úteis de tudo o que foi consumido - um resultado miserável de organizações noticiosas que afirmam que a sua informação oferece vantagens competitivas quando na realidade o consumo representa uma desvantagem económica; se tivessem ajudado as pessoas a avançar ainda mais na carreira, os jornalistas estariam no topo da pirâmide de rendimentos - muito pelo contrário é verdadeiro

As notícias também constituem uma utilização ineficiente do tempo: em média, cada ser humano perde meio dia por semana lendo sobre assuntos atuais, levando a enormes perdas de produtividade em todo o mundo. Tomemos por exemplo os ataques terroristas de Mumbai em 2008: apenas por uma sede insaciável de reconhecimento, os terroristas mataram 200 vidas inocentes apenas para ganhar fama e reconhecimento. Digamos que um bilhão de pessoas passaram uma hora acompanhando as consequências: vendo atualizações minuto a minuto e ouvindo comentários de especialistas e analistas – um cenário extremamente provável, dado que a Índia tem mais de um bilhão de habitantes. Portanto, nosso cálculo conservador: um bilhão de pessoas multiplicado por uma hora de distração equivale a um bilhão de horas de paralisação no trabalho. Se convertermos este número em vidas perdidas devido ao consumo de notícias versus perdas por ataques, este número ascende a cerca de 2.000 mortes desperdiçadas apenas pelo consumo – uma observação incisiva mas precisa.

Afastar-se das notícias pode trazer resultados tão profundos quanto eliminar qualquer um dos outros noventa e oito maus hábitos que descrevemos aqui. Quebre totalmente o seu hábito de notícias; em vez disso, leia longos artigos ou livros - nada supera os livros para compreender o nosso mundo!

Veja também Erro Fundamental de Atribuição (cap. 36); Efeito Adormecido (cap. 70); Viés de confirmação (caps 7-8); Viés de informação (cap. 59); Personificação (cap. 87) e Story Bias (cap. 13) como fenômenos relacionados.

EPÍLOGO

O Papa perguntou a Michelangelo: 'Conte-me o segredo do seu gênio. Como você criou esta estátua de David, a obra-prima entre todas as obras-primas?' Michelangelo respondeu simplesmente tirando tudo que não fosse David.

Sejamos claros. Ninguém sabe ao certo o que nos torna bem-sucedidos ou felizes, mas entendemos o que prejudica o sucesso ou a felicidade. O conhecimento negativo (o que não fazer) é muito mais potente do que o conhecimento positivo (o que deveria ser feito).

Michelangelo usou o método de Michelangelo para pensar com mais clareza e agir com sabedoria: em vez de olhar apenas para David, concentre-se em tudo o que estiver em seu caminho e remova-o aos poucos; da mesma forma no nosso caso: elimine erros para melhorar o pensamento!

Pensadores gregos, romanos e medievais cunharam um termo para esta abordagem denominado via negativa - literalmente "caminho negativo", uma abordagem à renúncia, exclusão e redução. Os teólogos foram os pioneiros da via negativa: não podemos dizer o que é Deus; em vez disso, só podemos definir a Sua ausência; aplicado à vida moderna: o sucesso não pode ser definido diretamente; apenas aquilo que bloqueia a sua prossecução pode ser identificado e eliminado - em essência, tudo o que precisamos de saber!

Esta quente teoria da irracionalidade borbulhou durante séculos. João Calvino, fundador do protestantismo estrito na década de 1540, acreditava que tais sentimentos representavam o mal e que somente voltando-se para Deus seria possível repeli-los. Pessoas que vivenciavam erupções vulcânicas de emoção eram consideradas seguidores de Satanás; portanto, seguiram-se tortura e matança. De acordo com a teoria do psicanalista austríaco Sigmund Freud, que sugere que nosso ego e superego moralista controlam nosso id impulsivo e o suprimem por meio do dever ou da disciplina é algo que não pode acontecer. Esqueça a obrigação ou a disciplina - pensar sozinho não pode controlar nossas emoções em maior grau do que tentar fazer seu cabelo crescer apenas com a força de vontade!

Por outro lado, a fria teoria da irracionalidade ainda é jovem. Após a Segunda Guerra Mundial, muitos tentaram explicar a aparente irracionalidade dos nazis - nem explosões emocionais nem discursos inflamados foram ouvidos do próprio Hitler nas fileiras de liderança; até mesmo seus discursos inflamados eram apenas atuações magistrais - foram cálculos frios, e não erupções repentinas, que os conduziram por seu caminho sombrio; o mesmo vale para Stalin ou Khmer Vermelho.

Os psicólogos começaram a se afastar das afirmações de Freud na década de 1960 e a olhar cientificamente para nossos pensamentos, decisões e ações. O que emergiu foi uma teoria fria da irracionalidade que postulava que o pensamento em si está longe de ser puro; mesmo pessoas altamente inteligentes são vítimas de armadilhas cognitivas que levam a erros. Além disso, os erros não são distribuídos aleatoriamente: os erros tendem a agrupar-se em padrões previsíveis - tornando os erros mais previsíveis, mas nunca completamente corrigíveis - mas a sua origem foi desconhecida durante décadas - enquanto tudo o resto no nosso corpo parecia relativamente fiável em comparação com os nossos cérebros.
Por que nossos cérebros devem sofrer contratempos contínuos?

O pensamento é um fenómeno biológico, tendo a evolução desempenhado o seu papel na sua formação, tal como qualquer outro aspecto da natureza. Imagine voltar 50.000 anos e levar um dos nossos antepassados connosco para o presente - mandando-o para o cabeleireiro, mandando-lhe aulas de condução ou ensinando-o a utilizar um telemóvel, mas sem dúvida ele se encaixaria perfeitamente; afinal, a evolução biológica nos deu todas essas habilidades como caçadores-coletores que usam trajes Hugo Boss (ou H&M em alguns casos)! Se pudéssemos fazer exatamente isso, imagine voltar 50.000 anos, retirar um ancestral e trazê-lo para a viagem no tempo atual; então talvez, em vez de ser marginalizado na rua, e mandá-lo daquela época para as roupas atuais; mandá-lo para cortar o cabelo/cortar o cabelo/vestir-se em um salão de cabeleireiro/cômoda/vesti-los/eles/nos para maquiar-se com roupas/vestidos modernos? Não; A biologia refutou todas as dúvidas; fisicamente, inclusive cognitivamente, somos caçadores-coletores vestidos com Hugo Boss (ou H&M, nesse caso).

O que mudou significativamente desde os tempos antigos foi o nosso ambiente de vida. As coisas eram simples e estáveis naquela época - as pessoas viviam em grupos de até cinquenta pessoas sem que ocorressem progressos tecnológicos ou sociais significativos. Só nos últimos 10.000 anos é que o nosso mundo começou a sofrer mudanças dramáticas, com as culturas, o gado, as aldeias, as cidades, o comércio global e os mercados financeiros emergindo como forças principais na sua evolução. Desde a industrialização, muito do que era ideal para o funcionamento do cérebro humano desapareceu. Passe 15 minutos em qualquer shopping e você passará por mais pessoas do que nossos ancestrais viram durante toda a sua vida. Qualquer pessoa que afirme saber como será o mundo daqui a 10 anos geralmente se torna um pária meses depois de fazer tais previsões. Desde 10.000 anos, criamos um mundo que não compreendemos mais. Tudo se tornou mais sofisticado e ainda mais intrinsecamente conectado. Como resultado, a prosperidade económica disparou, mas também as doenças relacionadas com o estilo de vida (como a diabetes tipo 2, o cancro do pulmão e a depressão) e os erros de pensamento dispararam, à medida que a complexidade continuou a aumentar - o que só irá agravar ainda mais os seus erros e aumentá-los ainda mais.

Nas nossas raízes de caçadores-coletores, a atividade muitas vezes se mostrou mais lucrativa do que a reflexão. Reações extremamente rápidas foram essenciais, enquanto contemplações prolongadas provaram ser fatais. Se um de seus amigos caçadores-coletores fugisse de repente, fazia sentido seguir o exemplo; não importa se um tigre ou um javali o alarmaram. Não fugir pode custar sua vida; em contraste, se apenas fugir de um javali causou um erro, pode custar apenas calorias; estar errado sobre assuntos semelhantes valeu a pena: qualquer pessoa com ligações diferentes saiu antes mesmo de os encontros ocorrerem - tornando-nos todos descendentes daqueles homines sapientes que tendem a que a acção seja tomada rapidamente pelas primeiras gerações que lideraram. Somos seus descendentes hoje. A sociedade moderna favorece a contemplação singular e a ação independente — qualquer pessoa que tenha caído no entusiasmo do mercado de ações sabe disso em primeira mão.

A psicologia evolucionista permanece principalmente uma hipótese, mas é altamente convincente na explicação de muitas falhas; embora não todos. Tomemos, por exemplo, esta afirmação: 'Toda barra Hershey vem em uma embalagem marrom; portanto, todas as barras de chocolate que compartilham essa característica também devem ser barras Hershey.' Mesmo indivíduos inteligentes podem ser vítimas desta armadilha - tal como o são as tribos nativas que vivem livres da civilização - tal como os nossos antepassados caçadores-recolectores ainda podem experimentar erros de lógica que nada têm a ver com as alterações ambientais.

Por que é que? A evolução não cria humanos perfeitos; contanto que avancemos além de nossos concorrentes (ou seja, derrotemos os Neandertais), o comportamento carregado de erros será tolerado pela evolução. Tomemos o pássaro cuco como exemplo - durante milhões de anos eles puseram ovos em ninhos de pássaros canoros, onde pássaros menores incubaram e alimentaram os filhotes nascidos desses ovos - um ato que representa um erro de comportamento que a evolução não conseguiu corrigir porque não foi Não é considerado suficientemente grave pelas aves mais pequenas.

Uma explicação adicional para os nossos erros surgiu no final da década de 1990: os nossos cérebros estão programados para a reprodução em vez de procurarem a verdade; isto é, usamos nossos pensamentos principalmente para persuasão e não para buscar a verdade; quem consegue convencer os outros ganha poder e recursos - bens que proporcionam uma vantagem significativa no acasalamento e na criação de descendentes. Os romances normalmente vendem mais que os títulos de não ficção, apesar de sua maior franqueza.

Finalmente, decisões intuitivas — mesmo aquelas desprovidas de lógica — podem ser benéficas em determinadas circunstâncias. A chamada pesquisa heurística explora esse fenômeno. Como muitas vezes nos faltam todas as informações necessárias ao tomar decisões importantes, atalhos mentais ou regras práticas (heurísticas) tornam-se indispensáveis. Por exemplo, ao escolher parceiros românticos pelos quais você se sente

atraído, a única decisão racional seria confiar apenas na lógica; usar a intuição geralmente leva a melhores resultados neste caso. Muitas decisões também devem ser justificadas posteriormente por razões ou justificativas de algum tipo – algo que a lógica simplesmente não pode.
As decisões (carreira, companheiro de vida e investimentos) muitas vezes acontecem de forma subconsciente. Mais tarde, formulamos justificações para sentirmos que a nossa escolha foi consciente, embora isto muitas vezes não se pareça com métodos científicos: em vez disso, inventamos razões para justificar conclusões predeterminadas em vez de factos objectivos.

Portanto, esqueça a dicotomia entre o cérebro esquerdo e o direito descrita nos livros de autoajuda; muito mais significativa é a distinção entre pensamento intuitivo e racional – ambos têm utilizações válidas; mentes intuitivas tendem a ser mais rápidas, espontâneas e economizadoras de energia, enquanto o pensamento racional requer muito mais energia do que sua contraparte intuitiva. Daniel Kahneman explicou esse fenômeno de forma famosa em Thinking Fast and Slow.

As pessoas muitas vezes perguntam como consigo levar uma vida livre de erros desde que meus erros cognitivos começaram a se acumular, mas a verdade é que não. E a resposta? Não; nem mesmo perto. Como todo mundo, tomo decisões precipitadas, consultando não meus pensamentos, mas sim meus sentimentos; ao tomar decisões rapidamente, a pergunta 'O que eu penso sobre isso?' é frequentemente substituído por "Como me sinto em relação a isso?" Antecipar e evitar falácias é um empreendimento caro;

Para manter as coisas simples e claras, estabeleci as seguintes regras para a tomada de decisões em situações com grandes ramificações potenciais (ou seja, fazer escolhas pessoais ou comerciais importantes). Tento permanecer o mais razoável e racional possível ao escolher entre opções . Minha abordagem é semelhante à de um piloto: pego minha lista de erros e verifico-os um de cada vez, como faria um piloto de avião. Para me ajudar a tomar decisões informadas com mais eficiência (ou seja, Pepsi normal ou diet, água com gás ou sem gás?), Também utilizo uma excelente árvore de decisão de lista de verificação. Em situações com consequências mínimas (ou seja, água com gás versus água sem gás?), a árvore de decisão ajuda imensamente - por exemplo, ao escolher entre Pepsi normal versus Pepsi diet ou água com gás ou sem gás). Muitas vezes renuncio à otimização racional e, em vez disso, deixo minha intuição mostrar o caminho. Pensar pode ser cansativo; portanto, se o dano potencial for mínimo, não se esforce em assuntos triviais; tais erros não terão repercussões duradouras e este modo de vida pode trazer melhores experiências em geral. A natureza parece indiferente se as nossas decisões são perfeitas ou não; tudo o que importa é que naveguemos pela vida com sucesso – desde que estejamos preparados para agir racionalmente quando as coisas ficarem difíceis. Além disso, muitas vezes confio na minha intuição quando opero dentro do meu círculo de competência. Pratique um instrumento e

seus dedos aprenderão a tocar suas notas. Com o tempo, as pontas dos dedos tornam-se proficientes na manipulação de teclas ou cordas; as partituras musicais aparecem e as notas tocam sozinhas quase automaticamente - Warren Buffett usa balanços como músicos profissionais fazem partituras musicais!
Encontre o seu círculo de competência - aquela área na qual você compreende e se destaca intuitivamente - e obtenha um domínio firme. Dica: pode ser menor do que você imagina! Ao tomar decisões importantes fora deste círculo, aplique técnicas de pensamento racional rígido, enquanto para decisões menos urgentes use a intuição livremente.

O FIM

As edições e o layout desta versão impressa são protegidos por Copyright © 2023
por IJN

www.ingramcontent.com/pod-product-compliance
Lightning Source LLC
Chambersburg PA
CBHW081911120726
47996CB00010B/3286